"大思政课"建设协同创新成果集

曾卫兵　吴爱萍　黄小惠　初景波◎主编

知识产权出版社
全国百佳图书出版单位
—北京—

图书在版编目（CIP）数据

"大思政课"建设协同创新成果集 / 曾卫兵等主编. 北京：知识产权出版社，2025.6. —ISBN 978-7-5130-9989-9

Ⅰ．G641-53

中国国家版本馆CIP数据核字第2025V3L926号

责任编辑：王颖超　刘　江　　　　　　　责任校对：潘凤越
封面设计：北京麦莫瑞文化传播有限公司　　责任印制：刘译义

"大思政课"建设协同创新成果集

曾卫兵　吴爱萍　黄小惠　初景波　主编

出版发行：知识产权出版社有限责任公司	网　　址：http://www.ipph.cn
社　　址：北京市海淀区气象路50号院	邮　　编：100081
责编电话：010-82000860转8655	责编邮箱：wangyingchao@cnipr.com
发行电话：010-82000860转8101/8102	发行传真：010-82000893/82005070/82000270
印　　刷：北京中献拓方科技发展有限公司	经　　销：新华书店、各大网上书店及相关专业书店
开　　本：720mm×1000mm　1/16	印　　张：22.75
版　　次：2025年6月第1版	印　　次：2025年6月第1次印刷
字　　数：358千字	定　　价：128.00元
ISBN 978-7-5130-9989-9	

出版权专有　侵权必究

如有印装质量问题，本社负责调换。

序　言

高校思想政治工作承担着培养社会主义合格建设者和可靠接班人的重大使命，"大思政课"是高校思想政治工作的重要组成部分。习近平总书记高度重视高校思想政治工作，2024年5月，对学校思政课建设作出重要指示，对进一步加强思政课建设、推动内涵式发展提出了明确要求，强调"新时代新征程上，思政课建设面临新形势新任务，必须有新气象新作为"。教育部等10部门《全面推进"大思政课"建设的工作方案》强调，要"坚持开门办思政课，强化问题意识、突出实践导向，充分调动全社会力量和资源，建设'大课堂'、搭建'大平台'、建好'大师资'"。

北京石油化工学院党委高度重视"大思政课"建设，坚持"习近平新时代中国特色社会主义思想的生动实践在哪里，北石化的'大思政课'就在哪里；新时代首都高质量发展的故事在哪里，北石化的'大思政课'就在哪里"。深化以实践教学为主题的"大思政课"综合改革，一体化推进思政课程、课程思政和日常思政教育教学，探索形成了符合学生认知特点的"三融四有五联""大思政课"教育教学改革成果，即构建"融汇育人力量、融通育人环节、融合育人领域"的"三融"育人机制，有效破解工作协同不够的问题；形成"研讨有平台、教改有举措、实践有基地、活动有品牌"的"四有"教学改革模式，有效破解"大思政课"内容一体化设计不够的问题；实施"联政府、联企业、联学校、联社区、联乡村"的"五联"行动，推动思政小课堂对接社会大课堂，有效破解"大思政课"教学供给与学生需求之间的矛盾。

经过多年的改革实践，北京石油化工学院"三融四有五联""大思政课"综合改革成效显著。青年学子上"大思政课"的积极性显著提升，以实际行动投身中国式现代化建设的责任感、使命感显著增强，在服务保障庆祝新中国成立70周年、庆祝建党百年、北京冬奥会、纪念全民族抗战爆发87周年和88周年仪式等重大活动中挺膺担当。"大思政课"建设成果获评首都大学生思想政治工作实效奖、中国石油教育学会高等教育教学成果奖二等奖、学校教学成果奖特等奖等，这是北京石油化工学院思想政治工作的重大创新成果，也是学习贯彻习近平文化思想取得的重大实践成果。

北京石油化工学院上下一心、锲而不舍、积极探索"大思政课"的改革创新，有效推动了党的创新理论"三进"工作，为推动石油和化工行业高校思想政治教育工作发挥了示范作用。这部论文集就是其积极探索"大思政课"建设的成果之一，希望北京石油化工学院进一步深化"大思政课"综合改革，久久为功、持续发力，为培养堪当民族复兴大任的时代新人贡献力量，为行业乃至全国高校思想政治工作提供借鉴和参考。

中国化工职工思想政治工作研究会
崔建华
2025 年 4 月

目 录

第一篇 理论探索:"大思政课"之机制创新

积极推进思政课程与课程思政同向同行 全力打造"首善之区工程师摇篮"
　　　　　　　　　　　　　　　　　　　曾卫兵　吴爱萍　黄小惠 / 003
构建"三融"工作机制:"大思政课"机制创新的路径探索　张墨书 / 007
"大思政课"视域下以"中国式现代化"构建高校话语体系的逻辑理路
　　　　　　　　　　　　　　　　　　　　　　　　　　刘宇洋 / 013
大工业与智能制造联动场景下大思政工程实践育人模式建构　曹建树 / 022
教育强国背景下高校党委理论学习中心组学习的重要意义和实践路径
　　　　　　　　　　　　　　　　　　　　　　　　　　刘亮高 / 029
人工智能时代高校思想政治工作的创新路径　　　王莉鑫　刘亮高 / 040
应用型本科院校学风问题分析及解决路径　　　　　　　方　正 / 046
从马克思主义实践观出发探析新时代高校党史学习教育的有效途径
　　　　　　　　　　　　　　　　　　　　　　　　　　王　鑫 / 053

第二篇 资源整合:"大思政课"之协同育人

志愿服务与大学生思想政治教育　　　　　　　　　　　罗道全 / 063

廉洁教育融入"大思政课"的路径思考　　　　　　　　　刘英侠 / 069
地域非物质文化遗产融入高校"大思政课"的思考
　　——以北京市大兴区为例　　　　　　　　　　　　李淑敏 / 076
以社会实践为载体加强思想政治工作现实路径探析　　　崔　洋 / 085
北京红色文化融入"纲要"教学的探析与实践　　　　　郑　艳 / 090
"大思政课"视域下以红色文化资源助推高校学生党建工作发展的路径研究
　　　　　　　　　　　　　　　　　　　　　　　　　武靖茗 / 98
把世界社会主义发展史融入高校思政课的思考
　　——基于"现实社会主义"问题的考察　　　　　　王　瑶 / 104

第三篇　实践创新："大思政课"之教学赋能

马克思主义基本原理课"三融"教学设计的探索与实践　　黄小惠 / 119
马克思主义基本原理课要跟现实结合起来
　　——以"读《论持久战》，看中美大博弈"大作业为例　陈运辉 / 129
经典文献研读提升马克思主义基本原理教学实效性的路径探析　李淑敏 / 138
校企合作视域下应用型大学思政课教学改革创新研究　　李建华 / 146
AI 技术应用于马克思主义基本原理教学实践的方法探索　石　泉 / 152
中国近现代史纲要课程目标达成情况分析的新思路
　　——以北石化 2024 年秋季学期期末考试调查分析题为中心的研究
　　　　　　　　　　　　　　　耿科研　刘　正　杨艺闻 / 157
中国近现代史纲要课教学模式创新研究　　　　　　　　马　驰 / 171
以学习效果为导向的中华优秀传统文化课教学改革　　　初景波 / 179
气液两相流动与沸腾传热课程思政教学改革研究
　　　　　　　　　　　　　　　侯　燕　杜文海　雷俊勇 / 186
校本资源驱动的制药工程专业有机化学课程思政案例
　　　　　　　　　　　　　　　刘姗姗　林世静　佟拉嘎 / 192

"大思政课"视域下经济法课程教学改革路径研究　　　　孙　源 / 197
"课程思政"视域下有氧健身跑课程的教学设计与实践探索　　吴爱华 / 205
高校身体素质课实施课程思政的实践探析　　　　　　　　　　董　煜 / 212

第四篇　大中小学思政教育一体化建设

善用"大思政课"弘扬民族品牌　　　　　曹正宝　刘杏玲　李　娜 / 221
以高质量党建引领中小学校高质量发展　　　　　　　　　　许甜甜 / 227
"多点联动"助推党团队一体化课程思政的实践研究
　　　　　　　　　　　　　　　　　　王炳玉　郭芮菁　张亚南 / 232
依托大兴区域资源 开展特色实践课程 厚植家国情怀　　王　倩　王　晓 / 238
艺术润心 思政铸魂——美术视角下的思政教育　　　　　　赵婷婷 / 244

第五篇　学海探赜

坚持人民立场，在中国式现代化进程中推进民主政治建设　　吴爱萍 / 251
农村一二三产业融合促进乡村振兴的支持政策研究
　　　　　　　　　　　　　　　　　　曹　群　张思英　刘曾凡 / 261
中华优秀传统文化中的公益慈善思想略论　　　　　　　　　初景波 / 278
简论孔子的和谐伦理美学观　　　　　　　　　　　　　　　崔子修 / 283

第六篇　青春思悟："大思政课"之学习体验

高校思政课学生课外作业优化途径研究
　　　　　　　　　　　　　　　　冷文勇　汤　显　杨　洋　曹　帆 / 293

千年窑火不熄　文化源远流长——关于对非遗陶瓷文化传承与创新的调研报告

　　　　　　　　　　　　　　　　李禹祺　李宇轩　袁　艺 / 301

净零排放的理论内涵与法制要求　　　　　　　郭志东　任欣羽 / 307

提升大学生廉洁教育成效的几点思考　　　　　陆靖怡　刘英侠 / 315

基于大学生公益支教活动的"大思政课"建设思考　高梦岩　刘英侠 / 323

智能化公共交通对市民出行体验感的影响情况调研

　　　　　　　　　　　闵智尧　覃佳怡　陆靖怡　佘　睿 / 331

人工智能在"一站式"学生党建社区建设中的应用及意义　姬颖康 / 338

以青春之我，建设青春之中国　　　　　　　　　　　　刘芊雯 / 343

小我大我共融，家国情怀昭昭　　　　　　　　　　　　杨　橘 / 345

七十五年峥嵘岁，代代相传家国情　　　　　　　　　　周雨乐 / 347

以青春之力，筑教育强国之梦　　　　　　　　　　　　徐子琪 / 349

庆祝新中国成立 75 周年——在建设教育强国中绽放青春光彩　郭　彤 / 352

第一篇 理论探索:"大思政课"之机制创新

积极推进思政课程与课程思政同向同行
全力打造"首善之区工程师摇篮"

曾卫兵　吴爱萍　黄小惠*

内容提要：多年来，北京石油化工学院不断深化思政课改革创新，探索形成了"协同有机制、活动有品牌、实践有基地、育人有实效"的北石化思政课"四有"育人模式；制定了课程思政"五个一"工作目标，实施"一支部、一课程、一特色"亮点工程，构建具有北石化特色的课程思政建设工作机制。同时，深入探索思政课程育人模式和课程思政建设工作机制，以思政课程与课程思政协同育人信息化平台的建设为"微切口"，积极推进思政课程与课程思政全面贯通、同向同行，不断提升育人实效，全力打造"首善之区工程师摇篮"。

关键词：北京石油化工学院；思政课程；课程思政；"首善之区工程师摇篮"

北京石油化工学院（以下简称"学校"）以习近平新时代中国特色社会主义思想为指导，全面贯彻党的教育方针，着力解决好"培养什么人、怎样培养人、为谁培养人"这个根本问题，深入探索思政课程育人模式和课程思政建设工作机制，构建思政课程与课程思政协同育人信息化平台，积极推进思政课程与课程思政同向同行，不断提升育人实效，全力打造"首善之区工

---

* 曾卫兵，女，法学硕士，北京石油化工学院党委常委、宣传部部长兼马克思主义学院直属党支部书记，主要研究方向为党的建设与思想政治教育。吴爱萍，女，法学博士，北京石油化工学院马克思主义学院院长，教授，主要研究方向为马克思主义中国化。黄小惠，女，哲学博士，北京石油化工学院马克思主义学院副院长，副教授，主要研究方向为政治哲学、思想政治教育。

程师摇篮"。

一、深化思政课改革创新，打造思政课"四有"育人模式

学校不断深化思政课改革创新，探索形成了"协同有机制、活动有品牌、实践有基地、育人有实效"的北石化思政课"四有"育人模式。

第一，协同有机制。学校把思政课建设作为党的建设和意识形态工作的标志性工程摆上重要议程，建立了学校党委统一领导、党政齐抓共管、各部门各负其责、相互配合的校内协同工作机制，形成了"1+1+N"思政课建设体系。与"中国好人网"、大兴区团委、大兴区志愿服务联合会等开展务实合作，形成了思政小课堂对接社会大课堂的校内外协同育人机制。

第二，活动有品牌。形成"帮好人万里行""红色摇篮思政课""红色摇篮微电影""红色摇篮主题演讲"四大品牌活动。"帮好人万里行"已开展8年，万余名学生受益；主题演讲已开展15年，近3万名学生受益。

第三，实践有基地。学校在密云水库展示展览中心建立了思政课校外实践教学基地，与中国电影博物馆、"中国好人网"、大兴区检察院、大兴区志愿服务联合会等开展深入合作，引导学生深入体验习近平新时代中国特色社会主义思想在京华大地的生动实践，打造"沉浸式"思政课堂。

第四，育人有实效。学校马克思主义学院加大教研工作力度，提高思政课的针对性和亲和力，实施思政课教法创优专项活动，开展习近平新时代中国特色社会主义思想专题教学的研究与实践，推广运用具有北石化特色的思政课"学、思、研、悟、行"五步教学法，切实提升思政课育人实效。

二、全面推进课程思政建设，构建课程思政建设工作机制

学校制定课程思政"五个一"工作目标，出台课程思政实施细则，实施"一支部、一课程、一特色"亮点工程，构建具有北石化特色的课程思政建设工作机制。

第一，把握内涵，全面推进课程思政建设，打造新时代"首善之区工程师摇篮"。寓价值观引导于知识传授和能力培养之中，帮助学生塑造正确的世界观、人生观、价值观，坚持"五育并举"，探索和实践北石化高素质应用型

人才培养模式。

第二，明确目标，产出导向制定课程思政建设工作目标。制定课程思政"五个一"工作目标，建设一支骨干教师队伍、培养一批示范课程、开发一批特色课程、提炼一套经验做法、修订新一版培养方案和课程大纲。

第三，政策推进，顶层设计全面构建课程思政建设工作体系。出台《关于推进课程思政建设的实施意见》和《课程思政建设实施细则》，构建课程思政建设体系，创建北石化特色的课程思政建设长效机制，将课程思政要求融入考核、评选、推优等环节。实施"一支部、一课程、一特色"亮点工程，建立支部课程思政学习研讨、集体备课制度和课程思政资源共享平台，教师党支部站到了育人第一线。

第四，示范引领，加强课程思政示范课建设，探索新模式、新途径。在开展工程教育专业认证、"以学生为中心"教学范式改革的基础上，明确课程思政要求，全面修订课程大纲，建设示范课程66门，制作刊发经验分享案例32个。开设"探索北京"系列新生研讨课、"清源书院人文素养大讲堂""工程伦理""校史文化教育"等课程，培养学生人文素养、职业道德和弘扬优良传统。

第五，全面落实，完成全部课程教学大纲修订。制定课程教学大纲模板，修订全部课程教学大纲。建立党支部、院（系）级党组织、学校党委三级教材把关制度。举办"以学生为中心"教学范式改革培训班、课程思政建设研讨会等，提升教师开展课程思政的能力。教学评价突出育人成效评价，在教师评选、推优中，突出课程思政要求。

三、建设思政课程与课程思政协同育人信息化平台，全面推进思政课程与课程思政同向同行

学校以思政课程与课程思政协同育人信息化平台的建设为"微切口"，积极推进思政课程与课程思政全面贯通。

第一，以培养"思想纯良有品质、科学素养有内涵、技艺精湛有特色、攻坚进取有胆识"的北石化新人为目标，打造"理念有高度、协同有机制、设计有特色、育人有实效"的北石化思政课程与课程思政协同育人信息化

平台。

第二，根据专业人才培养目标和毕业要求，逆向设计价值塑造的主题，为专业思政系统化设计提供建设思路，为课程思政提供教学设计思路、案例资源，优化课程思政供给。

第三，围绕新时代中国特色社会主义经济建设、政治建设、文化建设、社会建设、生态文明建设等主题，与中国电影博物馆合作共建习近平新时代中国特色社会主义思想专题教学电影资源库，发挥思政课程立德树人主渠道作用，提升育人实效。

四、全力打造"首善之区工程师摇篮"，不断提升育人实效

第一，教师讲好思政课的使命感、责任感进一步提升。做到了课堂教学有亮点、线上教学有方法、实践教学有品牌；学生学好思政课的积极性进一步增强，2021年，思政课到课率名列学校前茅，思政课立德树人关键课程作用进一步发挥；学校《以党史学习教育推进思政课程与课程思政同向同行 用习近平新时代中国特色社会主义思想铸魂育人》入选北京市教育工作委员会创新案例，北石化思政课"四有"育人模式获充分肯定。

第二，形成了"课程门门有思政、教师人人讲育人"的生动局面。所有教师、所有课程都"守好一段渠、种好责任田"，构建了全员、全程、全方位育人大格局，实现了在全校课程中开展课程思政的全覆盖，教师的课程思政元素挖掘能力和课程思政教学组织能力不断提升；以学生为中心、成果导向、价值引领等教育理念普遍融入教学，实现对学生的价值引领和价值塑造。6门课程获评首届"北京市高校课程思政示范课程"。

第三，学生思想政治素质、责任感、使命感不断提升。"我心中的思政课"微电影展示活动连续两届获全国三等奖；全国高校大学生讲思政课比赛获北京赛区一等奖等多个奖项。一批学生获得"闵恩泽奖学金"等奖项，一批学生获评"全国大学生自强之星""北京市三好学生"等荣誉称号。

第四，学校思政课程与课程思政协同育人成效显著。《人民日报》《中国教育报》《北京日报》、中国教育电视台、北京电视台等多家主流媒体进行了报道。

构建"三融"工作机制:"大思政课"机制创新的路径探索

张墨书*

内容提要:"大思政课"作为新时代思想政治教育的重要载体,其机制创新对于提升育人效果具有重要意义。当前,"大思政课"面临育人力量分散、育人环节脱节、育人领域局限等问题,亟须探索新的工作机制。"三融"工作机制旨在通过融汇育人力量、融通育人环节、融合育人领域,有效整合教育资源、优化育人过程、拓展育人空间,构建全员、全程、全方位的育人体系,从而为"大思政课"的创新发展提供理论支撑和实践指导。

关键词:"大思政课";机制创新;"三融";协同育人;"三全育人"

在新时代背景下,思想政治教育面临新的挑战,尤其存在育人力量分散、育人环节脱节、育人领域局限等问题。构建"三融"工作机制正是源于对当下这些问题的深刻反思。鉴于此,本文聚焦于"三融"工作机制的构建,即融汇育人力量、融通育人环节和融合育人领域,旨在有效整合各类育人资源、优化育人过程、拓展育人空间,构建全员、全程、全方位的育人体系,从而打破传统教育模式的局限,提升思想政治教育的整体效果,以期为新时代"大思政课"的创新发展探索有效路径。

---

* 张墨书,女,哲学博士,北京石油化工学院马克思主义学院讲师,主要研究方向为马克思主义伦理学、思想政治教育研究。

一、融汇育人力量：构建协同育人共同体

融汇育人力量是构建"三融"工作机制的首要任务。当下思想政治教育仍然存在诸多局限，其中教育主体单一问题依旧比较严重，难以充分发挥其他育人主体的作用。要有效打破当下思想政治教育的这种局限，首先在于转变思想观念，从"思政课程"转向"课程思政"，从"单一育人"转向"协同育人"❶；同时也要注重方法上的创新，增强思想政治教育的吸引力和实效性，将"三全育人"落到实处，尤其是构建全员育人体系，动员多方育人主体形成育人合力，进而有效提升思想政治教育的整体效果。

具体而言，"大思政课"的育人力量融汇需要构建多元主体协同的育人共同体。首先，应加强思政课教师与专业课教师的协同合作。通过建立联合备课机制、开展跨学科教学研究等方式，促进思政元素与专业知识的有机融合，实现知识传授与价值引领的统一。其次，要推动学校与家庭、社会的协同育人。就学校层面而言，应建立党委统一领导、党政齐抓共管、各部门协同配合的工作机制。通过设立思政教育工作领导小组，统筹协调各部门资源，打破部门壁垒，实现育人力量的有机整合。邀请党政领导干部、优秀企业家、先进模范人物等参与"大思政课"教学，将理论知识与实践经验相结合，增强课程的吸引力和说服力。从家庭教育的融入来说，学校应通过家长学校、家校联系平台等渠道，引导家长树立正确的教育理念，形成家校协同育人机制。就社会力量的参与而言，学校应主动对接政府部门、企事业单位、社区组织等，搭建社会实践平台，拓展育人资源，充分利用社会资源，建立实践教学基地，为学生提供深入了解社会、参与实践的机会。正如习近平总书记所强调的："思政课不仅应该在课堂上讲，也应该在社会生活中来讲。"❷ 最后，要促进师生互动与生生互助。通过翻转课堂、小组讨论、项目式学习等方式，激发学生的主体意识，培养学生的批判性思维和创新能力。在具体实践中，可以探索建立"思政导师制"，聘请优秀校友、行业专家、劳动模范等

---

❶ 习近平. 把思想政治工作贯穿教育教学全过程 开创我国高等教育事业发展新局面 [N]. 人民日报, 2016-12-09（1）.

❷ 杜尚泽. "'大思政课'我们要善用之"（微镜头·习近平总书记两会"下团组"·两会现场观察）[N]. 人民日报, 2021-03-07（1）.

担任学生思政导师，丰富育人力量。同时，利用现代信息技术，构建线上线下相结合的育人平台，实现育人力量的跨时空整合。通过多方力量的融汇，形成全员参与、全方位覆盖的育人网络，提升思政教育的整体效果。

二、融通育人环节：优化育人过程衔接

融通育人环节是"三融"工作机制的核心内容。当下思想政治教育常常存在各环节脱节、缺乏连贯性等问题，难以形成系统化的育人过程。这尤其需要加强纵向贯通和横向协同，既要根据学生不同阶段的认知特点设计循序渐进的教育内容，确保各学段之间的有效衔接，又要将思想政治教育融入课程、文化、实践等各个环节，形成协同效应，从而构建一体化的育人体系。

优化育人过程衔接是"大思政课"的育人环节融通的关键。一方面，应建立纵向贯通的课程体系。根据不同学段学生的认知特点和成长规律，科学设计教学内容。例如：小学阶段以启蒙教育为主，注重道德情感和行为习惯的养成；初中阶段以体验教育为主，注重价值判断和行为选择的引导；高中阶段以常识性教育为主，注重政治认同和法治意识的培养；大学阶段以探究性学习为主，注重理论素养和使命担当的提升。在课程设计环节，整体规划十分必要，应遵循循序渐进、层层递进的原则，实现知识体系的螺旋式上升，最终达成知识传授、能力培养和价值塑造的有机统一。正如习近平总书记所强调的那样，"在大中小学循序渐进、螺旋上升地开设思想政治理论课非常必要"❶，"要把统筹推进大中小学思政课一体化建设作为一项重要工程，推动思政课建设内涵式发展"❷。除学段衔接之外，内容衔接也必不可缺。各学段教学内容应该相互衔接、避免重复，并体现层次性和递进性。例如：爱国主义教育应该始于小学的"爱家乡"到中学的"爱祖国"再到大学的"爱社会主义"，法治教育应从小学的"规则意识"到中学的"法律常识"再到大学的"法治理念"。此外，还应强化评价衔接，建立科学合理的评价体系，将学生思政课学习情况纳入综合素质评价，并作为升学、就业的重要参考。

---

❶ 习近平：用新时代中国特色社会主义思想铸魂育人 贯彻党的教育方针落实立德树人根本任务［EB/OL］.（2019-03-19）［2024-12-12］. http：//jhsjk.people.cn/article/30982234.

❷ 习近平. 思政课是落实立德树人根本任务的关键课程［J］. 求是，2020（17）.

另一方面，要加强横向协同。首先就学科融通而言，应该将思想政治教育融入专业课程、社会实践、校园文化等各个环节，推行"课程思政"建设，挖掘各类课程中的思政元素，实现知识传授与价值引领的有机统一。例如：从语文课中挖掘文学作品蕴含的爱国主义、集体主义精神；通过历史课内容引导学生树立正确的历史观、民族观、国家观；借助地理课培养学生的生态文明意识和全球视野；等等。其次在实践层面，可以将思政小课堂与社会大课堂相结合，开展丰富多彩的实践活动，增强思政课的吸引力和实效性，例如：组织学生参观红色教育基地，开展志愿服务、社会调查等活动；利用重大节日、纪念日等契机，开展主题教育。也可以尝试建立"思政教育衔接档案"，记录学生各阶段的思政学习情况，为后续教育提供参考。最后从网络育人着手，利用新媒体技术，打造线上线下相结合的思政课教学模式，增强思政课的时代感和吸引力，例如：开发思政课慕课、微课等网络课程资源；利用微信公众号、微博等平台开展互动交流等。总而言之，通过优化育人过程衔接，实现思政教育的连贯性和系统性，提升育人效果。

三、融合育人领域：拓展全方位育人空间

融合育人领域是"三融"工作机制的重要支撑。当下思想政治教育仍然主要局限于课堂和校园，未能充分利用其他育人空间。习近平总书记曾在全国高校思想政治工作会议上强调："把思想政治工作贯穿教育教学全过程，实现全程育人、全方位育人。"❶ 因此，要想改善这一育人现状，必须打破领域界限，拓展育人空间，实现课内课外、线上线下、校内校外的有机融合。只有实现育人领域的有机融合，才能够打破传统教育的时空限制，促进学生的全面发展，培养适应未来社会需求的创新型人才。

"大思政课"的育人领域融合需要拓展全方位育人空间。首先，必须促进课内与课外的有机融合。课内应更加注重教学方法的创新，可以采用案例教学、情景模拟、角色扮演、辩论赛等互动式教学方法，增强课堂吸引力和参与度；同时融入时事热点，将国内外重大事件、社会热点问题融入课堂教学，

---

❶ 习近平. 把思想政治工作贯穿教育教学全过程 开创我国高等教育事业发展新局面［N］. 人民日报，2016-12-09（1）.

引导学生运用理论知识分析现实问题；更要强化实践环节，设计课堂实践活动，如主题演讲、微电影制作、社会调查等，提升学生实践能力。与此同时，还要"鼓励学生走向社会、深入基层，感受时代温度，体悟家国情怀"❶，因此，课外可以通过开展主题教育，例如：组织学生参观红色教育基地、博物馆、纪念馆等，开展志愿服务、社会调研等实践活动来深化理论认知；通过举办主题讲座、读书会、征文比赛等活动打造校园文化品牌，营造浓厚的思政育人氛围；通过加强社团建设，支持学生成立理论学习型社团，开展主题研讨、社会实践等活动，促进学生自我教育。

其次，必须促进线上与线下的有机融合。一方面要在线上建设优质教学资源库，例如：开发微课、慕课、在线题库等资源，为学生提供丰富的学习素材；搭建互动交流平台，利用网络平台开展在线答疑、主题讨论、学习分享等活动，促进师生互动、生生互动；运用新媒体技术，制作短视频、动画、H5等新媒体产品，增强思政课的吸引力和感染力。另一方面可以在线下开展翻转课堂，例如：让学生课前线上学习理论知识，课堂时间用于讨论、答疑和实践，提高课堂效率；采用线上线下混合式教学，将线上学习与线下教学有机结合，可以实现优势互补，提升教学效果；还可以利用线上平台延伸课堂，将线上平台作为课堂教学的延伸，开展课后作业、拓展阅读、主题讨论等活动。

最后，要加强校内与校外的有机融合。校内可以通过整合学校各部门资源，加强部门协同，形成思政课建设的合力；通过建设校内实践基地，打造实践育人平台，为学生提供实践锻炼的机会；通过邀请校外专家、学者、行业领袖到校举办讲座或设立工作坊，拓宽学生的视野，激发他们的学习兴趣。校外则可以通过与企事业单位、社区、农村等建立合作关系，建设校外实践教学基地；开展社会实践活动，例如：组织学生参加社会调研、志愿服务、实习实训等活动，引导学生了解社会、服务社会；还可以构建家校社会协同育人机制，加强与家庭、社会的联系，形成育人合力。实现思政课课内课外、线上线下、校内校外的有机融合是一项系统工程，需要学校、教师、学生、社会等多方共同努力。只有不断创新教学模式，整合各方资源，才能构建起

---

❶ 刘亚. 办好理论性和实践性相统一的思政课[N]. 经济日报, 2020-12-15 (11).

全员、全过程、全方位的思政育人体系,真正实现立德树人的根本任务。

构建"三融"工作机制是"大思政课"机制创新的重要探索。通过融汇育人力量、融通育人环节、融合育人领域,可以有效整合各类育人资源,优化育人过程,拓展育人空间,实现全员、全程、全方位育人,提升思想政治教育的整体效果。当然,"三融"工作机制的构建在为新时代"大思政课"的创新发展提供有益参考的同时也面临一定的挑战,如各方力量的协调、资源的整合、评价机制的完善等。未来应进一步深化"三融"工作机制的实践探索,不断完善和创新"大思政课"的育人模式,为培养担当民族复兴大任的时代新人提供有力支撑。

"大思政课"视域下以"中国式现代化"构建高校话语体系的逻辑理路

刘宇洋*

内容提要：以中国式现代化全面推进中华民族伟大复兴，是新时代中国特色社会主义发展的主线和脉络，贯穿于习近平新时代中国特色社会主义思想，体现在党和国家战略布局各项事业的方方面面，是高校思政课教学的重要内容。同时，中国式现代化所形成的丰硕理论成果和瞩目实践成就，与学生的专业学习和现实生活紧密联系，是发挥"大思政课"育人作用的重要载体和依托。因此，以"中国式现代化"着力构建高校话语体系意义重大。具体来说，就是在价值逻辑上，以中国式现代化成就和中华民族伟大复兴目标为价值引领；在理论逻辑上，发挥作用深入剖析阐明中国式现代化的学理内涵；在实践逻辑上，将中国式现代化理论与实践融入大格局思政新样态。

关键词：中国式现代化；"大思政课"；话语体系

习近平总书记强调，"新时代新征程上，思政课建设面临新形势新任务，必须有新气象新作为"[1]。《全面推进"大思政课"建设的工作方案》中也明确了推动思政小课堂与社会大课堂相结合，推动各类课程与思政课同向同行等。中国式现代化塑造了不同于西方现代化的全新现代化样态，并打破了西

---

* 刘宇洋，女，法学博士，北京石油化工学院马克思主义学院讲师，主要研究方向为中国式现代化话语体系与青年思想政治教育。

[1] 不断开创新时代思政教育新局面 努力培养更多让党放心爱国奉献担当民族复兴重任的时代新人［N］.人民日报，2024-05-12（1）.

方国家关于现代化的话语体系霸权，成为中国共产党和中国人民的宝贵财富并在世界社会主义发展史上写下浓墨重彩的一笔，正是"大思政课"的重要资源和依托。因此，在"大思政课"视域下，更要发挥好中国式现代化的强大理论感召力和实践说服力，以中国式现代化话语体系增进学生价值认同并引导学生致力于为社会主义现代化国家建设砥砺奋斗。

一、价值逻辑：以中国式现代化成就和中华民族伟大复兴目标为价值引领

在以中国式现代化全面推进中华民族伟大复兴的历史进程中，形成了中国式现代化的科学理论成果和恢宏实践成就，二者统一于 21 世纪全新的社会主义现代化样态，即作为人类文明新形态的中国式现代化。在"大思政课"视域下，中国式现代化的伟大成就及走向中华民族伟大复兴的历史必然，都是高校育人的重要载体，不仅具有强大的说服力感染力，又体现在专业教学和现实生活的各方面各环节中，其话语体系构建对青年大学生价值引领意义重大。

（一）中国式现代化成就融入高校课程话语体系

从现代化与人类文明历史演进来看，无论是近代英国工业革命所开启的现代化进程带来社会生产力的极大提高，还是近代中国仁人志士救亡图存民主革命运动对现代化的孜孜追求，都表明走向现代化是人类社会的共同价值追求。不可否认，就世界历史现实而言，人类现代化进程虽推动人类文明的整体走向，但同样伴随着资本主义的暴戾与血腥，正如马克思、恩格斯所言，"资本来到世间，从头到脚，每个毛孔都滴着血和肮脏的东西"❶。而中国式现代化作为人类文明新形态，在世界现代化文明中开辟了社会主义现代化模式，既有现代化的共同特征，又不同于西方现代化的固有模式，打破了"现代化＝西方化"的迷思。中国式现代化的伟大成就和中国特色社会主义的伟大实践也正是重要依据。

---

❶ 马克思恩格斯文集：第 5 卷 [M]．北京：人民出版社，2009：871．

在高校教学实践中，在教育强国战略的宏观指引下和新时代青年大学生认知特点的导向下，无论是思政课的教学目标和内容还是课程思政中对学生价值引领的要求，中国式现代化都是重要依托，特别是中国式现代化所取得的伟大成就，对青年大学生更具极大说服力和价值引领力，因此应融入高校课程话语体系中，以激发学生爱国热忱，使学生将爱国情、强国志、报国行融入血脉，融入个人未来发展。

新时代青年的成长也伴随着中国式现代化的不断深入推进，打赢脱贫攻坚战、实施乡村振兴战略、保障和改善民生等，和青年学生成长密切相关，青年学生也在实践中见证了中国式现代化带来的现实生活改善。同时，中国国际地位的提升和国际话语权的增强、中国经济实力的增长、中国民主法治建设的巨大成效，也得到了青年学生的广泛认同。将这些中国式现代化成就，包括与学生生活相关的、学生在互联网信息传播中广泛接触的、学生深刻认同的等，融入高校课程的话语体系，在高校思政课和课程思政中，用中国式现代化成就的案例讲道理、讲专业理论，在进一步强化学生对伟大祖国的强大认同和"四个自信"的同时，也潜移默化激励学生的爱国主义精神，真正将学生培养成为担当民族复兴大任的时代新人，确保广大学生始终忠于党、忠于国家、忠于人民、忠于社会主义，坚定马克思主义信仰、中国特色社会主义信念、中华民族伟大复兴信心。

（二）中华民族伟大复兴历史叙事融入专业教学话语体系

"实现中华民族伟大复兴，就是中华民族近代以来最伟大的梦想。……是每一个中华儿女的共同期盼。""中国梦是民族的梦，也是每个中国人的梦。"❶ 如何实现中华民族伟大复兴这个凝聚中国几代人夙愿、体现中华民族和中国人民整体利益的宏伟目标，要实干兴邦，其路径就是以中国式现代化全面推进中华民族伟大复兴。新时代青年，正是这条道路上的生力军。实现中华民族伟大复兴，也是时代对青年提出的奋斗目标。

一是将近代以来中华民族为实现现代化的革命历史融入专业教学。作为近代以来最伟大的梦想，中华民族伟大复兴的宏大历史叙事是高校思政课和

---

❶ 习近平谈治国理政：第一卷［M］. 北京：外文出版社，2018：36，40.

课程思政体系的重要资源。近代以来，无论是旧民主主义革命洋务运动中引进的西方先进军事民用工业、资产阶级改良派和维新派的现代化探索，还是新民主主义革命中中国共产党带领人民在解放区的现代化探索、新中国成立以来的现代化建设等，都体现了中华民族对现代化的孜孜追求。事实上，中国近代以来探索现代化的道路，与中国政治走上民主法治、精神上走向现代文明、社会生产走向工业化等同向同行，这也就形成了中华民族伟大复兴历史叙事融入专业教学话语体系的契合点。从专业教学实践来看，无论理工类还是文史类等，高校培养目标中课程设置大多涉及专业发展史，包括专业在中国的发展史和在世界的发展史，将中华民族现代化的历史结合专业发展史，使学生从民族发展宏观历史脉络把握专业发展，并明晰中国式现代化与专业发展的内在联系和逻辑，更有利于发挥高校课程思政的育人作用。

二是将中华民族伟大复兴的中国梦融入专业教学目标。实现中华民族伟大复兴，全面建成社会主义现代化强国，是立足于中国特色社会主义伟大实践的，是具体现实的。正如党的二十届三中全会所强调的聚焦构建高水平社会主义市场经济体制，聚焦发展全过程人民民主，聚焦建设社会主义文化强国等。而教育、科技、人才是中国式现代化的基础性、战略性支撑，现代化强国建设需要科技人才、政治人才等各方面的人才，而高校正是人才培养的关键场域。因此，在专业课教学中，应将实现中华民族伟大复兴、全面建设社会主义现代化国家的具体目标融入专业教学目标中，例如：理工类将加强国家战略科技力量建设等细化到专业教学目标中，文史类将加快构建中国特色哲学社会科学等细化到专业教学目标中。

二、理论逻辑：发挥作用深入剖析阐明中国式现代化的学理内涵

中国式现代化与西方现代化的比较分析以及对中国式现代化历史与现实的梳理，是把握中国式现代化话语体系的关键，是强化青年大学生"四个自信"价值认同的切入点，也是"大思政课"视域下高校构建中国式现代化话语体系的理论起点。因此，思政课教学要发挥主渠道主阵地作用，强化理论先行，讲明中国式现代化的学理内涵。

(一) 以现代化文明样态比较阐释中国式现代化意蕴

回顾世界现代化历史,伴随工业革命资本主义在率先开启世界现代化进程的同时,也带来了殖民扩张、奴役劫掠、两极分化、社会矛盾激增等危害,这是由资本主义"资本至上"逻辑带来的社会不可调和的固有矛盾所导致的。时至今日,资本主义国家仍继续这种趋势,包括部分西方国家所爆发的周期性金融危机、民众示威游行运动、社会暴力事件及一些西方国家奉行的单边主义外交政策和零和博弈等。这也是世界现代化文明历史中,西方现代化的理论和逻辑缺陷。当前,伴随着"西方之乱"愈演愈烈和"中国之治"稳步向前,"东升西降"成为历史大势,中国式现代化为人类实现现代化提供了新的选择。

中国式现代化,归根结底是中国共产党领导的社会主义现代化,其与西方现代化的根本区别,就在于中国式现代化以"人民至上"为根本逻辑,因而规避两极分化、社会矛盾激增等资本主义内在矛盾,并在世界范围内推动构建人类命运共同体,倡导和平、发展、合作、共赢。从现实表征来看,中国式现代化所呈现的人口规模巨大、全体人民共同富裕、物质文明与精神文明相协调、人与自然和谐共生、走和平发展道路,正是中国式现代化社会主义属性、人民属性的重要体现。人类现代化历史进程中,中国式现代化和西方现代化的比较分析,正是思政课教学,特别是"习近平新时代中国特色社会主义思想概论"课程要向学生重点讲明的内容。

一是讲好中国式现代化的内涵外延和价值意蕴等。对青年大学生而言,"中国式现代化"既是学理性较强的概念,又是广泛融入现实生活的内容。如何使学生充分掌握其意涵,使其真正把握好中国式现代化与西方现代化的根本区别,就需要发挥思政课的主渠道作用,特别是通过课堂的系统理论教学,讲清楚社会主义现代化与资本主义现代化的根本区别、中国式现代化的中国国情、中国式现代化给广大人民群众现实生活所带来的福祉、中国式现代化成为人类文明新形态的缘由等。

二是通过比较分析增强大学生对"四个自信"的价值认同。中国式现代化与西方现代化在根本逻辑上的区别,直接映射在中西方的社会现实中。而如何看待此类社会现象,例如:"西方之乱"和"中国之治"、西方社会贫富差距不断扩大社会矛盾激增和中国解决绝对贫困并走上共同富裕,就需要思政课教学中的深入剖析和引导。因此,思政课更应从中西方现代化文明的现实比较分析入手,使学生结合中国特色社会主义的制度优势深刻把握中国式现代化的精髓,由此增强大学生对"四个自信"的价值认同。

(二)思政课课程群把握中国式现代化的历史与现实

中国式现代化是实现中华民族伟大复兴和新时代中国特色社会主义事业的主线,也是高校思政课教学的重要内容和抓手依托。在教学中如何讲清"中国式现代化"的内涵、特色、原则、要求,如何用中国式现代化的伟大实践成果阐释中国式现代化的科学理论尤为关键。同时,中国式现代化也贯穿于习近平新时代中国特色社会主义思想,体现在党和国家各项事业布局中,在教学中运用好中国式现代化话语体系能产生强大说服力。而高校思政课课程群建设,则为高校包括课程思政在内的话语体系建设发挥基础性作用,因此要充分把握中国式现代化的历史与现实。

《全面推进"大思政课"建设的工作方案》指出,要改革创新主渠道教学,建强思政课课程群,重点围绕习近平经济思想、习近平法治思想、习近平生态文明思想、习近平强军思想、习近平外交思想以及"四史"、宪法法律、中华优秀传统文化等设定课程模块,为高校思政课课程群建设提供具体指导和要求。

一方面,中国式现代化是实现中华民族伟大复兴和全面建设社会主义现代化国家的推进路径,深入阐明中国式现代化是高校思政课教学的必然要求,《习近平新时代中国特色社会主义思想概论》也设置了相关的章节。同时,思政课课程群也要发挥好联动作用,奠定好帮助学生深入理解中国式现代化的学理基础和实践基础。例如:《中国近现代史纲要》讲清中国近代以来现代化探索、《马克思主义基本原理》政治经济学部分讲清资本主义理论和实践上的固有缺陷等。同时,高校也应围绕自身办学特色和学生特征,特别是结合学校理工科背景、文史背景、师范背景等,围绕近代以来中国现代化进程、新时代推进中国式现代化与学科前沿创新发展等开设相关选修课程。另一方面,在发挥思政课和专业课思政教育合力中,思政课的理论阐释功能起到先行作用。针对中国式现代化这个既有理论深度又融入学生生活实际,且具有强大理论说服力的内容，思政课课程群要围绕本门课的主题主线，从不同维度阐述好中国式现代化，为专业课课程思政运用好中国式现代化话语体系搭建良好学理基础。

三、实践逻辑：将中国式现代化理论与实践融入大格局思政新样态

"大思政课"是一种具有大格局的全新思政样态，是对传统思政课的优化、升华和超越。中国式现代化话语体系构建、发挥中国式现代化成就和目标指向的引领激励作用，不仅思政课课堂教学要发力，高校育人体系和社会教育也要发力，特别是发挥社会大课堂、大资源平台、大师资体系的育人合力作用。

（一）善用社会大课堂创新实践教学机制

发挥"大思政课"长效育人机制的效能，推进习近平新时代中国特色社会主义思想在青年大学生群体中入脑入心，不仅要发挥好思政课主渠道主阵地作用，还要发挥高校的育人合力作用，建立党委统一领导，马克思主义学院积极协调，教务处、宣传部、学工部、团委等职能部门密切配合的教学工作体系，同时善用社会大课堂，通过创新实践教学机制使学生真正将党的创新理论融入爱国情强国志报国行，落实在未来人生发展和奋斗目标中。

思政课实践教学是构建育人大格局的重要因素，在发挥价值塑造、文化育人等方面具有关键作用。目前，全国多所高校在思政课实践教学上取得成效，例如：西北工业大学"以海为媒、以海为线、以海行课"深入三亚南山港码头、中国科学院深海所等地体悟家国情怀，中国民航大学深入觉悟社、民园广场、中航大科技园等地观历史、学榜样、看成就、悟原理、树信心等。于学校而言，发挥思想政治工作育人作用，学校思政课是主渠道，社会大课堂是大实践基地。中国式现代化在社会大课堂中，乡村振兴带来的中国广大乡村地区乡风乡貌的向好发展、打赢脱贫攻坚战解决绝对贫困所形成的伟大奇迹、保障和改善民生所创造的广大人民群众福祉、基层治理所推进的社会有序发展等，均是有力佐证。一方面，当前教育部会同有关部门联合公布多

家"大思政课"实践教学基地。在构建高校中国式现代化话语体系方面，高校应善于运用这些实践教学基地，将其作为高校思想政治工作的重要载体融入思政课教学和实践教学中，使学生更直观通过现场教学体悟中国式现代化的伟大成就和价值意蕴，进而不断深化对"四个自信"的价值认同并为社会主义现代化强国建设练就过硬本领。另一方面，高校在"大思政课"实践教学基地建设和思政课实验室建设方面，也应结合学校特色、地方特色、专业特色着力开发，例如：北京体育大学的"使命在肩 奋斗有我"高校思想政治理论课实践教学基地、天津外国语大学的"中外制度比较思政课重点实验室"等，为搭建社会大课堂打造卓有成效的思政平台，助力通过实践教学构建高校中国式现代化话语体系。

（二）依托大资源平台、大师资体系巩固教育实效

中国式现代化是一个内涵丰富、外延宽广的概念，其历史底蕴深厚，又是推动中华民族伟大复兴、全面建设社会主义现代化国家的路径。青年大学生深刻把握中国式现代化的内涵并将其结合到专业学习和未来人生规划中，对发挥教育、科技、人才基础性战略性支撑作用意义重大。高校在大资源平台和大师资体系方面的优势，既是高校构建中国式现代化话语体系增进学生"四个自信"价值认同的重要环节，又是高校大学生充分把握中国式现代化价值意蕴的重要依托。

从大资源平台来看，数字资源是高校专业教学和思政课教学的重要平台，并提供大量补充资源供学生自主学习。在互联网成为大学生群体信息获取渠道和社交媒介的背景下，可靠的网络资源往往在说服力、便捷性等方面具有显著优势。高校不仅要用好大资源平台引导学生正确使用现代化媒介开展自主学习，还应适时组织开展网络主题宣传活动，鼓励围绕思政课教学内容创作微电影、动漫、音乐、短视频等，让学生自己思考、自己讲、自己创作，来体悟中国式现代化，将中国式现代化话语体系转化为学生的内生话语体系和价值观念。

从大师资体系来看，除专职思政课教师讲理论外，高校党委班子、院系党政负责人、学工队伍等也在高校思想政治工作中发挥重要作用。同时，社会师资在讲好中国式现代化并发挥其引领作用方面同样具有显著优势。如建

立思政课特聘教授、兼职教师制度，在产学研深度融合背景下聘请科学家、大国工匠代表、企事业单位管理专家和技术骨干从高质量发展和产业发展现状视角讲授中国式现代化；在文化育人视角下聘请老同志、先进模范、英雄人物等从历史与现实、现代化百年变迁中带领学生感受中国式现代化的恢宏视野并发挥价值引领力引导学生致力于为社会主义现代化建设砥砺奋斗。

总之，作为中国特色社会主义强国建设和中华民族伟大复兴的康庄大道，中国式现代化的科学理论成果和瞩目实践成就对于引导学生不断深化"四个自信"价值认同、激发学生爱国情强国志报国行意义深远。因此，在当前"大思政课"建设视域下，更要加快推进以"中国式现代化"构建高校话语体系的深入发展，从而发挥好"大思政课"在培养堪当民族复兴重任的时代新人中的育人合力作用。

大工业与智能制造联动场景下大思政工程实践育人模式建构

曹建树[*]

内容提要：在科技飞速发展和产业深度变革的时代背景下，本文聚焦于工程创新实践教育、产教协同驱动的大思政工程实践育人模式建构，探索北石化大思政教育的工程创新实践路径。本研究以"立德树人"为根本任务，提出"互补联动、共建共享、凝势聚力"的工作思路，通过思政教育全程贯通、文化浸润育人生态、专创融合联动实践，打造多元协同的实践育人新样态。通过建设创源工程实训中心、全要素流程型能源大工业场景等举措，整合各方资源，打破学科专业与产业壁垒，有效提升大思政教育的实效性，培养具有鲜明工程实践特色兼具专业素养与家国情怀的高素质应用型人才。实施效果表明，该模式在应用型人才培养、学科竞赛获奖等方面成效显著，相关成果获省部级教学成果奖。

关键词：大工业与智能制造联动；大思政教育；实践育人模式

在全球新一轮科技革命和产业变革的大背景下，大工业与智能制造正以前所未有的速度深度融合，成为推动经济社会发展的关键力量。这种融合不仅重塑了产业格局，更对人才培养提出了全新且迫切的要求。培养具备跨学科知识、创新能力、系统思维以及高度社会责任感的高素质工程应用型人才，

---

[*] 曹建树，男，工学博士，北京石油化工学院工程师学院教授，主要研究方向为管道检测及机器人技术、工地工程教育模式研究。

已经成为各行业发展的迫切需要。高等教育作为人才培养的主阵地，面临如何顺应这一时代潮流，创新实践育人模式的严峻挑战。同时，大思政教育强调将思想政治教育贯穿教育教学全过程，实现全员、全程、全方位育人，与产业发展需求相结合，促进学生全面发展。北京石油化工学院工程师学院紧紧围绕学校全力打造新时代"首善之区工程师摇篮"的发展目标，重点建设适应北京市高精尖产业对人才需求的实践育人场景和内容，形成燕山石化数字化升级的大工业场景、清源校区智能化制造高精尖工业场景的双实践育人平台，培养学生的创新精神、工程实践能力和社会责任感，使其更好地适应未来职业发展的需要。

然而，目前在大工业与智能制造联动场景下，关于如何构建大思政实践育人模式研究尚显薄弱。多数研究未能充分挖掘大思政教育在实践育人中的独特价值。因此，深入探索大工业与智能制造联动场景下的大思政工程实践育人模式建构，具有重要的理论意义和实践价值。

一、大思政工程实践育人模式建构总体思路

（一）立德树人，互补联动，深化成果导向的实践育人培养架构

以"立德树人"为根本宗旨，筑牢思政育人根基。将"立德树人"作为大思政实践育人模式的核心价值理念，全方位融入工程实践教育教学的各个环节，全面推进"工程训练""工程伦理""大学生劳动教育"等通识工程素养课程思政建设，更新教学大纲，实现课课有思政、堂堂正能量，培养学生的社会责任意识和塑造学生价值观。文化浸润营造育人氛围，成立大学生创客联盟等多个创新社团，通过工程训练与创新创业教育融合，涵养实践创新育人生态。通过专创融合与互补联动，建设大工业与智能制造互补联动的新场景，打通专业课程、工程实践、创新教育环节。

（二）共建共享，深度融合，打造多元协同的实践育人新样态

通过政府支持、学校主导、企业合作、社会参与共同建设石化工程虚拟仿真实验教学中心等国家级虚拟仿真实验教学中心、燕山石化石油化工生产

过程仿真实验实习车间等大型设备全功能全尺寸"学习工厂"式实习环境、国家级工程实践教育中心等国家级实践平台，建成 2 万平方米工程实践及创新实践空间，打造多元协同的实践育人新样态。

（三）凝势聚力，建制提效，创建"五全五融"实践育人模式

创建"全流程成果导向机制、全覆盖学生指导机制、全周期学生成长机制、全方位开放共享机制、全联动能力提升机制"的"五全"机制育人生态；创建"专创融合、知识驱动，科创融合、项目驱动，赛创融合、兴趣驱动，产创融合、需求驱动，就创融合、创业驱动"的"五融"方法提升实践育人成效。

二、大思政工程实践育人模式建构主要方法

构建大工业与智能制造联动场景，整合机械工程、电子信息工程、自动化、工业工程等相关基础，构建大工业与智能制造领域的知识体系，建设创源工程实训中心与全要素流程型能源大工业场景等，加强工程训练与创新创业深度融合，建立产学研合作机制，培养学生的产业认知与实践能力，形成大工业与智能制造联动场景下的大思政工程实践育人模式。

（一）明确育人思路，奠定打造工程实践育人新样态的制度基础

学院进一步明确"完善五育并举全面培养体系，打造实践育人新样态"的育人思路。加强顶层设计，健全"五全"实践育人机制：（1）全流程成果导向机制，OBE 实现矩阵设计工程实践和创新教育环节；（2）全覆盖学生指导机制，整个工程实践过程中，每个学生配备工程经验丰富的指导教师，对学生在工程训练、劳动实践和创新创业过程中等进行全面指导；（3）全周期学生成长机制，通过打造工程认识训练、工程基础训练、工程综合训练、工程创新应用"四位一体"融合式工程训练与创新创业实践教学体系，逐步提升的工程实践创新培养模块；（4）全方位开放共享机制，建立工程实践与创新创业平台共建共享等机制，实现学院资源向学生全面开放；（5）全联动能力提升机制，围绕实践创新能力培养，建立校内、校企、师生间协

同联动机制。

（二）建设创源工程实训中心，培养学生的数智化思维和智能制造能力

建设集"工程训练、创新创业、工程思维、工程伦理、工程文化、劳动教育"于一体的创源工程实训中心，将数智技术的新标准、新理念融入教材、融入课程，建设国内领先的数字孪生智能产线、虚拟现实多功能学习工场、增材制造工创空间以及创新实践工坊。基于数字孪生和VR/AR新技术，研发石油化工装备、大安全等行业特色大型装备虚拟仿真实验系统；增设"智能设计与智能制造技术""人工智能与机器人"等新课程，拓宽学生视野；突破教学方法的技术障碍，采用探究式、研讨式、翻转课堂等新方法；采用线上线下混合、项目制、学习工厂等多种方式打造新课堂，打破时空限制；构建成果导向的工程实践及创新教育新评价方式，促进目标达成和可持续发展，全面提升学生数智化思维和智能制造能力。

（三）建设全要素流程型能源大工业场景，夯实学生系统性全场景工业化基础训练

与燕山石化建立"共建基地、共建专业、共建课程、共建师资、共同实施、共享成果"的"六共"协同育人机制，将学生学习任务嵌入生产任务、实体课堂嵌入企业车间、工程训练嵌入生产实践，形成全要素流程型大工业场景，实现创新链、产业链、人才链深度融合。邀请企业专家参与培养方案制定、实习实践课程体系设计、企业学习阶段内容与教学方法设计、学生考核等教学环节，基地统筹安排高校教学进程、企业专家授课时间等，协调师资和基地资源完成教学任务。在工程实践实习环节安排方面，校企双方共同筛选典型的企业车间和生产一线工作岗位作为学生实习基地岗位，明确实习内容，制订实习标准、实习大纲和实习规范，精心设计实习流程，实行校企双方共同指导的"双导师制"，使学生受到现代工程师职业训练，实现双向联动，多方式推进协同育人的目标。

（四）践行实践创新育人理念，开展以赛促教，以赛促学，提升工程训练教学质量和育人能力

依托北京高等学校示范性校内创新实践基地、北京市高校实验教学示范中心和国家级工程实践教育中心等实践基地，打破工程训练、劳动教育、创新创业教育之间的壁垒，基于"以赛促教、以赛促学"的理念，将科技竞赛作为培养学生工程实践能力、创新能力和协作精神的重要手段之一，将创新创业能力、综合设计能力和工程实践能力的培养贯穿工程训练全过程。构建"五融"方法提升大思政实践育人实效：（1）专创融合，知识驱动，开设"创新创业基础与实践""机电产品创意训练"等专创融合课程；（2）科创融合，项目驱动，以教师科研和工程实践项目为依托，年均培育各级创新实践课题100余项；（3）赛创融合，兴趣驱动，建立校级、省部级和国家级三级学科竞赛体系，承办全国三维数字化创新设计大赛等学科竞赛，实现全体学生参与学科竞赛；（4）产创融合，需求驱动，通过产学研合作，培育创新实践项目，真题真做提升大思政实践育人项目内容的挑战度；（5）就创融合，创业驱动，开设"大学生创新创业"等系列课程，制定创业激励机制，鼓励学生以创新带动创业、以创业带动就业，提升学生就业质量。

（五）丰富重构课程教学内容，培养工程实践创新聚教育综合素养

基于新工科建设要求及工程教育培养规律，工程训练突破按工种知识点逐个讲授、训练，依次完成并进行考核的传统工程训练方式。优化重构现代工程训练培养体系结构，构建"工业工程认知训练、经典制造技术训练、现代制造技术训练、智能制造技术训练、开放特色创新训练"的智能时代新工科背景下的多层次工程训练实践课程体系，形成"知识能力、实践创新"融为一体的工程实践创新课程体系。将大国工匠精神、产业需求、科研成果引入课程，建设基于综合性项目训练的教学内容；引入"互联网+"大学生创新创业大赛、工程训练大赛，以赛促学，促进项目的产品化，建设基于"双创"的高级工程训练教学内容。融合于工程训练实践教学的"做中思""做中创""训练项目化"的分组实践教学模式，注重提升学生的设计思维、工程思维、批判性思维和数字化思维。同时，通过工程训练与劳动教育相结合、与美育

相结合、与体育相结合。"工程训练"课程中融入劳动教育,对学生进行劳动观念教育、劳动技能训练,提高其劳动素质;"工程训练"课程中融入美育,学生完成自己实训作品时,需要美工设计,要有一定的审美观,要有创造美的能力,才能创新产品;"工程训练"课程中融入体育,工程训练实践中对学生进行身心健康的教育。

三、大思政工程实践育人模式实施效果

始终坚持立德树人根本任务,秉承"崇尚实践、知行并重"的办学理念,传承实践育人的办学特色,集聚工程训练和创新创业资源,以"促进学生能力梯次递增,共性的基础实践能力培养与个性的创新能力培养并举"的指导思想,实现实践教学与理论教学紧密结合、工程训练与创新创业能力培养紧密融合,形成"知行合一、创新育人"的工程训练育人模式,着力培养学生面对传统技术与新技术相结合的工程实践能力、创新能力,为学校培养高素质应用人才发挥了重要的支撑作用。在团建建设、课程建设、实验基地、教学资源以及创新创业方面取得了显著成效,作为主要完成人,获国家级教学成果奖 2 项、北京市高等教育教学成果 5 项。"创新创业基础与实践"荣获2023 年北京高校就业创业金课,"智能时代能源大工业场景校外人才培养基地"获批北京高等学校产学研深度协同育人平台,工程训练中心 2024 年获批北京高等学校优秀教学实验室。

近 5 年,指导组织学生参加大学生科研训练项目 230 余项,学生获"国家级大学生创新创业计划"项目经费资助 25 项,在省部级以上的各类竞赛中,获得国家级金奖、银奖各 1 项,全国冠军 8 项、亚军 11 项、季军 13 项,一等奖 20 多项,"'多元协同,多维赋能'的地方特色高校工程实践及三创教育体系构建"获得北京市高等教育教学成果一等奖。

四、结　语

在全球新一轮科技革命与产业变革深度演进的时代背景下,本文通过构建大工业与智能制造联动场景下的大思政工程实践育人模式,探索了新时代工程教育改革的创新路径。本研究以立德树人为根本宗旨,通过"双实践育

人平台"的立体化构建、"五全五融"机制的体系化创新,以及数智化工程实训场景建设,形成了具有鲜明实践特色的大思政工程实践育人范式。这种模式实现了专业教育与思政教育的有机融合,使工程伦理教育、劳动教育和创新创业教育在真实产业场景中具象化实施。为进一步提升大思政工程实践育人成效,适应智能时代的人才培养,一是构建动态优化的育人机制,通过大数据技术实时跟踪产业需求与人才成长轨迹;二是推进"AI+教育"深度融合,进一步加大建设数字化智能化的沉浸式工程实践系统力度;三是完善产学研协同育人平台,聘请行业专家深度参与大思政工程实践育人过程,建立面向新型工业化的工程教育共同体。这些研究和实践将助力高等教育更好地担负起培养堪当民族复兴重任的新时代卓越工程师的历史使命,为我国从制造大国向智造强国的转型提供坚实的人才支撑。

教育强国背景下高校党委理论学习中心组学习的重要意义和实践路径

刘亮高[*]

内容提要：高校党委理论学习中心组学习作为全党理论学习的"风向标"和"排头兵"，对于提升高校领导干部思想政治素养，增强办学治校能力，落实立德树人根本任务具有特殊重要意义。本文从教育强国建设背景出发，分析加强高校党委理论学习中心组学习的重要性，提出坚持制度建设、坚持政治定位、坚持守正创新、坚持学以致用，加强高校党委理论学习中心组学习的主要实践路径，以北京石油化工学院为例探讨提升高校党委理论学习中心组学习质量的探索与实践。

关键词：教育强国；高校党委理论学习中心组学习；重要意义；实践路径

建设教育强国，龙头是高等教育。高校作为知识更新迭代传承创新的重要基地、科学技术自主自强的创新高地、高科技人才培养的聚集高地，在教育强国建设征程中发挥着重要作用。高校党委作为高校的领导核心，其政治站位、理论水平和决策能力直接影响着高校的发展方向和质量，而作为高校党委加强思想政治建设、提升领导能力的重要平台和阵地的理论学习中心组，必须在教育强国建设征程中充分发挥思想建党、理论强党的示范带动作用，奋力书写以学促干、以学增智、以学正风、以学铸魂的学习新答卷。

---

[*] 刘亮高，男，北京石油化工学院党委宣传部干部，政工师，主要研究方向为党建与思想政治教育。

一、教育强国视角下加强高校党委理论学习中心组学习的重要意义

推动教育科技人才一体化发展是党的二十届三中全会的重大部署。在推进中国式现代化进程中对高等教育的需要更为迫切。在教育强国战略背景下，高等教育承担着培育担当民族复兴大任时代新人、推动科技自主创新和服务经济社会发展的重要使命任务，高校党委理论学习中心组必须坚持不懈用新时代党的创新理论铸魂育人，指导实践，推动工作，在建设教育强国征程中贡献高等教育智慧和力量。

（一）加强高校党委理论学习中心组学习是坚持党的全面领导、推动全面从严治党的根本要求

建设教育强国，是为中华民族伟大复兴提供有力支撑。建设教育强国，必须要以坚持党对教育事业的全面领导为根本保证。高校党委理论学习中心组作为提升领导干部思想政治素养的重要阵地，要深入学习宣传贯彻习近平总书记关于《论教育》等重要论述和指示精神，充分认清加快建设教育强国的重要意义，才能够更好地宣传贯彻落实党的教育路线方针和决策部署要求。要以严的基调推动高校全面从严治党向纵深推进，营造风清气正的校园政治生态，才能确保高校始终沿着社会主义办学方向前进，坚定拥护"两个确立"，坚决做到"两个维护"，从而在思想上行动上始终与党中央保持高度一致。

（二）加强高校党委理论学习中心组学习是推动党的创新理论武装头脑、指导实践、推动工作的有效途径

政治的坚定来源于理论的清醒。加强高校党委理论学习中心组学习，是党始终走在时代前列的重要保证，又是建设学习型党组织、不断提升党委凝聚力和战斗力的需要，更是明确高校"培养什么样的人、怎样培养人、为谁培养人"这一根本问题的实践需要。加强高校党委理论学习中心组学习，对于把牢正确办学方向，办好中国特色社会主义大学意义重大。高校领导干部

必须要以新时代党的创新理论武装头脑，夯实思想政治根基，落实立德树人根本任务，为培养时代新人，推动学校高质量发展提供坚实支撑。

（三）加强高校党委理论学习中心组学习是推动建设教育强国部署落地生根的重要举措

教育强国战略是实现中华民族伟大复兴的重要支撑，其核心在于建设高质量教育体系，培养德智体美劳全面发展的时代新人。在这一战略背景下，要求高校党委必须深刻理解和把握国家发展战略，将自身发展融入国家和社会发展大局，在推进强国建设、民族复兴中积极贡献高等教育力量，高校党委理论学习中心组必须以强烈的政治意识、大局意识和担当意识，以引领高等教育发展方向、提升人才培养质量的重任为着力点，深刻领会习近平总书记关于教育强国建设的重要论述和指示精神，在推进教育强国建设中成为学习示范班、担当行动班，在党员干部群众中充分发挥引领示范作用，真正把学习成效转化为高校高质量发展的生动实践。

（四）加强高校党委理论学习中心组学习是高校党委应对挑战、提升能力，推动学校高质量发展的重要抓手

面对教育强国战略提出的更高要求，高校党委需要站在"国之大者"的高度不断提升自身理论水平和领导能力，以应对挑战、推动发展。党委理论学习中心组学习作为高校党委提升战略思维、提高决策水平的重要形式，通过系统学习习近平新时代中国特色社会主义思想理论体系，能够更好地把握教育规律，推动高等教育内涵式发展，助力教育强国建设。党委理论学习中心组学习对于提升中心组成员的理论素养、政治觉悟和决策能力也具有不可替代的作用，可以帮助中心组成员深刻理解国家发展战略和教育方针政策，增强战略思维和全局观念，将学校发展融入国家和地方经济发展大局。党委理论学习中心组学习要坚持理论联系实际，将理论学习与解决学校改革发展中的实际问题相结合，为推动学校各项事业高质量发展，不断提高领导干部谋篇布局的能力和解决实际问题的能力。

二、新时代提升高校党委理论学习中心组学习质量的实践路径

新时代,党中央审时度势印发了《关于进一步提高党委(党组)理论学习中心组学习质量的意见》(以下简称《意见》),新修订了《中国共产党党委(党组)理论学习中心组学习规则》(以下简称《规则》),为高质量开展党委理论学习中心组学习提供了制度保障和规范依据。高校党委要坚持不懈以习近平新时代中国特色社会主义思想为指导,牢牢把握《规则》和《意见》的基本要求,以高度的政治自觉、思想自觉和行动自觉守正创新抓好党委理论学习中心组学习,更好地肩负起高等教育在教育强国建设中的使命任务。

(一)坚持制度建设,在规范学习组织上下功夫

制度建设是基础,制度落实是关键。党中央高度重视,把党委理论学习中心组学习制度纳入党的制度建设当中,通过制度规范推动党委理论学习中心组学习的常态化和制度化。教育强国视角下高校党委要始终把党委理论学习中心组理论学习制度建设放在重要位置,加强高校党委理论学习中心组学习制度建设,一是要将理论学习中心组学习纳入党委重要议事日程,纳入党建工作责任制、意识形态工作责任制和巡察内容。二是要严格执行《规则》和《意见》要求,建立健全完善学校学习组织、考勤、考核等制度规范,对内容与形式、组织与管理、服务与保障等事项进行具体明确,保证中心组学习的制度化和正规化,努力让学习从"软指标"变成"硬约束"。三是党委书记要履行"第一责任人"职责,主持制订学习计划,严格考勤纪律,强化日常监督检查,确保学习不走过场。

(二)坚持政治定位,在丰富学习内容上下功夫

习近平总书记多次强调,要学习马克思主义理论特别是新时代党的创新理论。高校党委理论学习中心组学习的理论主题要重点突出学习的政治定位、理论底色和学习成色。一要原著学。以读原著、学原文为核心,坚持把学习新时代党的创新理论作为重中之重,集中学习党的二十大报告、党的二十届

二中、三中全会精神、全国教育大会精神以及《习近平新时代中国特色社会主义思想学习纲要》《论教育》等必读文献和书籍，确保理论学习的广度，以理论学习强化建设教育强国的政治站位，不断提升政治判断力、政治领悟力、政治执行力。二要首要学。习近平总书记每次发表重要讲话和作出重要指示批示后，理论学习中心组都把其作为首要学习内容、常委会作为"第一议题"迅速进行传达学习，组织集中研讨交流，及时领会党和国家的工作方针、重大决策，确保学习的实效性，切实增强贯彻落实党中央决策部署的自觉性和坚定性。三要深入学。《教育强国建设规划纲要（2024—2035年）》对高等教育事业发展提出了许多新任务新要求，为高校党委理论学习中心组学习提供了相当多的选题和考题，需要党委理论学习中心组提高政治站位，结合发展实际，把习近平总书记关于教育强国建设的重要讲话精神有效转化为推动高等教育高质量发展的工作思路和方法举措。四是专题学。坚持干什么学什么、缺什么补什么、要求什么掌握什么，围绕提升办学治校能力、人才培养、科技成果转化等推进学校高质量发展的重点工作，高校党委理论学习中心组学习要把习近平总书记关于对教育、科技、人才的重要论述、对教育、科技、人才等领域的重要讲话和指示精神作为重要学习专题，不断提升战略思考、政治决断能力和实践转化能力。

（三）坚持守正创新，在提升学习实效上下功夫

学无定法，贵在得法。实践证明，理论学习要做到真学真信真用，必须在学习方法创新上花精力、下功夫、使长劲，不断推动高校党委理论学习中心组学习的高质量开展。一是要创新利用AI技术与个人自学相结合。人工智能技术的迅猛发展，为推动理论学习提供了多种方式和选择。要利用AI工具具备的强大信息处理能力，分析学习者的理论知识掌握程度，生成个性化的自学计划。要利用智能学习软件通过深度算法，精准定位学习者在理论学习中的薄弱点，并提供相关理论学习资料，帮助学习者高效突破难点。要利用AI工具在调查研究与理论创作方面的优势，快速筛选和归纳理论学习资源，提高研究与写作效率。二是要注重校内学习和校外实践相结合。"校内学习"就是要扎实开展自学、集体学习研讨等，围绕习近平总书记关于教育、科技、人才等重要讲话精神，围绕当前理论热点问题和重点工作，邀请专家学者、

政府、企业负责人等到校开展专题辅导报告。"校外实践"就是坚持"走出去",到经济社会发展一线,到产学研合作共建现场,到红色场馆、实践育人基地开展实践研学,在国家战略需求和地方经济社会发展大局中,深刻领悟党中央对教育强国建设提出的新部署新要求。三是要注重发挥"关键少数"的示范和表率作用。高校党委理论学习中心组成员要努力成为建设学习型党组织的精心组织者、积极促进者、自觉实践者,必须要紧紧抓住领导干部这个"关键少数",做到自觉学习、带头学习,推动校院两级领导干部自觉担当学习责任和示范责任,形成"头雁效应",不断创新校院两级中心组学习方式,把校院两级领导班子建设得更加坚强有力。

(四)坚持学以致用,在推动学习成果转化上下功夫

理论学习贵在管用。高校党委理论学习中心组学习必须始终坚持问题导向,加强调查研究,做到学以致用、用以促学、学用相长,将学习成果转化为推动学校改革发展的具体举措和管用的对策和思路。一是要开展"靶向式"学习研讨。中心组成员要围绕工作中存在的突出问题和热点难点问题进行针对性学习研讨,不断拓展学习深度,推动领导干部成为解决工作难题、推动分管工作和学校发展建设的复合型教育家和管理者。二是要抓好"源头性"调查研究。高校党委中心组要充分运用互联网、大数据等现代信息技术开展调查研究,提高科学性和实效性。要坚持党的群众路线,从基层中来、到基层中去,倾听师生所想所急所盼,了解和掌握基层院系人才培养、科研创新、学科专业、管理服务等真实情况。三是要推动"有效性"成果转化。学习的目的全在于运用,理论的价值在于推动工作落实。要把高校党委理论学习中心组学习与专题调研结合起来,与推动高质量发展结合起来,将理论学习和研究成果转化为具体的建设与发展思路,转化为具体发展措施,转化为发展成效,提升从理论学习向发展成效转变的速度和质量。

三、以北京石油化工学院为例加强高校党委理论学习中心组学习质量的探索与实践

北京石油化工学院党委坚持不懈以习近平新时代中国特色社会主义思想

为指导，严格落实《规则》和《意见》的基本要求，充分发挥学校党委中心组学习在思想建党、理论强党的示范引领作用，紧紧围绕建章立制、理论主题、学习实效、问题导向"四个聚焦"，紧紧抓住领导干部这一"关键少数"，中心组成员做到"五个一"：进行一次领学、落实一次重点发言、撰写一篇调研报告、开展一次理论宣讲、参加一次巡听旁听，形成学习研讨、调研实践、转化应用的"三位一体"学习机制，不断加深学校党委对党的创新理论的深化内化和转化，对提升学校党委理论学习中心组学习质量进行了有益探索与实践。在北京高校党建和思想政治工作基本标准入校检查时反馈：学校党建工作基础扎实、成效显著。

（一）聚焦建章立制，围绕学习组织规范学

学习靠自觉，也要靠制度。不断建立和完善党委理论学习中心组学习制度有利于将中心组学习的软任务变成硬指标，有利于激发领导干部主动学和自觉学。

一是加强制度建设规范学习。及时修订完善校院两级党委理论学习中心组学习细则，制订学习计划、督查考核、通报等6项校院两级党委理论学习中心组学习制度，对组织与职责、内容与形式、管理与服务等事项进行明确。坚持每年研究制定学校党委理论学习中心组学习安排，制定二级党组织中心组学习指导性意见，明确重点学习内容，精心设计学习专题和推荐参考书目，推动中心组学习的制度化和规范化，为干好工作提供"强支撑"。

二是落实"第一责任"有效学习。学校党委完善形成党政办、组织部、宣传部学习工作协调机制，每次学习前都由学校党委书记确定具体学习主题、审定学习方案、明确学习要求，宣传部汇编好专题学习材料，党政办和宣传部协同做好学习组织，做到有计划、有通知、有汇编材料、有总结、有归档、有报道，确保中心组学习有序高效开展。

三是落实督查制度推动学习。学校党委始终把强化党内监督作为党的建设重要基础性工程。主动发挥推动理论学习的主体作用，坚持把党委中心组学习列入工作重要议事日程，纳入党建工作责任制和意识形态工作责任制落

实，纳入党建工作述职评议考核和巡察等方面。❶ 坚持半年对基层党组织中心组学习情况进行一次督导，年底进行一次全面从严治党考核，做到有部署、有督导、有考核、有通报、有总结，促进中心组学习规范落实。制定学校《二级党组织理论学习中心组巡听旁听制度》，每年由校领导班子成员带头，对联系或主管二级单位中心组学习至少进行一次巡听旁听，进一步加强二级理论学习中心组学习的制度化规范化的指导。

（二）聚焦理论主题，丰富学习内容全面学

学校党委紧紧围绕中心组学习的理论主题，突出学习的政治定位、理论底色和学习成色，丰富学习内容，围绕"三学"扎实开展中心组学习。一是坚持读原著、学原文系统学。把学习新时代党的创新理论作为重中之重，原原本本、系统全面学习《习近平新时代中国特色社会主义思想学习纲要》《习近平谈治国理政》《论教育》等学习资料，以理论学习强化政治站位，深入掌握马克思主义世界观和方法论，真正把马克思主义看家本领学到手。二是落实"第一议题"及时学。习近平总书记每次发表重要讲话和作出重要指示批示后，理论学习中心组都把其作为首要学习内容、常委会作为"第一议题"迅速进行传达学习，组织集中研讨交流，及时领会党和国家的工作方针、重大决策，确保学习的时效性，切实增强贯彻落实党中央决策部署的自觉性和主动性。三是结合发展需求重点学。坚持干什么学什么、缺什么补什么、要求什么掌握什么，在持续学习贯彻习近平新时代中国特色社会主义思想的基础上，把习近平总书记关于教育、科技、人才的重要论述、对北京的重要指示批示精神、对"大思政课"建设的重要讲话精神等领域的党的创新理论作为重点学习专题，用以指导实践、解决问题、推动工作。

（三）聚焦学习实效，创新学习方法深入学

灵活多样的学习方法是提高中心组学习质量的重要保证。学校党委坚持从新时代党的建设要求出发，从适应教育强国战略需求出发，从国家和首都

---

❶ 张娜. 新时代深化高校党委中心组学习路径略探：以兰州大学为例 [J]. 教育教学论坛，2021，10（27）.

发展大局以及学校发展实际出发,注重结合,聚焦学习的针对性和实效性,不断推动党委理论学习中心组学习高质量开展。

一是注重网络平台学和集体研讨学相结合。有效利用"学习强国"App、京干网等网络平台,使之成为领导干部加强理论学习和做好个人自学的有效载体。重点抓实集体学习研讨这一重要方式。每次集体学习研讨之前做到有学习通知、有学习方案、有研讨主题、有电子和纸质书目推荐、有专题汇编材料,引导中心组成员提前做好自学和发言准备。学习中通常指定与学习主题相关的1—2名中心组成员进行领学解读和重点发言,其他中心组成员作交流发言。学习结束时由学校党委书记作学习总结。

二是注重学思和践悟相结合。"学思"就是围绕习近平总书记关于教育、科技、人才等重要讲话精神、党的二十届三中全会、全国教育大会等会议精神、理论热点问题和重点工作,充分利用"个人自学+集中学习+研讨交流"三种主要学习方式深学细悟,邀请中央党校、行业高校专家学者、大兴区委书记等到校进行专题辅导,引导党委中心组成员学深悟透,善思善用。"践悟"就是主动到首都经济社会发展一线、到产学研合作共建现场、到红色场馆、廉政教育基地等开展实践研学。在服务国家和首都经济社会发展的生动实践中,不断加深对党的创新理论的深化和内化,如赴浙江、安徽等地高校、科研所等开展校院两级领导干部专题培训;赴亦庄开发区、大兴区生物医药基地、燕山石化公司、怀柔、昌平科技园、抗日战争纪念馆等地进行联学联研和参观学习,切实增强建设高水平应用型大学的责任感和使命感。

三是充分发挥领导干部"关键少数"的示范引领作用。学校党委注重示范引领、以上率下,在学习贯彻党的二十届三中全会精神专题、全国宣传思想文化工作会议精神专题、高质量发展专题、科技成果转化专题时先后组织校院两级中心组成员、党支部书记、学科带头人、责任教授等以学习扩大会的形式开展联合学习,研讨发展思路和举措。实行中心组学习旁听制度,党员校领导每年至少参加一次联系二级学院党组织中心组学习巡听旁听,深入了解理论学习中心组日常学习、学用转化等情况,旁听中心组成员讨论交流情况并进行现场点评、提出具体意见,在上下联动中推动二级中心组学习的实效性。

(四) 聚焦问题导向，围绕学以致用转化学

学校党委坚持工作需求实施靶向式学习，抓实调研问计于师生和行业一线，注重调研成果转化，为解决学校高质量发展中遇到的问题提出了管用的对策和思路。

一是坚持以工作为需求，开展有针对性的学习研讨。学校党委理论学习中心组紧紧围绕工作问题进行有针对性的学习研讨，领导干部带头解读文件精神、带头汇报调研成果、带头畅谈学习体会、带头谈落实思路、带头讲工作目标。利用主题教育读书班、党纪学习教育读书班、学校高质量发展推进大会、讲思政课等平台和载体，班子成员上讲台对党的创新理论成果、国家重大政策决策部署、重大热点焦点问题进行解读阐释宣讲，在不断提升学习成效、拓展学习深度和广度的同时，推动领导干部成为驾驭复杂形势、解决实际问题、推动分管领域工作和学校发展建设的行家里手。主题教育期间，学校党委理论学习中心组围绕"落实大兴调查研究工作要求，推进高质量发展""全面从严治党，推进党的自我革命"等专题开展了6次集中研讨，中心组成员结合分管工作，分专题深入交流运用党的创新理论解决实际问题的案例和体会，努力做到善思善用，寻找破解难题短板的答案。

二是抓实调查研究，问计于基层师生和行业企业一线。学校党委理论学习中心组成员结合分管工作，选择专题或结合实际，深入基层院（部）、师生和政府行业企业开展调研，把学习调研的过程转化为破解工作难题、推动工作落实的过程。主题教育期间，学校党委理论学习中心组成员扑下身子到实验室、教研室、课堂、公寓等点位摸透真情况、解决新问题。校院两级领导班子成员带头深化学院联行业、学科联产业、专业联企业、教师联生产、干部联政府"五联行动"，走访国家工程教育实践中心和燕山石化公司，赴共建单位行业企业访企拓岗，赴浙江、江苏等地调研"取经"，校院两级开展校内外调研达200余次。

三是推动调研成果转化为发展思路和工作成效。学校党委理论学习中心组聚焦培养时代新人的使命任务，聚焦市属高校分类发展的要求，聚焦建设高水平应用型大学的堵点，围绕学校党的建设和思想政治工作、应用型人才培养、应用型科研、学科专业转型及师生反映强烈的问题等，精心选题、统

筹安排，积极把调研成果转化为"一校一策"的具体举措和实际成效。主题教育期间，学校党委理论学习中心组成员围绕"有组织人才培养、有组织科研、有组织社会服务，以高质量党建引领高质量发展，全力打造新时代首善之区工程师摇篮"主题，召开主题教育调研成果交流会，建立调研成果转化清单。持续做好调查研究"后半篇文章"，推动调研成果转化为20余项文件制度，研究制定《现代产业学院建设方案》《加快构建思想政治工作体系推进"三全育人"工作方案》等20余项工作方案。通过有效转化取得了实实在在的成效，市属高校年度绩效考核综合评议结果学校位于前列，连续两年学校竞争性科研经费破亿元大关，体现了学校服务新时代首都发展的支撑力和贡献力，学校处于高质量发展的快车道。

新时代新征程，高校党委理论学习中心组要切实增强做好高等教育工作的责任感和使命感，从"国之大者"的高度出发，充分认清教育强国建设的重要意义，持续做好新时代党的创新理论的深化内化转化工作，不断加强新时代党的建设和推动高等教育高质量发展，奋力谱写教育强国建设崭新篇章。

人工智能时代高校思想政治工作的创新路径

王莉鑫　刘亮高*

内容提要：AI技术的迅猛发展对高校思想政治工作的理念、方法和载体产生了系统性重塑。本文基于人工智能时代高校思想政治教育的现实需求，从理论维度剖析人工智能时代思想政治工作的变革特征，并尝试提出四大基本原则。在此基础上，从五个维度系统阐述创新路径，为提升高校思想政治工作时代性、实效性提供理论参照和实践方案。

关键词：人工智能时代；高校；思想政治工作

随着大数据、人工智能等前沿技术的迅速发展，人类快步踏入了数字时代。技术的快速发展正在重塑教育领域的生态格局，思想政治教育工作作为高校落实立德树人根本任务的关键环节，正面临着前所未有的范式变革。党的十八大以来，习近平总书记提出"推动思想政治工作传统优势同信息技术高度融合"等一系列提升思想政治教育针对性和实效性的重要论述。当AI助教能够24小时为学生答疑解惑时，当虚拟仿真技术将红色教育场景具象化呈现时，如何提高网络育人能力，做好人工智能时代的高校思想政治工作，已成为摆在高校教育工作者面前的重要课题。

---

* 王莉鑫，女，北京石油化工学院党委宣传部干部，主要研究方向为党建与思想政治教育。刘亮高，男，北京石油化工学院党委宣传部干部，政工师，主要研究方向为党建与思想政治教育。

一、人工智能时代高校思想政治工作的现状分析

人工智能时代，AI 为高校思想政治工作带来了前所未有的冲击与变革。传统的思政工作模式在 AI 技术的愈加成熟下逐渐显露出一定的局限性，而人工智能的技术赋能不仅重构了传统思政教育的时空维度，更将在价值引导、认知塑造和情感认同层面引发深层变革。

（一）传统高校思想政治工作的局限

（1）思政工作底层逻辑面临冲击。人工智能时代，新型文化生产与传播方式将大众文化话语权下沉，促使个性文化的觉醒以及小众文化繁荣，易滋养个人主义、利己主义等反面价值观，而传统高校思想政治教育最核心的集体主义、爱国主义等价值观塑造正是建立在大众文化基础上的，这就造成对高校思政工作底层思想逻辑的冲击。

（2）教育内容供给矛盾凸显。传统高校思政课往往依托单一的课堂输出，教材固定单一，"大水漫灌"模式与 Z 世代愈加凸显的个性化需求脱节。一个老师面对学生群体难以因材施教，互动性不足的同时，学生被动接受，导致课堂内容接受度不高。

（3）效果评估存在滞后性。思政教育的标准化考核难以捕捉学生价值观内化的真实状态。只有通过构建科学、系统、动态的评价体系，结合多元化的评价主体和方法，才能有效提升网络思政教育的针对性和实效性。

（二）人工智能为高校思想政治工作带来的变革机遇

（1）教育内容精准化：精准画像与个性化教育。人工智能通过多模态数据采集（课堂微表情、在线学习轨迹、社交网络言论等）构建学生思想行为的"数字孪生"，从而精准识别个体认知差异与情感需求，使教育内容与学生的兴趣图谱、认知水平实现动态匹配。如中国民航大学打造 AI 智慧课堂，依托"课程知识图谱"对学情的精准分析，制定有针对性的教学策略，直击教学"痛点""难点"，达到精准教学，有效破解了传统思政教育中学生反映的"供需错位"问题。

（2）教学范式重构：虚拟现实与沉浸式体验。生成式 AI 技术（如 ChatGPT）重构了师生互动范式，通过大规模语言模型，师生可以实现多轮深度对话，将抽象理论转化为具象的生活场景叙事，从而使学生价值引导从被动接受转向主动建构。例如，虚拟现实技术打造的"红色场景剧"突破时空限制，学生通过全息影像参与历史事件，情感共鸣强度较传统课堂有了大幅提升。

（3）教育评估科学化：大数据动态监测与预警。借助 AI 技术，高校思政工作者可通过构建学生数字画像系统，整合课堂表现、网络行为、心理测评等多维数据，运用机器学习算法识别学生思想动态，实时分析校园论坛话题热词，预警潜在舆情风险，辅助教师制定针对性引导策略。

二、人工智能时代高校思想政治工作的主要原则

2023 年 5 月，习近平总书记在组织中央政治局第五次集体学习"教育强国"时指出："提高网络育人能力，扎实做好互联网时代学校思想政治工作和意识形态工作。"未来思政工作的进化方向，应是建立"人文内核+技术外壳"的共生体系，在把握智能技术工具理性的同时，坚守价值教育的本质属性，实现从"技术适配教育"到"教育重构技术"的范式升级。

（一）坚持立德树人根本任务与网络育人深度融合

《教育强国建设规划纲要（2024—2035 年）》明确提出，要推动思想政治工作和信息技术深度融合，打造网络思想政治教育特色品牌。立德树人是教育的根本任务，而网络育人是适应新时代教育需求的创新方式，这不仅是新时代教育改革的必然要求，也是培养德智体美劳全面发展的社会主义建设者和接班人的有效途径。高校可以通过构建专门的网络思想政治教育平台，将思想政治教育与网络文化相结合，提供丰富学习内容的同时增强思政教育的针对性与有效性。

（二）坚持问题导向破解网络意识形态风险

近年来，互联网的社会动员功能日益增强，这也意味着新时代做好网络意识形态阵地管理至关重要，要充分发挥高校党委对网络思想政治工作、媒

体、教育新技术应用的全面领导，严格落实网络意识形态工作责任制，以问题导向筑牢意识形态风险防线。

（三）坚持线上线下协同育人机制创新

高校思想政治工作是启智润心的工作，教育的根本目的是育人，要充分认识新时代信息传播的规律，运用好网络传播和万物互联这一特质，在泛在空间中全面做好育人工作，健全全员、全程、全方位育人体系。加强对互联网等相关技术的理论研究和实践探索。近年来，北京、浙江、上海等地加快智慧思政布局，先后出台各项政策和地方标准，取得了良好成效。

（四）坚持技术赋能与人文关怀辩证统一

技术赋能为思政教育提供了强大的工具和平台，而人文关怀则赋予其温度和灵魂，只有将两者有机结合，才能真正提高高校思想政治教育的有效性。如利用数字技术开展思政教育时，应关注学生的反馈和情感体验；通过大数据分析了解学生需求，为人文关怀提供科学依据。

三、人工智能时代高校思想政治工作的创新路径

作为高校思想政治工作者，要以开放包容的心态面对人工智能技术带来的挑战，客观认识其产生的影响，改变传统观念，结合网络信息化前沿技术的新发展与新应用以及大学生呈现的新特征和新诉求，系统探讨精准思政的实践策略。

（一）理念创新：构建"人机协同"教育生态

在高校思想政治工作中，构建"人机协同"的教育生态不仅是技术赋能的必然选择，更是新时代落实立德树人根本任务的创新路径。传统技术应用往往局限于将人工智能作为辅助工具，而人机协同生态需要实现三个核心理念的转变：一是构建"数据—算法—场景"联动的智能思政系统，将AI技术深度嵌入思政教育全流程；二是建立"教师主导—AI协同—学生参与"的育人共同体，重新定义教育主体的角色关系；三是形成"价值引导—情感共

鸣—行为塑造"的闭环育人机制，通过智能技术强化育人效果。

（二）内容优化：打造智能思政资源体系

在信息技术的发展大势下，高校以往的思想政治教育内容已难以满足现实需求，亟须守正创新、与时俱进，结合新时代立德树人任务和大数据等前沿技术，进行内容"增量"建设。要建设数字化内容，对传统形式的教育内容进行适应互联网生产、存储、传播和管理的改造，使内容具有强大的渗透力。建设内容资源大数据和"云课堂"，使大学生在沉浸式、立体交互式和角色扮演式的教育体验下，提升学习效果。同时，思政内容要具备理论上的震撼力、视觉上的冲击力、听觉上的感染力、行动上的鞭策力，展现思想之美、价值之美、知识之美，让学生产生共鸣。

（三）平台建设：构建智慧思政生态系统

构建智能化思政教育平台是思政教育现代化的重要方向。通过构建"数据—算法—场景"联动的智能思政系统，将 AI 技术深度嵌入思政教育全流程，实现思政教育资源的优化配置、个性化学习路径的定制以及教学效果的精准评估。高校应积极推动学校教职员工、师生家庭、企业、政府等多元主体共同参与，构建协同治理网络，整合各类优质数字教育资源，实现思政教育的共建共创，推动形成更加开放立体、互联互通的思政教育生态。

（四）方法创新：探索精准思政新模式

在思想政治教育实践中，高校应顺应时代潮流，积极融合校园文化资源，以 AI 技术为载体，对校园文化资源进行整合，弘扬校园正能量，使学生在生活中发掘"真善美"，将当地红色文化资源进行整合，利用 AR、VR 等技术营造真实参观情境，或进行游戏化学习场景设计，使学生对红色文化产生浓厚的兴趣，以此来巩固思想政治教育的效果。

（五）队伍建设：培养"AI+思政"复合型教师

人工智能技术发展日新月异，而高校思想政治工作往往存在专职人员少、现有人员缺乏 AI 素养等问题。因此，高校应积极加强对思想政治工作者的专门技术培训，提升教师的数字化素养、掌握数据解读、智能工具应用等能力，使其能够适应互联网时代思想政治工作的新需要。同时，思政教师要从整体视角出发，将学生的情绪变化、价值主张和教学需求相融合，使思政教学的内容更加深入和广泛。同时也要建立模糊性思维，重视利用大数据对信息进行模糊性辨识，进而交换、分享思政知识，从而提升思想政治教育的实效性。

人工智能与思想政治教育的深度融合，正在书写技术赋能高校工作的新时代篇章。未来，高校思政教育工作者要在拥抱技术变革中坚守育人初心，在创新实践中完善协同机制，真正实现人工智能与思想政治教育的融合发展，为培养担当民族复兴大任的时代新人开辟智能化育人新境界。

应用型本科院校学风问题分析及解决路径*

方 正**

内容提要：高等教育的根本任务在于立德树人，优良学风是实现立德树人根本任务的重要保障。目前，我国应用型本科院校学风存在以下问题：学生学习不主动，学习效果不佳；专业认知不清晰，学习目标不明确；课堂学习效率低，学习兴趣明显不足；学习氛围不浓厚，求知欲望普遍不高。为解决学风存在的问题，应用型本科院校应当完善相关制度，以教风建设促学风建设，营造浓厚的学习氛围，加强考风考纪教育，探索并拓宽应用型本科院校学风建设途径。

关键词：应用型本科院校；学风建设；人才培养

一、引　言

习近平总书记指出："一所高校的校风和学风，犹如阳光和空气决定万物生长一样，直接影响着学生学习成长。"❶ 学风是一所大学的立校之本，是大学精神的集成。优良的学风是一所学校的宝贵财富，是一种宏伟而磅礴的无形力量，能够深刻地影响和陶冶学生的品行，规范学生的日常行为。

应用型本科院校是提高我国本科教育整体发展水平、建设高质量高等教

---

* 本文曾发表于《河南财政金融学院学报（哲学社会科学版）》2024年第3期，收入本书时有修改。
** 方正，男，北京石油化工学院机械工程学院团委书记，助教。
❶ 习近平首次点评"95后"大学生［N］.人民日报，2017-01-03（2）.

育体系的重要组成部分。受办学历史短、学科基础薄弱、经费投入不足、产教融合不深入、办学特色不明显等因素影响,我国的应用型本科教育仍然存在很多短板,其中学风问题较为突出。应用型本科院校普遍存在学生学习目标不清晰、学习习惯养成慢、学习氛围不浓等学风问题。良好的学风有助于提升教学质量、培养优秀人才。从学风建设入手,构建学风长效建设机制,以良好学风促进、保障教学有序开展,是应用型本科院校建设的必由之路。

二、应用型本科院校学风建设现状及存在问题

大规模扩招、生源质量下降,普通本科高校向应用型本科院校转型,导致应用型本科院校学风建设存在一些共性问题。例如,在追求培养学生实践能力的同时,忽视了基础理论学习的重要性。再如,职业规划教育不到位,学生学习目标不明确。基于专业的应用性和人才培养的应用型,不同类型的应用型本科院校在学风建设方面存在各自独有的问题。北京B高校是市属应用型本科高校,是一所以工科为主,工、理、管、经、文多学科相互渗透,具有鲜明工程实践特色的工程类应用型本科高校。B高校存在的学风建设问题在同类高校中也基本存在。基于此,为更深入了解应用型本科院校学风建设现状及存在的问题,尤其是在当前高校扩招、迎接本科教学评估和高校改革发展的大环境下,应用型本科院校应如何进一步加强学风建设,笔者选择B高校进行调研。此次调研,共发出1053份问卷,收回有效问卷894份,有效率84.9%。调查结果显示,B高校由于大规模扩招,生源质量及综合素质参差不齐,学风问题令人担忧。

(一)学习不主动,学习效果不佳

应用型本科院校大多数学生所在高中的学习氛围一般,使得学生普遍缺乏自学能力。进入大学后,学生往往拥有更多的自主时间。但由于受外界新奇事物的诱惑,以及家长监督的"消失",许多学生学习热情不高。调查结果显示,学生每日课外学习时间在4小时以上的仅有174人,占比19.5%;课外学习时间在1小时以内的有463人,占比51.8%。这表明,除完成学校规定的课堂学习外,超过一半的学生没有课外学习的习惯,学习主动性、自觉

性较差。

(二) 专业认知不清晰,学习目标不明确

专业知识和专业技能是学生参与职场竞争的基础,只有具备较强的专业能力才能在职业竞争中获得成功。对许多学生而言,高中阶段对大学专业不了解,他们往往听从家人建议、在自身感觉或社会舆论引导下填报专业,到大学之后发现所学专业与自己的预期存在很大差距,导致学习兴趣下降。调查发现,学生对自己就读专业不满意的有131人,占比14.7%;不了解自己就读专业的有242人,占比27.1%;41.8%的学生对自己所学专业不了解或者不满意;62.4%的学生没有进行过职业规划。学生对所学专业的本质、未来发展、就业前景及将来的职业生涯缺乏深入了解,对专业的认识不足直接影响了学生对专业的学习热情和态度。

(三) 课堂学习效率低,学习兴趣明显不足

B高校对学生管理比较严格,学生课堂出勤率较高,但课堂学习效果不尽如人意。调查结果显示,上课期间从不做笔记的学生有128人,占比14.3%;从来不预习的有326人,占比36.5%;从来不向教师提问的有635人,占比71%。另外,旷课、迟到、早退等情况时有发生。有些学生虽然在教室学习,但是注意力不够集中,经常出现上课睡觉、聊天、玩手机等现象。调查结果显示,96.2%的学生承认在课堂上使用手机做过与课堂学习无关的事情。

(四) 学习氛围不浓厚,求知欲望普遍不高

学习环境和学习氛围对学风的影响不可忽视。应用型本科院校的学习氛围相较重点院校存在较大差距。校园整体学习氛围不够浓厚,举办高层次、高品质的科技竞赛、学术会议、讲座等活动次数略显不足。调查结果表明,感觉到学校学习氛围不太好的有352人,占比39.4%;日常沉迷网络的有277人,占比31%。班级学习氛围也有较大差异,以2022级2023年春季学期为例,各班无学警率相差达68.18%。寝室学习氛围也不理想,52.3%的学生认为在寝室只能偶尔学习或者完全没有学习氛围。每周突击检查寝室发现,男

生寝室多数学生在玩游戏，女生寝室多数学生在"追剧"，几乎见不到"学霸"身影。

三、应用型本科院校学风问题原因分析

影响学风的因素很多，有外部环境的因素，如教师的影响、家长的督促、同学之间的学习竞争等，但更重要的因素在于学生自身。

（一）学生学习基础不扎实，学习态度较为懒散

语文、数学和英语作为学生从小便开始学习的三门主科，在中学阶段占据十分重要的位置，是学生必须要掌握的核心科目。根据入学成绩分析，在参与抽样调查的学生（1053 人）中，高考语文成绩不及格的有 283 人，占比 26.9%；高考数学不及格的有 382 人，占比 36.3%；高考英语不及格的有 326 人，占比 31%。虽然高考成绩并非衡量一个学生全部能力的唯一标准，但它确实能够反映学生的知识基础和学习态度。分析高考成绩不难发现，相当数量的学生学习基础不牢固，学习态度较为消极，既缺乏必要的拼搏精神和自我管理能力，也缺乏良好的学习习惯。大学阶段的学习与中学阶段相比，无论在学科的难度还是深度上都会有显著提升，学习方法和学习方式也存在很大差异。一旦进入大学，没有了父母的监督和教师的直接指导，学生很容易感到迷茫，出现各种适应性问题，甚至迷失人生方向。在极端情况下，一些学生可能会沉迷网络世界，甚至开始逃课。

（二）家长文化程度普遍偏低，配合学校教育难度大

父母学历水平对教育投入有显著影响。与父母学历较低的家庭相比，父母学历较高的家庭对子女的金钱与时间投入明显更多。❶ 调查结果显示，家庭中父亲接受过高等教育（专科及以上学历）的有 233 人，占比 26.1%；母亲接受过高等教育的有 244 人，占比 27.3%；父母均接受过高等教育的仅有 158 人，占比 17.7%。父母普遍学历不高，可能无法在学业上给子女提供太多指

---

❶ 毕馨文，魏星，王美萍，等．父母受教育水平与青少年学业适应的关系：父母教养与亲子沟通的中介作用［J］．心理科学，2018（2）：330-336.

导,在孩子的教育问题上可能感到无能为力。❶ 家长过高的教育期望与孩子较低的学业成就之间的冲突,可能影响学生的学习成长。

(三) 教师育人观念存在偏差,综合素质有待提升

教风与学风相互影响、相互制约,高校教师在学风建设中起关键作用,也是地方应用型本科院校学风建设的切入点。❷ 现实中,部分教师育人观念存在偏差,教学管理墨守成规,在授课讲义、PPT制作方面依然存在"一招鲜,吃遍天"的情况,课程内容枯燥乏味,难以激发学生探究学科的积极性。调查数据显示,学生认为教师教学质量不高的有142人,占比15.9%。另外,部分教师被学校考核指标所牵绊,把大部分精力用于科研工作,致使课堂教学受到影响,降低了学生学习意愿,阻碍了良好学风的形成。

(四) 大学生网络依赖加剧,虚假信息广泛传播

目前,全球正进入新媒体时代,伴随校园网络的发展,微信、抖音、微博等新媒体进入大学生的日常生活,对于学风建设产生了积极助推作用。❸ 同时,新媒体的发展也带来了消极影响,加速了校园"低头族"的生成和发展,学生很容易沉浸在互联网的虚拟世界中,无心关注课堂上教师的授课内容,久而久之,他们对网络的依赖变得日益严重,对网络的黏性变得越来越强。❹ 网络上各种虚假、荒诞的信息,容易扰乱学生的辨别力,学生们容易被网络舆论诱导,人云亦云。例如,网络上"生、化、环、材是'四大天坑'"的信息,部分学生信以为真,过早失去对这些专业的学习热情和积极性。实际上,很多网络信息是错误的。例如,国家高度重视生态环境保护,秉持"绿水青山就是金山银山"的重要理念,把生态文明建设纳入国家发展总体布局。在这种背景下,环境工程专业前景光明。

---

❶ 李志峰. 家庭背景对学业成绩的影响研究:以济南市为例 [D]. 济南:山东师范大学,2013:178-181.

❷ 胡宝国. 高校学风建设的维度思考 [J]. 华东理工大学学报:社会科学版,2009 (1):108-111.

❸ 宋阳,胡国超. 社会化媒体时代大学生思想政治教育的创新路径探析 [J]. 科技创新导报,2014 (16):101-102.

❹ 王星. "00后"大学生网络行为特点及其价值引导研究 [D]. 长春:东北师范大学,2022:51.

四、应用型本科院校学风建设建议

学风建设是一项长期复杂的系统性工程,连通学生教育全流程,渗入学生综合素质各个方面。应用型本科院校学风建设应当以"三全育人"理念为指导,积极探索构建"多层次、多领域、多环节"的学风建设路径。

(一)完善制度设计

良好学风的建设,仅依靠学生的自觉性远远不够,只有建立健全相关管理制度,才能保障应用型本科院校学风健康发展。为此,学校相关部门要继续完善有关授课、实验、考试、实习及毕业设计等相关教学管理制度,形成有效的激励和惩罚机制;严格规范学生行为,提升学生学习的积极性和自律性,切实减少学生违纪违规现象。学风建设不仅需要学工队伍的管理和监督,还需要学校多个部门的参与和协作。建立健全多部门协同管理的学风机制,是形成良好学风的制度保障。

(二)以教风建设促学风建设

加强学风建设,应高度重视教风与学风的相互作用,以教风建设促学风建设。学校应当重视教风建设,鼓励教师与学生积极沟通,深入了解应用型本科院校学生的特点和学习状况,启发和指导学生学习。学校应当引导教师结合学校特色,妥善处理教学与科研的关系,充分利用学校的实践育人优势,鼓励教师专注教学工作的主要环节,提高教学质量。教师需要不断提升教学水平,创新教学方法,激发学生的内在学习动力。此外,应当淘汰那些质量不高的"水课",打造受学生欢迎的课程,确保每位学生都能在学习中有实质性的收获。

(三)营造浓厚学习氛围

营造浓厚的学习氛围是应用型本科高校高质量发展的前提,良好的学习氛围将促使学生更高效学习,自觉约束不良行为。其一,召开学风建设专题年级会、班会,阐明学风建设的重要性。其二,实施早读晚听制度,使学生自觉养成晨读、上晚自习的良好习惯。其三，指定班干部、学生会干部负责考勤工作，学院领导、班主任、辅导员随机抽查各班自习情况。其四，邀请国家奖学金获得者、考研成功同学分享学习方法和成长经验，激励广大学生向先进典型学习，促进优良学风建设，努力营造积极向上的育人环境。其五，重视发挥学生党员、入党积极分子的模范带头作用。其六，鼓励学生积极参加创新创业竞赛，不断提高学生的综合素质和核心竞争力，激发学生参与科研的积极性。

（四）严肃考风考纪，抓好诚信教育

考风考纪的好坏，不仅直接关系到考试的公平、公正，也直接影响一所学校的学风。尽管近年来学生考试作弊现象有所减少，但仍然时有发生。为了严肃考风考纪，学校应将考风教育作为重点，注重班风建设，召开以考风考纪为主题的班会，加强诚信教育和警示教育。同时，加强考试的规范化和科学化管理，严格执行评分标准，维护考场纪律，杜绝考试作弊行为。对于违规违纪的学生，应依照相关规定给予严肃处理，绝不纵容。

五、结　语

学风建设是高校人才培养的永恒主题。推动应用型本科院校学风建设，是新时代培养高素质应用型人才的重要保障。优良学风作为应用型本科院校建设工作的重要一环，不仅与高校发展紧密相关，更与学生的成长和未来发展息息相关。优良学风的形成需要学校各级管理者、教师和学生共同努力。学生需要积极主动，学校也要给予大力支持。教师应坚持与时俱进，不断创新，为学校发展贡献自己的力量，促进学校和学生共同进步，向前发展。

从马克思主义实践观出发探析新时代高校党史学习教育的有效途径[*]

王 鑫[**]

内容提要：马克思主义实践观的形成具有漫长的历史轨迹和深厚的理论渊源，在新时代依旧闪烁着伟大的光辉。中国共产党历经百年风雨，在全党开展党史学习教育，是党中央立足党的百年历史新起点、统筹中华民族伟大复兴战略全局和世界百年未有之大变局、为动员全党全国满怀信心投身全面建设社会主义现代化国家而作出的重大决策，是党员群体学史明理、学史增信、学史崇德、学史力行的大好时机。本文从马克思主义实践观出发，探析新时代高校党史学习教育的有效途径，助力新时代青年勇担责任使命。

关键词：马克思主义实践观；新时代；高校党史学习教育

一、马克思主义实践观的理论渊源

实践观是马克思主义哲学的重要组成部分。"实践"这一概念最早由古希腊哲学家苏格拉底提出，之后柏拉图及亚里士多德分别从不同方面对实践的概念加以论述。德国古典哲学家黑格尔与费尔巴哈的实践思想直接构成了

---

[*] 本文系 2024 年度北京高校思想政治工作研究课题"首都红色文化资源融入高校思想政治教育实践研究"（课题编号：BJSZ2024ZC65）和 2024 年度北京石油化工学院党建和思想政治工作研究课题"北京红色文化资源融入应用型高校学生党建实践研究"（项目编号：DJYB202403）的阶段性研究成果。

[**] 王鑫，男，艺术学硕士，北京石油化工学院讲师，北京师范大学马克思主义学院博士研究生，主要研究方向为思想政治教育。

马克思主义实践观的思想理论来源。《关于费尔巴哈的提纲》中的一切观点和论述都是围绕实践展开的。"人的改变和环境的变化是在实践中同时完成的,实践是人与环境相互作用得以发生的基础、中介和机制。"❶ 自此,马克思主义实践观拥有了扎实的理论基础。马克思、恩格斯对实践的认识随着工人运动的开展、社会现实的变化而不断深化。列宁在其领导的俄国革命与苏维埃国家建设的过程当中,充分证明了实践的重要性,他认为,"实践的观点是认识论的首要的基本的观点"❷。

进入新时代以来,以习近平同志为核心的党中央根据中国新的国情和具体情况继承并发展了马克思主义实践观。在中国特色社会主义建设的各方面都坚持理论与实践的有效结合,在理论指导下进行社会主义的伟大实践。百年征程波澜壮阔,百年大党风华正茂。百余年来,中国共产党的历届领导核心始终重视实践思想,将马克思主义实践观与中国具体实际相结合,在新民主主义革命、社会主义建设和改革开放进程中进一步发展了实践观这一思想。如今,我们更应该继承、发扬、运用好马克思主义实践观,在新时代大力开展高校党史学习教育,以实践观为指导,积极投身到党史学习教育的实践中,讲好百年故事,传承红色基因。

二、马克思主义实践观的指导意义

马克思主义实践观对于高校党史学习教育具有重要指导意义,为推动高校党史学习教育走深走实、取得实效提供了科学的理论依据和方法指引。通过运用马克思主义实践观指导高校党史学习教育,将党史学习与实践紧密结合,有利于培养具有坚定理想信念、深厚家国情怀和较强实践能力的时代新人。

(一) 实践是认识的来源、目的和发展动力

马克思主义认为,认识来源于实践,是对实践经验的总结与升华。实践是认识的目的,是认识发展的动力。党的历史是一部波澜壮阔的实践史,从

---

❶ 马克思恩格斯选集:第1卷 [M]. 北京:人民出版社,1995:135.
❷ 转引自:彭风莲. 社会主义核心价值体系大学生读本 [M]. 北京:人民出版社,2017:33.

新民主主义革命时期的浴血奋战，到社会主义建设时期的艰苦探索，再到改革开放以来的伟大变革，每一段历史进程都是生动的实践教材。在党史学习教育中，学生对党史的深刻理解不能仅依赖于书本知识，更要通过亲身实践去感悟，引导师生明确学习党史不仅是为了了解历史，更要从党的历史中汲取智慧和力量。通过实践参观、实地考察、调研走访等方式，引导学生亲身感受革命先辈们的奋斗历程和伟大精神，深化对党史的认识。鼓励学生将党史学习中所领悟到的精神和理念转化为实际行动，积极参与社会实践和志愿服务。

（二）实践是检验认识的真理性的唯一标准

在高校党史学习教育中，要通过实践来检验学生对党史知识的掌握程度和对党的伟大精神内涵的理解深度。正确的认识能够指导实践，推动实践朝着正确的方向发展。在党史学习教育中，学生学习党的先进理论、伟大精神等成果的同时，更要通过实践将这些理论知识转化为行动指南。例如，学生学习了党的群众路线后，在参与志愿服务和社会实践时，能够更好地理解如何与群众沟通交流，如何切实为群众解决问题，践行党的宗旨，将党史学习成果落实到社会实践中；组织学生参与创新创业活动时，考查学生能否将党史学习中所汲取的创新精神、团队意识和责任感使命感运用到科创竞赛中，通过实践成果检验党史学习教育的成效。

（三）认识具有反复性和无限性，在实践中认识和发展真理

认识具有反复性和无限性，人们对于事物的正确认识需要经历从实践到认识，再从认识到实践的多次反复才能完成，追求真理是一个永无止境的过程。从实践到认识、从认识到实践的循环是一种波浪式前进或螺旋式上升的过程，二者在循环往复中不断发展。高校开展党史学习教育应遵循这一规律，让学生在实践中不断深化对党史的认识，新的认识又会引导学生进行更深入的实践探索，如此循环往复，持续提升学生的思想境界和实践能力。此外，马克思主义实践观强调人的主观能动性。在高校党史学习教育中，应鼓励师生发挥主观能动性，创新学习形式和方法。例如，学生在参与红色文化调研实践后，对党的历史有了新的理解和感悟，基于这些新认识，他们会进一步

开展相关宣传实践活动，在宣传过程中又会遇到新问题，促使他们再次深入学习党史知识；在活动形式上，通过开展党史知识竞赛、微党课比赛等活动，提高学生的参与热情和学习兴趣。学生可以自主组建党史学习社团，开展读书分享会、主题演讲等活动，充分发挥主体作用，激发主动学习党史的积极性和创造性。

三、新时代高校党史学习教育的有效途径

（一）认清实践主体，发挥青年党员的主力军作用

青年兴则国家兴，青年强则国家强。青年群体在全面建设社会主义现代化国家的征程中发挥着重要作用。同样，党史学习教育的良好开展，青年党员应发挥主力军作用。

把握历史旋律，激发内生动力，做积极的党史理论学习者。习近平总书记在党史学习教育动员大会上强调："党的历史是最生动、最有说服力的教科书。"[1] 百余年来，无论形势和任务如何变化，无论遇到什么样的惊涛骇浪，中国共产党始终把握历史主动、锚定奋斗目标，沿着正确方向坚定前行。新时代下，青年党员应秉持中国共产党的优秀品质，以学党史、悟思想、办实事、开新局作为使命担当，增强理论功底，做积极的党史理论学习者。

学深悟透党的历史，学懂弄通党的理论，做合格的党史宣传者。欲知大道，必先为史。青年党员要立足党的百年历史新起点，提高青年一代对马克思主义立场、观点、方法和党的路线、方针、政策的理解能力和解读能力。引导青年一代学史明理、学史增信、学史崇德、学史力行，激发青年一代以昂扬姿态全身心投入全面建设社会主义现代化国家新征程。青年党员应把握党史重点，大力宣传中国共产党发展历史中的重要会议精神和重要战略举措。

发扬革命精神，筑牢信仰之基，做党的伟大精神的有力践行者。在进行党史学习教育时，青年党员应当努力感悟思想伟力、查找党性差距、校准前进方向，在先辈们的奋斗征程中坚定信仰，在重温历史中筑牢担当。百余年

---

[1] 习近平. 在党史学习教育动员大会上的讲话[M]. 北京：人民出版社，2021：2.

来，中国共产党的伟大精神依然在中华大地上熠熠生辉。青年党员应在充分了解中国共产党的伟大精神的基础上，弘扬以井冈山精神、长征精神、西柏坡精神等为代表的中国共产党人的精神谱系。

（二）正确的认识指引正确的实践，把握高校思政课的主渠道定位

学生群体是高校党史学习教育中的主要对象。思想政治理论课是落实立德树人根本任务的关键课程。促进学生形成对于党史国情的正确认知能够大幅提升他们对党史学习实践的主动性和创造性。因此，把握高校思政课这一主渠道，助力新时代党史学习教育，提高学生投入党史学习教育的积极性。

在思想政治理论课中，加大"四史"教育等教学内容的比重，把党史学习教育与爱国主义教育、理想信念教育、革命传统教育等有机结合，学习中国共产党在百年奋斗历程中取得的伟大成就，引导学生增进对党的认同和拥护。在教学设计中设置关于党史学习的不同板块。如"党史人物""党的重要会议""党的历史发展分期"等。整体而言，要更好地开展高校党史学习教育，思政课应深入研究不同类型学生的实际需求，针对学生的需求开展具体工作，设置个性化、特色化的板块，以激发学生的学习兴趣。

在课程思政教学中，将党史知识和党史发展中的杰出人物有机融入学科专业知识的讲授中。例如，某学科领域的一些杰出代表的成功经历是否秉承了党的伟大精神（如艰苦奋斗、坚持不懈等）；再如，某学科的专业知识是否运用到中国特色社会主义现代化国家的新征程建设中（如医疗技术、航天技术等），并充分发挥学科领域著名学者的引领示范效应，用其爱党心、报国情、强国志激发大学生的学习兴趣和责任使命。

（三）实践是发展真理的动力，认识理论宣讲的主旋律意义

通过理论宣讲这一实践活动，能够有效提升党史宣传教育的效率和作用，也是大力弘扬和传承马克思主义理论的不竭动力。在政府和学校的大力支持下，青年党员应该以竞赛、汇报、志愿等形式积极投身理论宣讲，处理好学与讲的关系，以学促讲，学讲结合，发挥青年党员的先锋模范作用，在学生群体中营造知史爱党、知史爱国的浓厚氛围。

通过述说党史情怀，学生们能够切身体会到党史学习教育的重大意义，

不断深化对学习运用党史的重要性和必要性的认识，把个人价值融入党和国家的事业，将"小我"融入"大我"。通过讲述党史故事，能够让党的创新理论"飞入寻常百姓家"，推进党史学习在实际生活中"落地生根、开花结果"，真正实现党史学习教育由"真知"到"内化"，再到"践行"的升华。通过宣传党的精神，促进学生们在党史学习教育中补足精神之钙，充好精神力量，指引学生在日常学习生活中更好地进行实践活动，用青年鲜活的话语传播好党史之声、活力之声。

（四）实践是认识的来源，发挥红色资源的主阵地优势

运用好各地红色资源，赴实地倾听红色故事、感悟红色精神是加强学生对于党史的了解和认同的重要途径。习近平总书记指出："革命博物馆、纪念馆、党史馆、烈士陵园等是党和国家红色基因库。要讲好党的故事、革命的故事、根据地的故事、英雄和烈士的故事，加强革命传统教育、爱国主义教育、青少年思想道德教育，把红色基因传承好。"[1] 新时代强化大学生党史学习教育，要充分发挥红色资源的教育功能。从思想政治教育本质出发，要着重探讨红色资源"怎么用"这一问题，要重视红色文化背后的历史进程、精神谱系、唯物史观、实践指导等内容。与此同时，红色资源的数字化呈现、逻辑化展现、情景化再现，有利于强化集体记忆，提升情绪体验，加强政治认同。丰富灿烂的红色历史及其辉煌成就的背后，往往伴随着艰辛的过程，其中的理论逻辑及现实表达为大学生思想政治教育提供了无限可能。

在日常学习生活中，将课堂教学与课外实践相结合，做到第一课堂和第二课堂相互配合、相互渗透。通过组织社会实践、志愿服务、理论宣讲等主题教育，以及演讲比赛、征文比赛、红色舞台剧展演、红色经典影视作品配音大赛等活动，让学生沉浸其中，激发学生学习红色文化的热情，提升学生思想素养与理论水平，在实践中感受红色文化的魅力，汲取红色力量，延续精神血脉，厚植红色基因，践行使命担当。

---

[1] 习近平. 论党的宣传思想工作 [M]. 北京：中央文献出版社，2020：29.

四、结　语

"梦虽遥，追则能达；愿虽艰，持则可圆。"马克思主义实践观是新时代中国特色社会主义建设的重要理论指导。习近平总书记曾多次强调"实干兴邦""幸福都是奋斗出来的""撸起袖子加油干"，不仅丰富和发展了马克思主义实践观，更强调了实践的重要价值。中国共产党成立百余年来，历经风雨、攻坚克难，如今已实现第一个百年奋斗目标，正乘势而上开启全面建设社会主义现代化国家新征程。

在新的历史时期，要实现中华民族伟大复兴、实现社会主义现代化建设、建成富强民主文明和谐美丽的社会主义现代化强国，大力开展高校党史学习教育，激励广大青年投身到党史学习教育的工作中去，可谓恰逢良机、正当其时。广大青年与中国共产党的发展同心同向同行，青年一代重任在肩，理当握紧接力棒，接续奋斗，逐梦复兴征程，创造出经得起实践、人民、历史检验的业绩。

第二篇 资源整合:"大思政课"之协同育人

志愿服务与大学生思想政治教育

罗道全[*]

内容提要：本文深度剖析志愿服务与大学生思想政治教育的内在联系，阐述志愿服务内涵、特点，揭示其在大学生思想政治教育中的重要作用，分析当前存在的问题，并提出针对性提升对策，旨在促进志愿服务与大学生思想政治教育的深度融合，助力大学生全面发展。

关键词：志愿服务；大学生；思想政治教育

大学生作为国家发展的未来栋梁，其思想政治素养的高低直接关系到国家的兴衰和民族的未来。在新时代背景下，加强大学生思想政治教育成为高等教育的重要任务。传统的思想政治教育方式多以课堂理论教学为主，虽能传授知识，但在培养学生实践能力、社会责任感和价值观的深度内化方面存在一定局限性。志愿服务作为一种独特的社会实践活动，以其丰富的形式和深刻的内涵，为大学生思想政治教育开辟了新的路径，成为提升大学生思想政治教育实效性的关键因素。深入研究志愿服务与大学生思想政治教育，对于培养德才兼备、全面发展的高素质人才具有重要的现实意义。

---

[*] 罗道全，男，北京石油化工学院马克思主义学院学术委员会主任，学校思政课责任教授，北京高校思政课特级教授。

一、志愿服务的内涵及特点

（一）志愿服务的内涵

志愿服务是指个体在不求物质回报的前提下，自愿贡献个人的时间、精力与技能，旨在改善社会、推动社会进步的服务性工作。其领域极为广泛，涵盖社会生活的方方面面。在社区层面，包含关爱孤寡老人、留守儿童的日常照料与心理陪伴，组织社区文化活动丰富居民精神生活等；在环境领域，涉及环保公益行动，如垃圾分类宣传、江河湖泊保护、植树造林等；在大型活动方面，囊括各类赛事、展会的协助工作，如奥运会、世界园艺博览会等；在社会发展领域，涵盖扶贫助困项目，深入偏远山区开展教育扶贫、产业扶贫，帮助贫困地区脱贫致富奔小康。这些多样化的志愿服务活动，共同汇聚成推动社会和谐发展的强大力量。

（二）志愿服务的特点

（1）自愿性。自愿性是志愿服务区别于其他社会服务活动的核心特征。志愿者参与服务完全出自内心的意愿和道德驱动，而非外在的强制或利益诱惑。

（2）无偿性。志愿者提供服务并非为了获取物质报酬，而是纯粹追求个人社会价值的实现和精神层面的满足。

（3）公益性。志愿服务以服务社会大众、增进公共利益为根本宗旨，致力于解决社会问题，促进社会公平正义与和谐发展。

（4）灵活性。志愿服务的形式和内容丰富多样，可依据不同的社会需求以及志愿者自身的能力、时间进行灵活调整，能够快速响应各类突发状况和长期发展需求。

二、志愿服务对大学生思想政治教育的作用

（一）培养社会责任感

大学生投身志愿服务，参与关爱孤寡老人、帮助贫困儿童等活动时，能

够直观地感受到社会弱势群体的需求。在与孤寡老人相处的过程中，大学生们为老人打扫房间、陪老人聊天，了解到老人生活中的不便和内心的孤独，从而激发内心的怜悯与担当，将对社会的责任意识深深扎根于心中。在服务过程中，大学生学会换位思考，懂得奉献与付出，这无疑是对传统道德观念中仁爱、助人思想的生动践行，有效提升了他们的道德素养。例如，某高校组织大学生志愿者定期前往社区养老院开展志愿服务活动，志愿者们为老人表演节目、陪老人下棋、给老人讲述外面的新鲜事。通过这些活动，大学生们真切体会到老年人对关爱和陪伴的渴望，许多志愿者表示今后会更加关注老年人的生活，愿意为他们做更多力所能及的事情，社会责任感得到显著增强。

（二）强化爱国主义情怀

参与各类文化传承、环境保护等志愿服务活动，让大学生深入了解国家的历史文化、自然资源，体会到祖国的伟大与珍贵，进而激发他们对祖国的热爱和保护之情。在文化传承志愿服务中，大学生志愿者参与非物质文化遗产的保护与传承工作，如学习传统剪纸、刺绣技艺，并向他人宣传推广，使他们深刻认识到中华传统文化的博大精深，增强了对民族文化的认同感和自豪感。在涉及国际交流的志愿服务项目中，大学生通过展示中国文化、参与国际公益合作，更能从国际视野中深刻认识到国家形象与民族精神的重要性。以参与"一带一路"国际志愿服务的大学生为例，他们在与共建国家的交流合作中，向国外友人介绍中国的传统文化、发展理念，同时也了解到其他国家的文化和需求。在这个过程中，他们更加坚定了爱国主义信念，深刻认识到个人与国家命运的紧密联系。

（三）促进思想认知成熟

志愿服务为大学生提供了接触社会现实的机会，打破了校园与社会之间的隔阂。大学生在服务实践中，了解到社会运行机制、民生百态，这有助于他们形成正确的世界观和价值观，避免陷入理想主义的误区，更加客观、全面地看待社会问题。例如，在参与社区调研志愿服务活动中，大学生深入社区，了解居民的生活状况、面临的问题以及社区治理的实际情况。通过与不同人群的交流和观察,他们对社会结构和社会矛盾有了更直观的认识,从而能够更加客观地理解社会现象,形成正确的价值判断。他们不再仅仅从理论层面看待问题,而是能够结合实际情况,更加全面地思考社会问题的本质和解决方法,思想认知得到了显著提升。

三、当前大学生志愿服务发挥思想政治教育功能面临的问题

(一)组织管理层面

部分高校和社会组织对大学生志愿服务的组织较为松散,缺乏完善的管理体系。从招募志愿者到项目实施,流程不够规范。在招募环节,一些高校和社会组织没有明确的招募标准和选拔流程,导致一些不符合项目要求的志愿者参与进来,影响服务质量。在项目实施过程中,缺乏有效的监督和指导,志愿者遇到问题时无法及时得到解决,这使得志愿者参与的积极性受挫。同时,不同志愿服务项目之间缺乏有效的协调与整合,导致资源分配不均衡。

(二)教育引导层面

许多志愿服务活动仅仅停留在任务完成层面,忽视了对大学生思想的深度引导。在活动前后,没有系统的培训与总结环节。活动前,志愿者对服务项目的背景、意义和目标缺乏深入了解,只是盲目参与;活动后,没有组织志愿者进行总结反思,无法帮助大学生从志愿服务经历中提炼出深刻的思想感悟,难以将实践体验转化为内在的思想政治素养提升。此外,部分高校和社会组织对志愿服务的思想政治教育功能认识不足,未能将志愿服务与思想政治教育课程有机结合,两者处于相互分离的状态。在一些思想政治教育课程中,教师只是进行理论讲授,没有引导学生将所学理论与志愿服务实践相结合,导致学生对思想政治教育内容的理解停留在表面,无法真正实现知行合一。

(三)社会认可度层面

社会上对大学生志愿服务的价值认识不够充分,缺乏足够的支持与鼓励。

大学生在参与志愿服务时，难以获得正面反馈，成就感较低，影响了他们持续参与的热情。而且，社会上对于大学生志愿服务的资源支持也相对较少，缺乏资金、场地等方面的保障，限制了志愿服务项目的开展和质量提升。

四、提升志愿服务在大学生思想政治教育中作用的对策

（一）完善组织管理机制

高校和社会组织应建立健全志愿服务管理体系，规范招募、培训、服务、考核等一系列流程。在招募环节，明确招募条件和选拔标准，通过面试、笔试、心理测试等多种方式选拔合适的志愿者。例如，在招募冬奥会志愿者时，除了考查语言能力、服务技能，还对志愿者的心理素质、应变能力进行测试，确保志愿者能够胜任赛事服务工作。在培训环节，根据不同项目的需求，开展有针对性的培训，包括专业技能培训和思想政治教育培训。为参与扶贫助困项目的志愿者提供农业技术、教育方法等专业培训，同时开展社会责任、奉献精神等思想政治教育。在服务过程中，加强监督和指导，建立实时反馈机制，及时解决志愿者遇到的问题。在考核环节，制定科学合理的考核指标，对志愿者的服务表现进行客观评价，包括服务时长、服务质量、服务态度等方面。同时，加强不同组织之间的沟通协作，形成志愿服务合力。高校与社区、企业、公益组织等建立长期合作关系，共同开展志愿服务项目，整合各方资源，实现优势互补，共同推进大学生志愿服务事业的发展。

（二）加强教育引导

在志愿服务活动前，开展针对性的思想政治教育培训，让大学生明确服务的目的和意义。邀请专家学者、优秀志愿者举办讲座，介绍志愿服务与社会发展、个人成长的关系，引导大学生树立正确的服务观念。活动过程中，安排指导教师随时关注学生的思想动态，及时给予指导。当志愿者在服务中遇到困难和挫折时，指导教师帮助他们分析问题，引导他们正确面对，培养他们的坚韧品质。活动结束后，组织深入的总结与反思，通过开展主题班会、撰写心得体会、举办分享会等方式，引导大学生分享自己的感悟与收获，深

化对思想政治教育内容的理解。高校应将志愿服务纳入思想政治教育课程体系，设置相应的学分和课程内容，实现理论与实践的有机融合。北京石油化工学院马克思主义学院自2014年起，把志愿服务列入思想道德与法治课程的实践环节，要求每位同学必须完成2个小时的志愿服务活动，取得了良好的效果。

（三）提高社会认可度

政府、媒体和社会各界应加大对大学生志愿服务的宣传力度。政府可以通过出台相关政策，对表现优秀的大学生志愿者给予表彰和奖励，如设立"大学生志愿服务标兵""优秀志愿者团队"等荣誉称号，并给予一定的物质奖励和政策优惠。媒体可以通过报道大学生志愿服务的典型事迹，弘扬志愿服务精神，提高社会对大学生志愿服务的关注度和认可度。电视台、报纸、网络媒体等对大学生支教、扶贫、环保等志愿服务活动进行专题报道，展示大学生志愿者的奉献精神和服务成果，营造良好的社会氛围。社会各界也应积极支持大学生志愿服务，企业可以提供资金赞助、实习机会等支持，社区可以为志愿服务活动提供场地和实践平台，让大学生在志愿服务中获得更多的尊重与认可，激励他们积极投身志愿服务，不断提升自身思想政治素养，成长为有担当、有责任感的新时代青年。

志愿服务与大学生思想政治教育紧密相连，志愿服务以其独特的内涵和特点，在大学生思想政治教育中发挥着培养社会责任感、强化爱国主义情怀、促进思想认知成熟等重要作用。然而，当前大学生志愿服务在发挥思想政治教育功能方面面临组织管理、教育引导和社会认可度等多方面的问题。通过完善组织管理机制、加强教育引导、提高社会认可度等一系列切实可行的对策，可以有效提升志愿服务在大学生思想政治教育中的作用，促进志愿服务与大学生思想政治教育的深度融合。这不仅有助于大学生在思想政治素养、道德品质和社会实践能力等方面的全面发展，更为社会培养出大批具有担当精神和社会责任感的高素质人才，为社会的进步与发展注入源源不断的动力。未来，随着社会的不断发展和对人才需求的变化，还需进一步深入探索志愿服务与大学生思想政治教育的创新融合模式，不断完善志愿服务体系，充分挖掘志愿服务的思想政治教育价值，为大学生的成长成才创造更为有利的条件，助力他们更好地适应社会、服务社会，实现个人价值与社会价值的有机统一。

廉洁教育融入"大思政课"的路径思考[*]

刘英侠[**]

内容摘要：习近平总书记提出要善用"大思政课"、要将思政课与现实结合起来。廉洁教育与"大思政课"建设具有方向上的高度一致性、措施上的高度同向性，高校要考虑在"大思政课"建设中融入廉洁教育的相关内容，使培养出来的学生不仅技能过硬，而且政治立场坚定、思想品德高尚，具有廉洁意识和政治"免疫力"，扣好廉洁的风纪扣。推动廉洁教育融入思政课，不仅可以提高育人实效，还可以丰富高等教育内涵、创新教育形式，高校应从"大思政课"建设的高度着力形成共同认同的育人理念，着力明确廉洁教育的内容，着力创新廉洁教育的形式，真正提升教育的实效性。

关键词：廉洁文化；廉洁教育；大思政课

2021年全国两会期间，习近平总书记提出要善用"大思政课"、要将思政课与现实结合起来，这是对新时代高校思政课建设的新要求，推动了思政课由课堂空间扩展到社会空间，由"学校小课堂"走向"社会大课堂"，也成为之后思政课改革的一个重要依循。2022年2月，中共中央办公厅印发《关于加强新时代廉洁文化建设的意见》，具体阐述了加强廉洁文化建设的重要意义，同时也进一步强调了在教育教学过程中发挥廉洁文化基础作用的要

---

[*] 本文系 2024 年北京高等教育本科教学改革创新项目"'习近平新时代中国特色社会主义思想概论'课案例教学研究"以及北京高校党建工作党建引领实践创新示范项目"'经'彩一站式，红色动力源'一站式'学生社区的功能型党支部建设创新与实践"的研究成果。

[**] 刘英侠，女，法学博士，北京石油化工学院马克思主义学院副教授，主要研究方向为基层党建。

求；2022年7月，教育部等十部门根据习近平总书记对"大思政课要善用之"的要求，在《全面推进"大思政课"建设的工作方案》中进一步明确了"大思政课"建设方向。上述政策文件的出台，为探索将廉洁教育融入"大思政课"建设提供了指导，推动两者的有机融合，不仅可以提高育人实效，还可以丰富高等教育内涵、创新教育形式，推动立德树人目标的实现，使培养出来的学生更好做到"明大德、守公德、严私德"[1]。

一、深刻认识将廉洁教育融入"大思政课"的意义

（一）廉洁教育是高校加强党风廉政建设的先手工作

加强大学生廉洁教育是高校贯彻落实习近平总书记重要讲话精神、落实《关于加强新时代廉洁文化建设的意见》的需要。习近平总书记多次在讲话中强调，高校是立德树人的主阵地，必须加强廉洁教育，培养学生的高尚道德情操。《关于加强新时代廉洁文化建设的意见》更是明确提出，要将廉洁教育融入国民教育体系，尤其是高等教育阶段，要推动廉洁教育与思政课教学同向同行。"大思政课"建设的成效如何事关"培养什么人、怎样培养人、为谁培养人"[2]的根本问题，学生在校期间就接受廉洁教育，可以提升拒腐防变免疫力，有助于全面从严治党的反腐败防线前移，提前筑牢拒腐防变的思想堤坝，守好思想防线。

（二）廉洁教育是传承和创新中国特色社会主义文化的需要

中华传统文化内涵丰富，其中有十分值得传承和传播的廉洁文化，这些都可以成为思政课教学的主要内容，应该说开展廉洁教育是高校思政教育的题中应有之义。廉洁教育内容不仅可以体现在对社会主义核心价值观中公正、法治基本要求的践行中，还应该体现在家庭家教家风的凝练和塑造中，体现在学生成长过程中面临各种风险和考验时所做的价值判断中。通过将廉洁教

---

[1] 中共中央宣传部. 习近平新时代中国特色社会主义思想学习纲要（2023年版）[M]. 北京：学习出版社，人民出版社，2023：191-192.

[2] 习近平. 思政课是落实立德树人根本任务的关键课程[M]. 北京：人民出版社，2020：9.

育融入"大思政课",高校不仅能够传承中华优秀传统文化中的廉洁美德,如"克己奉公""清正廉洁"等,还能结合现代教育理念,创新教育方式,使廉洁教育更具时代感,更符合当代大学生的接受方式,从而推动中国特色社会主义文化的传承与创新。

(三) 廉洁教育是提高高校人才培养质量的需要

青少年是祖国的未来、民族的希望,习近平总书记将青年的发展和强大与国家的前途命运紧密联系在一起,强调青年要有理想、有本领和担当,这样"国家就有前途,民族就有希望"[1]。青少年正处于人生的"拔节孕穗期",社会经验不足,发展中有许多美好但单纯的憧憬,这一时期思维也进入最活跃状态,最需要精心引导和栽培,尤其是针对大学生开展的廉洁教育,会教给他们正确的思想判断,引导他们走正路,为其心灵埋下真善美的种子。廉洁教育成为提升大学生培养质量、涵养高尚道德素质的重要渠道,在"大思政课"中融入廉洁教育,能够使学生在学习专业知识的同时,形成良好的道德品质,树立正确的世界观、人生观、价值观,培养社会责任感和历史使命感。

二、高校廉洁教育的现状调研与分析

为了解高校廉洁教育现状及学生对开展廉洁教育的具体评价情况,北京石油化工学院"大学生廉洁教育"课题组成员对京内外高校的学生开展了问卷调研工作,共收集到有效问卷1025份,还运用访谈法和具体举办活动等方式,深入了解目前高校开展廉洁教育的情况,并结合高校廉洁教育的现状具体分析目前存在的共性问题及问题产生的原因,希望高校相关部门对此问题提升认识,为进一步开展廉洁教育制定更切实可行的对策。

(一) 关于开展廉洁教育的对象的认识

明确廉洁教育的对象可以更有效地开展教育教学活动,由被调研学生的

---

[1] 中共中央党史和文献研究院. 十九大以来重要文献选编 [M]. 北京:中央文献出版社,2019:49.

回答情况可以看出，大家还是比较倾向于将公职的领导干部作为首要的受教育对象的，占比达到62.73%，这也与当前的反腐倡廉形势具有一定的关系，很多学生在思政课上都表现出对国家开展反腐败斗争的关注。公职人员的特殊身份也使其成为被公众关注的对象，所以，这一选项的结果占比最高。另有44.59%的学生认为在校学生应该成为廉洁教育的对象，此外在职的普通员工、社会闲散人员等，分别占40%、30%。最值得一提的是，57.66%的学生认为，上述的所有人员都应该成为廉洁教育的对象，超过半数，可见在明确廉洁教育对象基础上开展廉洁教育可以更好提升针对性和有效性。

（二）关于开展廉洁教育能达到的效果的期待

问卷设计了廉洁教育可以达到的效果，包括教育可以引导学生树立正确的价值观、加强爱国主义教育、有效识别和监督身边人的不廉洁行为、帮助学生扣好人生的第一粒扣子等选项，被问者对上述问题选择的比率分别为：87.51%、81.56%、78.73%和75.22%。总体上看，各项选择的占比都比较高，说明学生对开展廉洁教育是肯定和期待的。

（三）对所在高校开展廉洁教育效果的评价

调查数据显示，对所在学校开展廉洁教育评价为优秀的有47.61%的同学，评价为良好的有34.44%，10.44%的同学认为自己学校开展廉洁教育的效果是中等。这些数据说明开展相关教育活动时要考虑到效果问题，即如何实现润物无声，尤其是如何将廉洁教育有机融入"大思政课"，从而使两者同向发力、形成合力。

（四）关于廉洁教育融入"大思政课"的路径

廉洁教育是"大思政课"建设的内容之一，学生对此高度认可，但是对于融入途径的选择，学生的回答比较多元，选择廉洁教育融入"思政课教师的教学内容"的比例最多，达到89.27%，其次是融入辅导员做的思想教育工作的内容（达到67.71%），之后才是各部门举办的各种教育活动。值得提出的是，有40.59%的学生提出愿意参与学生社团自发组织的活动，36.2%的学生选择愿意参加学生兴趣小组开展的社会实践活动，这些都为开展"大思政课"创新提供了可行性参考。

三、廉洁教育融入"大思政课"建设的路径建议

一般而言,教育不是某一个部门的事情,而是一项系统性工作,需要"坚持系统观念",对学校的发展和教育教学内容、形式统筹设计发展路径,提出以下几个着力点。

(一)着力形成共同认同的育人理念

由于当前有一些高校开展廉洁教育过程中存在"沟通不畅"甚至是"各自为战"的问题,提示我们必须认真查找在育人理念的认同方面是否存在上下一致的问题、是否存在体制机制的问题、是否充分整合了思政课的教学、行政部门的管理、团学部门的实践活动等力量优势,也就是说,要在形成全员育人共识方面下功夫。

首先,建设协同教育机制,全体教职员工对自身要严格要求,要行为世范、师德为先,要形成共同预防腐败的道德防线、思想防线、制度防线,学校要建机制、明要求,肯定先进、惩罚落后,这样会更有利于形成教育共识,推动高校形成廉洁文化氛围。

其次,思政课教师要明确廉洁教育内容在自己所讲授的课程中的地位和融入的内容及方式,不能仅做单纯的理论说教,还要在"大思政"的内涵上多下功夫,如在全面从严治党的相关章节中,应该结合学生的实际使其多思考多表达,在心灵深处埋下真善美的种子。

再次,学校各部门要积极行动起来,经常关注廉洁教育和"大思政课"的发展,将廉洁教育纳入党建年度工作中统筹思考,使各部门的工作能够及时沟通、协调配合,共同实现育人目标。

最后,学生要体现出主动和担当精神,以未来事业接班人的角色主动作为,在教师的引导下对社会各种现象多观察、多思考,形成正确的判断,展现出一身正气,为风清气正的校园文化形象贡献自己的力量。

(二)着力明确廉洁教育的具体内容

思政课注重内容为王,要通过内容把道理讲深、讲透、讲活。随着时代

的发展,廉洁文化的内容包括很多方面,涉及教育、生活等,作为教学内容的组织设计者,思政课教师担负着重要的责任,要把握好内容体系。

首先,着力于构建廉洁教育的教学体系。具体内容除了包括中华优秀传统文化中的廉洁文化内容,还要包括革命文化和社会主义先进文化中的廉洁内容,尤其是党的十八大以来,习近平总书记关于开展党风廉政建设和反腐败斗争的一系列重要讲话、报告等。思政课教师要经常学习这些内容,并对其进行整合梳理,形成可观、可学、可感、可用的知识体系,在开展思政课教学过程中,要注意如何有机融入,做到使学生首先实现理论上的清醒,然后指导政治上的坚定和行为上的正确。

其次,着力于开展廉洁行为的养成教育。要引导学生多学习中华优秀传统文化,将其中有代表性的家风家教故事、廉洁自律故事提炼出来、整理出来作为思政课教学和实践的辅助材料,增强教学的鲜活性。习近平总书记指出:"出乎史,入乎道。欲知大道,必先为史"❶,要以史明志,才能崇德力行,知止知廉,使学生在历史知识学习中不断强化崇廉、敬廉的意识,这样才能推动其在未来的岗位上对规矩和纪律有所敬畏。

最后,着力于开展廉洁自律的能力教育。学生通过学习廉洁故事、廉洁理论,基本会形成正确的价值判断,接下来可以通过各种能力教育使这些判断应用于现实,可以通过交流教会学生哪些行为可为、哪些不可为;更可以通过学生身边的案例使学生知晓什么是不廉不洁的、什么是违法犯罪的;结合教师的工作了解学生对哪些师德师风持有认可的态度,从而实现对真善美和假恶丑的判断;还要增强学生同不良现象做斗争的本领,学会判断风险和腐败行为,掌握基本的斗争本领,在大是大非面前能选择站在正确的一边,用聪明和智慧同腐败现象做斗争。

(三)着力创新廉洁教育的形式

首先是设计廉洁文化教育理论。这不仅包括理论教学的内容,还包括教学辅助的内容和形式。思政课教师要有团队意识,有发展的眼光,通过挖掘

---

❶ 习近平. 把中国文明历史研究引向深入,推动增强历史自觉坚定文化自信[J]. 求知,2022(8):4.

廉洁教育的内涵，更好地将廉洁文化的相关知识凝练于案例教学中。思政课教师除了善于用故事讲道理，还要以时空发展的大历史观、大视野来丰富"大思政课"的内涵，使学生体会到中华优秀传统文化与社会主义先进文化、与社会主流价值观具有追求上的相通性，明确自己要顺应时代发展潮流的重要性，将小我的发展融入祖国的大发展中，树立为国家发展而献身的志向。

其次是廉洁教育的方法。思政课教师要学会运用小组研讨法、案例分析法、警示教育法等激起当代大学生对廉洁教育内容的学习热情；要将思政小课堂与社会大课堂结合起来，在学习历史优秀人物的同时，将新时代的清廉楷模或者反腐专家请到学校来、请进课堂中，通过"以案说法"等方式推动思政课堂多样化、多元化，使内容和形式"活"起来。当然，思政课教师要做好学生的"大先生"，必须首先注重为人师表，发挥师德师风的言传身教作用，要从自身发展方面多下功夫，多为学生带来"清流"。

最后是对廉洁教育载体的选择与运用方面。要利用好现代教育设备和手段，尽快学会 AI 技术，并将其应用于"大思政课"建设、应用于廉洁教育，教师只有"大胸怀"和"大智慧"，才能更好地实现"融廉于教、传廉于网、寓廉于行"。高校在开展廉洁知识竞赛、板报书画作品宣传时要尽可能发挥 AI 技术的优势，让 AI 技术更好地赋能思政课发展，因为当代大学生是使用这些技术的最主要成员，学校要充分发挥学生的这个特点优势提升活动的参与度，还可以组织专业团队参加全国性的以廉洁为主题的微视频、微电影制作比赛、案例征集比赛等，通过常态化的活动机制，丰富廉洁教育的内容和形式，使教育更富感染力、形式更有鲜活性、效果更具浸润性、发展更有规律性。

地域非物质文化遗产融入高校"大思政课"的思考

——以北京市大兴区为例*

李淑敏**

内容提要：地域非物质文化遗产是中华优秀传统文化的重要组成部分，具有浓厚的民族特色和地方特色，其中蕴含着丰富的思政教育元素。将地域非物质文化遗产融入高校"大思政课"，既符合二者各自的发展需要，亦有现实可能性。通过挖掘地域非物质文化遗产内蕴的思政元素丰富"大思政课"教学资源，运用地域非物质文化遗产创新"大思政课"教学方式，开展地域非遗相关实践活动拓展"大思政"课堂，举办地域非遗相关校园主题文化活动拓宽"大思政"资源平台等途径，将地域非物质文化遗产融入高校"大思政课"，既可以提升思政课教学的实效性，又可以推动地域非遗的保护与传承。

关键词：大思政；非物质文化遗产；实践；协同

新时代以来，我国思想政治理论课建设面临新形势新任务，课程改革和课程体系建设不断推进。教育部等十部门于2022年联合印发的《全面推进"大思政课"建设的工作方案》中指出，"坚持开门办思政课，强化问题意识，突出实践导向，充分调动全社会力量和资源，建设'大课堂'、搭建'大

---

* 本文系北京市教委社科项目"文化生态视角下北京新机场拆迁村落非物质文化遗产的保护与传承研究"（项目编号：SM201910017001）的研究成果。

** 李淑敏，女，哲学博士，北京石油化工学院马克思主义学院副教授，主要研究方向为马克思主义基本原理、文化哲学。

平台'、建好'大师资'"❶，推进"大思政课"建设。"大思政课"注重思政课的开放性、实践性、协同性和创新性，强调思政课由"学校小课堂"向"社会大课堂"的延伸和拓展，实现全员、全程、全方位育人。

中共中央办公厅、国务院办公厅于2021年印发的《关于进一步加强非物质文化遗产保护工作的意见》中，明确提出鼓励非物质文化遗产进校园，融入国民教育体系。文化和旅游部办公厅、教育部办公厅、国家文物局办公室于2022年联合印发《关于利用文化和旅游资源、文物资源提升青少年精神素养的通知》，要求继续做好"非遗进校园"活动。

在这一背景下，将地域非物质文化遗产融入高校"大思政课"，既可以丰富思政课的内容、创新思政课的形式，亦有利于非物质文化遗产的活态传承。

一、地域非物质文化遗产融入高校"大思政课"建设的必要性

北京市大兴区历史悠久，孕育了深厚的优秀传统文化，其非物质文化遗产资源非常丰富。它们"承载了特定区域特有的历史记忆与文化传承，其是地方民众在长期生产生活实践中创造和继承的珍贵财富，体现着一定区域内的社会发展历程、民众生活方式、价值观念以及审美情趣"❷。这些非物质文化遗产资源植根于特定的地理环境和历史文化土壤之中，具有地域性；与人民群众的日常生活紧密相连，是人民群众集体智慧的结晶，具有群众性；蕴含着丰富的历史文化内涵和文化传承因子，是研究地域历史文化发展的重要依据，具有文化性；通过世代相传的方式得以延续和发展，因时代变迁形式和内容有所变化，但核心的文化基因始终不变，具有传承性。

将这些具有地方特色的中华优秀传统文化融入"大思政课"，是推进"大思政课"建设和实现非遗创造性转化和创新性发展的现实需要。

（一）它是丰富、创新"大思政课"教学内容和形式的需要

当前高校思政课存在学生到课率较高，但听课率、抬头率、点头率较低

---

❶ 教育部等十部门关于印发《全面推进"大思政课"建设的工作方案》的通知［EB/OL］.（2022-08-18）［2025-02-20］. http://www.moe.gov.cn/srcsite/A13/moe_772/202208/t20220818_653672.html.

❷ 吴冬梅. 地方非遗与旅游产业融合的策略探索［J］. 西部旅游，2024（22）：38.

的现象。究其原因，最核心的问题在于教师教学内容和形式的"供"与学生的"需"之间存在差距。

在思政课的教材体系向教学体系的转化过程中，就教学内容而言，不仅需要饱满的理论知识信息量，严密的逻辑体系，还需要融入现实热点问题、经典文献、生动鲜活的教学案例与素材等。这些要素的融入，可以迅速吸引学生的注意力，激发其学习兴趣和学习的积极性主动性，提升其分析、解决现实问题的能力。就教学而言，传统的以"教师讲授+PPT课件"为主的形式也不能满足学生的需求，需要进一步创新。

对地域非物质文化遗产的挖掘、提炼而出的素材和案例融入"大思政课"中，可以为思政课提供丰富、鲜活的教学素材，这可以直接融入相关教学内容的讲授中，其明显的地域性、群众性会增强课程的亲和力和吸引力。整理的案例也可以作为培养学生问题意识和分析、解决现实问题的能力的材料。另外，非遗的形式丰富多样、生动活泼，便于运用先进的信息技术手段呈现给学生，课堂可以使用情景展示、小组研学、课堂研讨等形式开展。这无疑会有效发挥学生的主体性，增加课程的针对性和感染力。

（二）它是思政课"大课堂""大平台"建设的需要

"大思政课"强调要从"学校小课堂"向"社会大课堂"延伸和拓展，这凸显了"大思政课"的实践性，即思想政治教育要与社会现实生活紧密联系。

思政课向"社会大课堂"的延伸和拓展，意味着学生要走出校门，走向社会进行学习和实践。对于教育者而言，需要校内外多部门协同，建立思政课实践教学基地，并开展多样化的实践教学活动。

地域非遗资源涉及的部门与人员众多，如非遗项目传承人、非遗团体、文化馆、文旅局等，有着丰富和广阔的社会资源和平台，不仅可以作为学生观察、体验、研究非物质文化遗产的教育资源，而且能为"大思政课"建设提供实践基地，这样可以搭建学校和相关社会部门协同和资源共享的"大思政课"平台。

(三) 它是推进非遗保护与传承的需要

非遗保护与传承一般采取博物馆式保护、生产性保护、整体生态性保护、数字化保护等方式，取决于不同非遗品类的特性以及生存状态。当前部分非遗项目的保护与传承存在传承难度大、市场生存力差、社会认知不足、创新能力弱等问题。

"非遗进校园"在"大思政课"建设中的实践探索，可以拓宽非遗传播的渠道；引发学生对于非遗的兴趣和爱好，增强其非遗传承的责任感；激发师生运用所学专业理论知识进行非遗保护与传承的创新思维等。可以说，地域非物质文化遗产融入"大思政课"，是推动非遗保护与传承的一个重要途径。

二、地域非物质文化遗产融入高校"大思政课"建设的现实可能性

地域非物质文化遗产融入高校"大思政课"，不仅符合现实需要，亦具有现实可能性。

(一) 育人价值的契合性为其奠定坚实理论基础

尽管地域非物质文化遗产形式多样，品类不同，但不论是民间传说、传统手工技艺，还是传统音乐、传统戏剧、传统舞蹈、传统美术，其内蕴的精神文化内核都包含对于家国情怀、道德情操、民族精神、社会责任的阐扬与培育，比如大兴诗赋弦中的《岳母刺字》《苏武牧羊》等历史题材的曲目，即以戏剧艺术为载体表达，传播家国情怀，这与思政课的爱国主义教育高度契合。因此，地域非物质文化遗产的育人价值导向与高校思想政治教育有高度的契合性。这种价值导向上的契合为二者的融合奠定了坚实的内在理论基础。

(二) 政策支持与社会关注为其提供良好社会环境

近年来，无论是对于"大思政课"建设，还是对于非遗保护与传承，国家的重视程度不断提高，出台了一系列政策和指导方案的"组合拳"。另外，

随着北京中轴线列入世界遗产名录，中国春节列入世界非遗名录，关于文化遗产的社会关注度日益高涨。这就为地方非物质文化遗产融入高校"大思政课"提供了良好的社会环境，有利于多元协同协调各方资源，推动二者融合不断深入。

（三）深厚的地域非物质文化遗产为其提供有力资源支撑

以北京市大兴区为例，截至2023年3月，大兴区共有4项国家级非遗项目，包括白庙村音乐会、古琴制作技艺、太子务武吵子、吴式太极拳（北派）；8项市级非遗，除上述4项，还包括大兴诗赋弦、李家务音乐会、雕版印刷及线装书装帧工艺、大兴南路烧白酒酿制技艺；还有包括永定河流域的传说、南海子系列传说、御林古桑园传说、大兴西瓜种植技术、榆垡镇西翁各庄村同乐会、再城营五音大鼓、宏源伤科平筋调骨疗法、杨氏脏腑点穴火针疗法、大兴春节民俗、宋氏形意拳、大兴皮影手工制作技艺、永定河民生习俗、石垡高跷、面塑等在内的45项区级非遗。这些非遗项目，涵盖民间文学、传统音乐、传统舞蹈、传统戏剧、传统美术、传统体育、传统技艺、传统医药、民俗等非遗种类。这些丰富的非物质文化遗产资源为"大思政"大平台、大师资、大课堂建设提供了丰富的案例与素材。

（四）地缘优势为其提供了诸多便利条件

相较于其他的非物质文化遗产而言，地域性非物质文化遗产在融入高校"大思政课"的过程中具有天然优势。无论是非遗进高校开展活动，还是高校师生开展相关参观、学习、调研、建立实践教学基地等活动，都具有便利条件。另外，高校师生对于本地域非物质文化遗产的认同感会更为强烈，这也更有利于增强思政课教学的亲和力。

（五）高校的资源优势为其提供了良好的软硬件保障

高校拥有人才资源和科研优势，可以对地域非物质文化遗产进行深入的理论研究。比如，高校的专家学者可以对地域非物质文化遗产的文化内涵、文化意象、文化价值、文化发展路径进行深入挖掘与研究，可以深入探讨其与思想政治教育的内在联系，为非物质文化遗产融入"大思政课"提供理论指导，或者为地域非物质文化遗产的社会传播、保护与传承设计具体实施方案。另外，大学生思维活跃、创新能力强、熟练掌握新兴信息技术，他们可以在教师指导下参与到地域非物质文化遗产的创造性转化和创新性发展的实践中，成为中华优秀传统文化传承的新生力量。除此之外，高校还具有图书馆、实验室等完善的教学设施，这也为地域非遗相关教学活动提供了良好的硬件支持。

三、地域非物质文化遗产融入高校"大思政课"的实现途径

（一）挖掘地域非物质文化遗产内蕴的思政元素，丰富"大思政"教学资源

深入挖掘地域非物质文化遗产中的思政教育元素，将其提炼并转化为课程教学素材，融入思政课相关具体教学内容中。如在讲授社会主义核心价值观中的"敬业"时可融入大兴区非遗项目风筝、皮影制作工艺来讲授工匠精神；可融入手工艺企业市场化过程中尊重商业伦理的故事，讲授社会主义核心价值观中的"诚信"；可融入"青云店高跷会""踩街"表演中的"二十四孝"故事，来讲授传统伦理道德与现代社会主义核心价值观的内在联系。在讲授马克思主义基本原理的"社会存在与决定社会意识辩证关系"这一内容时，可以结合市级非遗大兴诗赋弦创作的《拆迁风波》《争婆婆》曲目来体现社会主义精神文明与家庭伦理关系建设；可以结合大兴非遗项目武吵子走出国门、为祖国争得荣誉的案例，提升学生的民族文化自信和文化认同感。

另外，可以收集地域非物质文化遗产的具体案例，比如传统民间技艺的传承困境、民间艺术团体在不同时代的故事，引导学生运用所学原理分析、解决现实问题。例如，在讲述新发展理念时，可以结合大兴非遗中某传统手工艺企业大力通过技术创新和发展模式创新，扭转市场竞争劣势，实现企业转型升级的案例，引导学生深刻理解创新驱动发展战略。在讲授社会主义生态文明时，可以结合南海子传说与麋鹿的故事作为教学案例，引导学生全面理解生态文明的深刻内涵。

（二）运用地域非物质文化遗产，创新思政课教学方式

在教学中，可以运用非物质文化遗产资源进行相关教学内容的设计，创新思政课教学形式。

一是可以设计情境式教学。如在设计中华优秀传统文化保护与传承的教学内容时，可以利用虚拟仿真技术还原"南海子皇家苑囿文化"，让学生沉浸式地理解传统文化保护的必要性；在讲授生态文明时，也可以运用虚拟仿真技术还原南海子从皇家狩猎场到当今麋鹿苑的历史变迁，用区域资源讲好思政故事，这样会增加思政课的亲和力和吸引力。

二是可以进行非物质文化遗产相关的项目式学习，指导学生完成非遗相关的比赛项目。例如，可以结合"互联网+"大学生创新创业大赛等项目，指导学生针对大兴非遗项目的保护与传承、永定河生态保护等类似的主题进行项目研究。这些地域非物质文化遗产的项目研究，首先在调研方面有着交通、资料获取的便利性；其次可以运用所学专业知识为所在区域社会发展贡献自己的力量。这样会增加学生的成就感，提升思政课的教学实效性。

三是可以指导学生开展非物质文化遗产相关的跨学科、交叉学科的研究尝试。非物质文化遗产涉及的领域很多，比如像风筝制作这一传统手工技艺类非遗项目，涉及手工艺与技艺、美术与设计、材料科学、空气动力学、历史学、文化学等相关专业领域，因此在这类非遗的保护、传承、发展中，需要相关专业的合力，这在理论上为跨学科、交叉学科的合作研究提供了很好的契机。

（三）运用地域非物质文化遗产开展相关实践活动，拓展"大思政"课堂

组织学生开展非遗相关实践活动，包括文化体验、参观调研、志愿服务等多种形式。如组织学生观看、体验相关非遗表演活动，观看高跷、武吵子、诗赋弦、民间音乐会等活动，可以近距离感受传统文化的艺术魅力；组织学生开展非遗保护、传承与发展的田野调查，增强社会实践能力，以及提升运用所学知识分析、解决现实问题的能力；鼓励学生参加非遗保护相关志愿服务活动，如帮助传统手工艺人进行文化传承宣传方案策划等，培养学生文化

传承的社会责任感。

（四）举办地域非遗相关校园主题文化活动，拓宽"大思政"资源平台

第一，在校园内举办地域非物质文化遗产主题活动。

如开办非遗学术讲座或者报告，邀请非遗传承人或者专家学者开展专题讲座，对非遗项目的产生背景、艺术特色、传承与保护情况进行系统介绍。

举办相关文艺演出。比如在学校的文艺晚会或者运动会开幕式上邀请非遗艺术团体进行传统音乐、传统舞蹈、传统戏剧、传统体育等项目的相关展演，或者邀请相关人员指导学生进行排练、展演。

开办文化展览。如在校园特定区域展示地域非遗的传统手工艺品、民俗文物等、传统手工技艺制作等。

第二，成立相关非遗保护社团或者兴趣小组。

可以组织对非遗感兴趣的学生成立民间艺术爱好者协会、非遗研究社、非遗传承志愿者协会等社团组织。社团组织在教师的指导下开展各种自主活动，如非物质文化遗产调研、传统手工技艺学习、传统民间艺术排演等相关活动。通过这些形式，可以培养学生的团队合作精神，同时也为非遗传承与保护培养潜在的后备力量。

通过以上形式的活动，可以拓展高校"大思政课"的资源平台，对于培养学生的文化认同感和文化自信具有一定价值；同时也可以发挥大学生的专业优势和创新性思维，推动地方非遗的保护与传承。

除此之外，地域非物质文化遗产融入高校"大思政课"存在一定的挑战和困难。主要表现在：地域非物质文化遗产思政元素的挖掘及其向思政课教学资源的转化不足；非物质文化遗产融入"大思政课"后育人实效的检验与评定的标准与体系不完善；等等。这需要在实践中不断积累和总结经验教训，不断改进和完善非遗资源融入高校"大思政课"的方法和路径。

总体而言，地域非物质文化遗产蕴含着丰富的思政教育资源，将地域非物质文化遗产融入高校"大思政课"，是贯彻"马克思主义基本原理同中华优秀传统文化相结合"的重要实践，是推进高校思政课建设的有益探索，亦是推动新时代中华优秀传统文化传承创新的重要途径。它的实现需要政府相关部门、学校、社会、非遗传承者与非遗团体等多个主体的协同与配合，因此

这是一项长期而艰巨的工作。今后需要不断加强相关理论研究和实践探索，持续改进和完善地域非物质文化遗产融入高校"大思政课"的具体途径与方法，更好地发挥地域非遗资源在高校"大思政课"建设中的意义与价值，提升思政课的教学针对性和实效性。

以社会实践为载体加强思想政治工作现实路径探析[*]

崔 洋[**]

内容提要：习近平总书记系列重要讲话多次论述了社会实践对于青年教师、学生的重要意义。充分发挥社会实践作用，加强高校思想政治工作，应从办好社会实践的三向维度着眼，提升社会实践的高度，扩展社会实践的广度，挖掘社会实践的深度。在开展社会实践主题教育活动探索过程中，要坚持以习近平新时代中国特色社会主义思想为指导，从创新主题内容、创新工作形式、创新宣传推广三方面发力，做好方案设计、普及科学方法、提升实践效果、建设长效机制，实现实践育人的实时化、全程化、纵深化，确保社会实践的思政育人效应得到进一步提升。

关键词：社会实践；思想政治工作；宣传推广；现实路径

思想政治工作是高等教育改革发展的重要内容，直接关系到高校立德树人根本任务的实现。长期以来，党中央高度重视高等院校的思想政治工作。在全国高校思想政治工作会议上，习近平总书记强调"高校思想政治工作关系高校培养什么样的人、如何培养人以及为谁培养人这个根本问题"[❶]。充分发挥社会实践作用，在实地调研、志愿服务中提高教师立德树人水平、提升

---

[*] 本文曾发表于《北京教育（德育）》2020年11期，收入本书时有修改。
[**] 崔洋，男，法学硕士，北京石油化工学院助理研究员，主要研究方向为高校党建、学生思政教育。
[❶] 习近平. 把思想政治工作贯穿教育教学全过程 开创我国高等教育事业发展新局面 [N]. 人民日报，2016-12-09（1）.

学生思想政治意识，营造理论联系实际、师生服务社会的良好氛围，是高校思想政治工作的重要途径。

一、社会实践对于高校思想政治工作的重要意义

目前，我国处于社会变革的加速期、经济转型的关键期，新时代的思想政治工作环境日益复杂，面临不少新的情况：一方面，社会问题复杂化，主流思想文化面临的挑战愈发复杂；另一方面，网络技术迅猛发展，改变了社会交往和生活方式。这都对高校思想政治工作提出了新的更高要求，社会实践主题教育活动组织高校师生直接接触社会、认识社会、服务社会，进而提升思想政治认识的作用和优势愈发凸显。习近平总书记系列重要讲话多次论述了社会实践对于青年教师、学生的重要意义。在同各界优秀青年代表座谈时，习近平总书记寄语广大青年，"要坚持学以致用，深入基层、深入群众，在改革开放和社会主义现代化建设的大熔炉中，在社会的大学校里，掌握真才实学，增益其所不能，努力成为可堪大用、能担重任的栋梁之材"❶。在知识分子、劳动模范、青年代表座谈会上，习近平总书记强调"广大青年要如饥似渴、孜孜不倦学习，既多读有字之书，也多读无字之书，注重学习人生经验和社会知识。'纸上得来终觉浅，绝知此事要躬行。'所有知识要转化为能力，都必须躬身实践。要坚持知行合一，注重在实践中学真知、悟真谛，加强磨练、增长本领"❷。在全国高校思想政治工作会议上，习近平总书记教导"青年要成长为国家栋梁之材，既要读万卷书，又要行万里路。社会实践、社会活动以及校内各类学生社团活动是学生的第二课堂，对拓展学生眼界和能力、充实学生社会体验和丰富学生生活十分有益"❸。

深入研读习近平总书记系列重要讲话中关于社会实践、青年发展、学生成长等方面的重要论述，可以总结出社会实践对于高校思想政治工作的重要作用。立德树人是高校的根本任务，扎根中国大地办教育是我国教育事业的

---

❶ 中共中央文献研究室．十八大以来重要文献选编［M］．北京：中央文献出版社，2014：279.
❷ 习近平．在知识分子、劳动模范、青年代表座谈会上的讲话［EB/OL］．（2016-04-30）［2025-02-20］．http://www.xinhuanet.com/politics/2016-04/30/c_1118776008.htm.
❸ 习近平．把思想政治工作贯穿教育教学全过程 开创我国高等教育事业发展新局面［N］．人民日报，2016-12-09（1）.

发展道路和基本特色。习近平总书记指出，我国有独特的历史、独特的文化、独特的国情，决定了我国必须走自己的高等教育发展道路，扎实办好中国特色社会主义高校。❶ 开展社会实践，有助于高校师生磨炼专业技术、提升人文素养、培育精神品质、拓宽思路视野，最重要的是有助于高校师生了解新时代中国的国情实际，更加自觉地用习近平新时代中国特色社会主义思想武装头脑、指导实践，在高校思想政治工作中发挥着极为重要的作用。

二、办好社会实践的三向维度

开展社会实践，就是要抓住当前大学生和青年教师的思想特点和思政教育规律，把党和国家对他们价值观念、政治观点、道德规范要求转化为其自身的思想观念和政治品质，并在此基础上转化为相应的行为和行为习惯，实现从"外化—内化—外化"的思想转变过程。以社会实践为抓手，加强思想政治工作，需要着眼以下"三向维度"。

（一）社会实践的高度

要充分发挥社会实践理论联系实际、提升师生思想认识的作用，其前提是提高活动高度，不断学习、吸收、运用党的最新理论成果指导社会实践。北京团市委于 2016 年首创"青年服务国家"首都大中专学生暑期社会实践主题教育活动。近年来结合中华人民共和国成立 70 周年、中国共产党成立 100 周年等重大历史事件，以习近平新时代中国特色社会主义思想为指导，每年设置一大主题引领十大专题，引导师生自觉学习、宣传、践行党的理论和政策，坚定教师政治立场、提升教师育人水平，坚定学生理想信念、提高学生综合素质。

（二）社会实践的广度

传统社会实践活动主要面向本科生，在活动宣传和推广方面存在不足。要充分发挥社会实践的思想政治育人作用，必须着力提升社会实践的广度。一是扩大覆盖面，结合不同年龄、学历、特长的学生实际，修订传统上主要

---

❶ 习近平在全国教育大会上强调 坚持中国特色社会主义教育发展道路 培养德智体美劳全面发展的社会主义建设者和接班人 [N]. 人民日报，2018-09-11 (1).

面向高校本科生的实践活动方案为面向涵盖大专学生、高等院校本科生、高等院校硕士研究生、博士研究生以及相关教师的专项方案，提高不同学历、不同年龄的师生参与度；二是做好宣传推广，结合网络信息技术发展的优势，充分统筹运用微信、微博、抖音、快手等宣传媒介，运用融媒体平台对实践活动内容和成果进行宣传推广，将社会实践的思政育人效用推广到校园内外。

（三）社会实践的深度

开展社会实践不是简单地发起活动倡议，而是精心策划、多方调研、深入学习研讨，制定逻辑清晰、条理清楚、结构合理的社会实践主题教育活动方案，指导师生从课题方案、队伍建设、物资保障三方面进行充分实践准备，最终在吸引力、实效性、影响力上下功夫，深化实践过程和实践成果两方面的效用，真正以实践为载体，统筹社会资源、坚定理想信念、深化育人效果。实践形式可以多种多样，设置主题、自拟课题、5—10人小规模组队乃至20人以上大规模组团；在宣传动员、广泛参与的基础上，开展评奖评优，做好宣讲示范。在设置实践主题准备实践方案的过程中，在实地调查研究开展志愿服务的过程中，在总结实践成果撰写调研报告的过程中，在进行评奖评优宣传推广的过程中，多层次、全方位地进行思政育人，做深做实社会实践。

三、发挥社会实践作用加强思想政治工作的现实路径

充分发挥思政育人效用的社会实践可以引导广大青年在实践中全面了解国情、坚定正确的理想信念；充分统筹、调动社会资源，扩大社会实践活动的辐射效果，建立长效育人机制。在充分认识社会实践重大意义的基础上保证实践活动有高度、有广度、有深度，从而充分发挥思政育人效用。

（一）创新主题内容，紧密联系社会发展精准对接需求

要深入学习贯彻习近平新时代中国特色社会主义思想和党的二十大精神，学习贯彻习近平总书记对北京重要讲话和关于教育的重要讲话精神，在党的最新理论成果指导下设置社会实践主题。同时研究并结合当代青年思想特点，结合社会发展时事热点设置各类实践专题和具体实践方向。要特别注意结合

当代青年教师的思想意识和工作生活特点，鼓励青年教师带着课题投入社会实践之中，切实实现教学相长，推动青年师生共同提高思想政治意识。

（二）创新工作形式，有效衔接社会各界共同参与

要保证实践育人取得良好效果，广泛吸引青年师生和社会各界参与其中，就必须着重创新工作形式，结合高校师生特长和社会需求，结合上级指示精神和社会资源现状，系统谋划、精准对接、全面互动，保障实践活动取得良好效果。"青年服务国家"暑期社会实践主题教育活动首创"双众筹双众创"的实践模式。"双众筹"指的是面向高校师生众筹实践项目，面向社会企业众筹实践支持；"双众创"指的是动员相关高校团委牵头专题行动，协调对接相关国家部委团组织（或业务司局）、对口部门支持对应的专题行动。"双众筹双众创"的实践模式，充分调动、有效对接各方资源和需求，为实践活动把好方向、做好指导、用好成果。

（三）创新宣传推广，结合传统媒体平台和新媒体技术提升宣传效果

一方面，对实践过程和成果中出现的先进事迹进行深度挖掘，做好总结推广；另一方面，充分运用新媒体技术手段，注重创新性、时效性、灵活性，在网络上及时有效传播社会实践各项主题内容和实践实况；同时还要着重掌握网络舆情，在注重实践活动效果的同时把握青年学生思想导向，多层次、多方面做好思想引领工作。"青年服务国家"暑期社会实践主题教育活动开展以来，积极运用新技术、新手段和新载体主动作为，布局全新宣传渠道，寻求与新闻媒体和互联网企业的深度合作。在充分运用传统媒体的同时，引入新媒体前沿技术，重视个性定制产品的开发，在微信、微博、抖音、快手等平台设立相关账户，通过这些平台实时全网直播实践过程和内容，第一时间满足家长、学校和社会对大学生暑期社会实践的关注和期待。

作为高校思想政治工作重要载体，社会实践需要党政机关、高校部门、广大师生和社会各界的共同参与、共同投入、共同关注，从办好社会实践的三向维度着眼，做好方案设计、普及科学方法、提升实践效果、建设长效机制，实现实践育人的实时化、全程化、纵深化，确保社会实践的思政育人效应得到进一步提升。

北京红色文化融入"纲要"教学的探析与实践

郑 艳[*]

内容提要：北京红色文化是优质的育人资源，将之融入"纲要"教学，有助于厘清历史真相、丰富教学内容和推动实践教学，应当围绕教学目标，结合教材内容和学生特点，从中国共产党早期北京革命活动、北平抗战、中共中央在香山为新中国奠基三大红色文化主题库中选择恰当的内容融入教学，运用故事教学法、实践教学法、研讨教学法等手段，实现红色文化向教学资源的有效转化，做到因材施教、因地施教、因人施教，切实提升"纲要"培根铸魂的育人实效。

关键词：北京红色文化；融入；"纲要"教学

习近平总书记在全国教育大会上强调，实施新时代立德树人工程，加强和改进新时代学校思想政治教育，需要"充分发挥红色资源育人功能"。[❶] 北京红色文化历史底蕴深厚、文化形式丰富、价值历久弥新，是北京高校思政课教学的优质富矿。将北京红色文化有机有效融入"中国近现代史纲要"（以下简称"纲要"）教学，让红色文化点亮思政课堂，不仅是新时代思政课教学提质增效的必然要求，更是紧扣首都"四个中心"功能建设，北京石油化

---

[*] 郑艳，女，历史学博士，北京石油化工学院马克思主义学院讲师，主要研究方向为中国近现代史基本问题、党史党建。

[❶] 习近平. 紧紧围绕立德树人根本任务 朝着建成教育强国战略目标扎实迈进［N］. 人民日报，2024-09-11（1）.

工学院讲好高水平应用型大学思政课、助力打造新时代首善之区工程师摇篮的应有之义。"纲要"教学应当充分挖掘和提炼北京红色文化的思想内涵和时代价值，围绕教学目标和教学内容，精心筛选融入的内容，积极探索融入的方法，促进红色文化与课程教学深度融合，推动红色基因薪火相传，激励大学生从红色文化中汲取强国复兴奋进的精神力量，从而落实好实现好立德树人的根本任务。

一、北京红色文化融入"纲要"教学的现实价值

北京红色文化是新民主主义革命时期中国共产党领导北京地区人民进行革命斗争所形成的革命文化。发挥北京红色文化的独有优势和育人功能，将之融入"纲要"教学，有助于厘清历史真相、丰富教学内容和推动实践教学，让教学更接地气和富有"北京味道"，增强教学的吸引力和感染力，切实提高育人成效。

第一，有助于厘清历史真相，抵制历史虚无主义，提升课程的思想性和理论性。改革开放以来，中国近现代史、"四史"领域成为历史虚无主义思潮泛滥的重灾区。因此，高校"纲要"教学必须要有理有论有据地加以批驳，戳穿历史虚无主义所散布的谬论，恢复历史本来面目，引导学生深刻领会"四个选择"的必然逻辑和"三个为什么"的内在逻辑，坚持正确的历史观，在大历史观中增强历史思辨能力，准确把握中国近现代历史的主题主线、主流本质。北京红色文化既具有区域性价值，又具有全局性价值，"是党和国家整个红色文化中一个特殊的重要组成部分"，[1] 在北京发生的许多历史事件，都对全国产生了重大影响。例如，作为新文化运动的大本营和五四运动的策源地、早期马克思主义传播的主阵地和北京共产党早期组织的成立地，北大红楼在建党过程中发挥着重要作用。它不仅是一座建筑，更是一部生动的历史教科书。北大红楼的革命实践证明，马克思主义不是历史虚无主义，中国共产党不是"早产儿""舶来品"，甚至"卢布党"，而是近代中国历史发展和革命活动发展的必然产物。卢沟桥、中国人民抗日战争纪念馆、焦庄户地

---

[1] 李忠杰. 写好北京红色文化 [N]. 北京日报，2020-06-29 (012).

道战遗址纪念馆、平北抗日烈士纪念园、平西抗日战争纪念馆等,记录了中国共产党组织和领导北平人民从"一二·九运动"到卢沟桥的抗日烽火、从平郊抗日根据地的武装斗争到开展各种形式隐蔽斗争的光辉印迹,证明了中国共产党是抗日战争的中流砥柱。可见,将北京红色文化融入"纲要"教学,是廓清历史迷雾、还原历史真相、揭批历史虚无主义的有效手段。

第二,有助于丰富教学内容,厚植家国情怀,提升课程的亲和力和针对性。马克思主义历史学是宏观视野和微观叙事的辩证统一。当前,大学生对"纲要"教学的刻板印象是"炒剩饭",一味讲大道理,只灌输"是什么"的结论,不解释"为什么"的细节,学习过程枯燥乏味,学习效果大打折扣。因此,"纲要"首先必须立足于中华民族伟大复兴的宏大视野,牢牢把握主题主线,讲清楚近现代中国社会发展的历史逻辑及其内在规律。同时,要突破教材局限,丰富教学资源,在重大事件、重要会议和重要人物的研究阐释上下功夫,为宏观视野注入丰富细节,使两者互相印证、相容共生。否则,缺乏历史细节浸润的课堂教学,将成为无源之水、无血之躯。北京红色文化正可弥补"纲要"教学叙事细节的不足。北京红色文化数量众多,类型多样,内容丰富,真实呈现了中国共产党领导人民推翻"三座大山"、中华人民共和国成立的奋斗历程,能够为"纲要"教学提供最有说服力的素材,丰富教学叙事的细节和张力,使课堂教学"有料"又"有味"。此外,北京石油化工学院是北京市属高校,大部分学生来自北京,对家乡文化有着天然的亲近感,外省学生对探索伟大首都的红色历史也有着浓厚兴趣。因此,利用北京红色文化拓展教学内容,学生会倍感亲切,能够激发他们了解北京、热爱北京、建设北京的爱国爱乡情怀,增强他们建设国家、建设家乡的责任感。

第三,有助于推动实践教学,促进知行合一,提升课程的情境性和实践性。习近平总书记强调,推动思政课改革创新,必须"坚持理论性和实践性相统一"❶。思政课既要把理论讲清楚、讲透彻,又要重视课程的实践性,推动思政小课堂和红色大课堂的结合,做到学思用贯通,知信行统一。北京地区丰富多彩的红色文化使"纲要"教学具有天然的实践优势,便于就地取材,实施成本低,可为实践教学提供良好的空间和阵地。但是,由于时间、经费

---

❶ 习近平. 思政课是落实立德树人根本任务的关键课程[J]. 求是,2020(17):13.

和安全等多种因素的制约，大部分高校"纲要"实践教学往往形式单一或流于形式，往往仅让学生到红色文化地走马观花式浏览一番，很难落到实处和收到实效。因此，"纲要"必须用好用活北京红色文化，制定明确的实践教学实施方案和效果评价机制，开展多样化的实践教学活动，将课堂搬到红色历史现场，让历史变得直观化、立体化，实现历史场景的还原和再现，"达到对历史事件'感同身受'、对英雄人物'肃然起敬'、对理论要点'醍醐灌顶'的良好学习成果"❶，实现历史与现实相交融、理论与实践相统一，增强学生的参与度和获得感，提升实践教学的品质和实效。

二、北京红色文化融入"纲要"教学的内容选择

北京是近代中国政治运动和文化运动的中心，是一座具有光荣革命传统和革命精神的城市，革命文物丰富，红色基因深厚。北京红色文化形式多样，有红色地标、红色遗址遗迹、文献和艺术品形式的可移动红色文物等物质形态，也有集中反映长期革命斗争中体现出来的精神领域的红色文化，如五四精神、抗战精神、香山精神等。据统计，代表性的红色地标有北大红楼、北京香山革命纪念地、天安门、人民英雄纪念碑、毛主席纪念堂等18处，分布于16个区县的红色遗迹遗存、纪念设施272处，以及不可胜计的红色文献以及文学、电影、戏曲、音乐、美术、摄影、舞蹈等红色文艺，形成了中国共产党早期北京革命活动、北平抗战、中共中央在香山为新中国奠基三大红色文化主题库。如何围绕教学目标，结合教材内容和学生特点，从三大红色文化主题库中选择恰当的内容融入教学，成为开展教学工作的首要任务。

第一，将以北大红楼为代表的中国共产党早期北京革命活动的主题内容融入教学。北大红楼、长辛店二七大罢工旧址、李大钊故居等是李大钊、陈独秀、毛泽东等早期建党人物传播真理与酝酿建党的历史印记，生动展现了新文化运动、五四运动、马克思主义在中国的早期传播、马克思主义与工人运动的结合、共产党早期组织的创建、党的早期干部成长的历史画卷，全面展示了北京与中国共产党创建的历史渊源。与此相对应，可将之有机融入第

---

❶ 华战胜，马琳瑛．［思政课青年说］强化实践教学，讲深讲透讲活大思政课［EB/OL］．（2024-03-14）［2025-02-20］．http：//www.rmlt.com.cn/2024/0314/697594.shtml.

四章"中国共产党成立和中国革命新局面"的教学,如《新青年》迁至北京,以北京大学为阵地,掀起了思想启蒙的高潮,新文化终于成为运动的觉醒风暴;青年学子从北大红楼出发,齐聚天安门,火烧赵家楼,将五四运动推向全国的爱国壮举;李大钊、邓中夏等在北大"亢慕义斋"图书室研讨、宣传马克思主义,进而成立早期北京党组织的伟大开篇;"北漂"青年毛泽东两次来京,彻底完成从民主主义者向坚定的马克思主义者的根本改变;"南陈北李",雪夜送别,相约建党,开天辟地的历史佳话;李大钊、邓中夏、张太雷等深入长辛店铁路工人中间,促进马克思主义与工人运动结合,打造"北方的红星",推动长辛店铁路工人投身京汉铁路工人大罢工,掀起了中国工人运动第一次高潮的悲壮浩歌;等等,使学生深刻体悟到北京在建党史上的重大价值和独特地位。

第二,将以卢沟桥、宛平城为中心的抗日战争主题内容融入教学。北京在抗日战争中具有独特的历史地位。北京是全国抗日救亡运动的重要发源地和全民族抗战的起始地。同时,平郊抗日根据地是华北抗战的前沿阵地和重要战场,北平抗战是抗日战争的重要组成部分,留下了丰富的抗战历史文化资源和弥足珍贵的精神财富,生动地诠释了中国共产党抗日战争的中流砥柱作用和伟大抗战精神。与此相对应,可将之有机融入第六章"中华民族的抗日战争",讲好真实的北平抗战故事,教育学生铭记血与火的历史启示,继续弘扬伟大抗战精神,凝聚爱国奋进力量。在教学中,可融入九一八事变后,在中共北平地下党领导下,以北平学生为先锋,组织南下扩大宣传团,发出抗日救亡呼声的呐喊抗争;一二·九运动后在中共北平市委领导下,组建青年抗日救国团体——中华民族解放先锋队,在樱桃沟进行军事训练,七七事变后不少青年学生加入二十九军参战,奔赴全国抗日战场的舍生忘死;七七事变后根据中央部署,八路军挺进斋堂川,以雾灵山为中心广泛开展抗日游击战,先后开辟平西、平北、冀东抗日根据地,成为插在华北日伪心腹上的尖刀的烽火岁月;以及红色走廊的开辟者宋时轮、神奇的小白龙白乙化、剑吼长城东的包森、焦庄户抗日老村长马福、坚强的英雄母亲邓玉芬、英勇无畏的老帽山六壮士等为代表的一大批抗日英烈和英雄集体的光辉事迹等,使学生认识到在烽火围城的抗日年代,北平即使沦陷了,在中国共产党的领导下,

"北平敌人的统治半径不到六十里,六十里以外,便有公开抗日政权和八路军"❶,北平抗战为中国抗战胜利乃至世界反法西斯战争胜利作出了重要贡献。

第三,将以香山革命活动纪念馆、双清别墅为代表的建立新中国主题内容融入教学。北京香山是中国共产党"进京赶考"的第一站,是筹建新中国的革命摇篮。作为中共中央的所在地,毛泽东、刘少奇、周恩来、朱德等老一辈革命家曾经在此工作、生活。香山保留下了许多红色文化遗址,记录了中共中央在香山的光辉岁月。与此相对应,可将之有机融入第七章"为建立新中国而奋斗",如七届二中全会闭幕后,中央从西柏坡动身前往北京,进驻香山,"进京赶考"的豪情壮志;毛泽东邀请张治中来香山交换意见,国民党当局一意孤行,拒绝接受和平协定,国共谈判宣告破裂的最大诚意;毛主席和党中央运筹帷幄,决胜千里,指挥渡江战役,百万雄师过大江,将革命进行到底的坚定决心;毛主席和党中央广泛邀请各民主党派和无党派民主人士共商建国大计,筹建中央人民政府,筹备召开中国人民政治协商会议和制定《中国人民政治协商会议共同纲领》的精诚团结等,使学生认识到中共中央虽然在北京香山只有半年时间,但在党史和共和国历史上具有非常重要的地位。

三、北京红色文化融入"纲要"教学的基本方法

在筛选北京红色文化内容的基础上,如何运用最有效的教学手段,提高教学的有效性和学生的获得感,是"纲要"课教师需要解决的最大挑战。这就要求教师以本校学生学情和学习特点为教学立足点,组合运用故事教学法、实践教学法、研讨教学法等多种教学方式,调动学生的学习热情,提升教学的深度、温度和力度,打造富有历史韵味和北京韵味的历史课堂。

第一,故事教学法。习近平总书记明确指出,思政课"会讲故事、讲好故事十分重要"❷。"纲要"和北京红色文化本身具有故事性,当代大学生也爱听故事。"纲要"突出的教学现象是只要讲故事,尤其是北京本土红色故事,学生的抬头率和听课率明显提高。因此,作为"纲要"教师,有责任把真实感人和生动鲜活的北京红色历史故事呈现给学生,以讲故事为手段,以

---

❶ 周而复. 解放区晋察冀行[M]. 北京:中国青年出版社,2012:114.
❷ 习近平. 思政课是落实立德树人根本任务的关键课程[J]. 求是,2020(17):14.

讲道理为根本，将道理贯通于鲜活的历史人物、历史事件、历史故事之中，由此引导学生把握宏观的历史规律。首先，选好故事是基础，应找准北京红色文化与教材的结合点，选取学生耳熟但不详、能引起共鸣和予以启迪的故事。其次，讲好故事是关键，要原原本本地、真情实意地讲故事。再次，"讲故事，不仅老师讲，而且要组织学生自己讲"❶。只有这样，才能使北京红色文化转化为鲜活的教学素材，将思政大道理讲深讲透讲活。例如，结合第六章第四节"中国共产党是抗日战争的中流砥柱"，可将歌曲《没有共产党就没有新中国》以故事形式进行教学导入，可设计如下教学环节：全体学生合唱歌曲，继而提问歌曲产生的年代、地点、作者和背景。从以往的教学经历看，学生都会唱，但80%以上的学生不了解1943年10月在房山区霞云岭堂上村诞生了这首永恒的红色歌曲，更不了解歌曲创作的时代背景。问题激发探究的兴趣和学习的热情，随后可以师生共学共讲歌曲创作的背景故事。1943年3月，以蒋介石为首的国民政府竭力鼓吹一个政党、一个主义、一个领袖，宣扬只有国民党能救中国、只有"三民主义"能救中国。延安《解放日报》发表社论《没有共产党就没有中国》予以舆论反击。时年仅19岁，在平西地区进行抗日宣传的群众剧社音乐组组长曹火星，大受启发，借鉴平西地区民间音乐"霸王鞭"曲调，创作了这首经典的革命歌曲。这首歌曲唱出了人民的心声，唱遍了抗日根据地，唱红了大江南北，迎来了新中国的诞生。最后进行总结，这首歌唱出了颠扑不破的真理：早在抗战时期，历史和人民就选择了中国共产党，中国共产党和新中国是历史和人民的选择。

第二，实践教学法。多年来，北京石油化工学院"纲要"教研室一直在探索将北京红色文化融入实践教学的新路径，取得了一定成效。为了确保实践教学的常态化和有效化，制订了完整的实施流程和方案，围绕建党、抗战、新中国成立三大红色文化主题库，设计了"悟原理：读北京红色文献""讲故事：忆北京红色先驱""传精神：讲北京红色精神""览圣地：游北京红色地标"的实践教学模式。为了让学生明晰活动意义、实施方案及评价原则，开学初教师即向学生布置实践任务，强调实践教学成绩纳入总成绩评定，以小组为单位全员参与，并进行成果汇报。在小组成果展示之前，每个小组将成

---

❶ 习近平. 思政课是落实立德树人根本任务的关键课程［J］. 求是，2020（17）：14.

果发给教师审阅，通过后按时按序在课堂展示成果，采取教师评价为主、学生自评和学生互评为辅的方式，当场反馈每个小组的展示效果。例如，围绕"播火者：李大钊在北京的革命活动"主题，有的小组在充分的文献调研和前期准备基础上，设计了从北大红楼—天安门—李大钊故居—国家博物馆的实地考察路线，小组10人同游共研，制作考察视频，每个成员现场出镜，介绍实地所见，畅谈感悟，视频结束于国家博物馆"复兴之路"展览上的0001号文物李大钊同志牺牲的绞刑架和字幕"自束发受书，即矢志努力于民族解放之事业，实践其所信，励行其所知"❶。视频作品展示结束后，课堂掌声雷动。这说明通过读忆讲游的北京红色文化实践活动，红色文化走进了学生内心，触发了学生的情感，使学生亲身体验到了红色文化的魅力，在躬行践履中接受了革命传统教育和爱国主义教育，增强了学生对"四个选择"的认同，进一步坚定了为强国建设、中华民族伟大复兴奉献青春力量的信心和信念。

第三，研讨教学法。研讨教学法是一种以问题为导向，以学生为主体，以教师为主导，倡导学生自主发现问题、提出问题和解决问题，注重思维碰撞和交流的教学方法，旨在提高学生的自主学习能力、问题解决能力、实践能力和团队合作能力。鼓励学生提出问题是开展研讨教学的首要环节。

总之，"纲要"应充分发挥北京红色文化资政育人的独有优势，主动积极将之融入教学，探索融入的核心内容和有效方法，帮助学生深刻理解中国共产党在北京地区的革命历史和奋斗经历，进而更为宏观地把握百年党史和中国近现代史的主题主线、主流本质，深刻认识中国共产党的初心和使命，从中汲取奋进新征程的强大精神动力，担负起时代使命和历史责任，开创党和国家事业的辉煌未来。

---

❶ 李大钊. 李大钊全集：第五卷［M］. 北京：人民出版社，2013：301.

"大思政课"视域下以红色文化资源助推高校学生党建工作发展的路径研究

武靖茗[*]

内容提要：高校学生党建工作是高校意识形态阵地建设的重要抓手。面对多元文化和网络信息的冲击，党建工作能够有效帮助学生增强政治敏锐性和鉴别力。本文通过分析"大思政课"视域下将红色文化资源融入高校学生党建工作中所存在的理论研究、实践形式以及高校学生党建工作的建设和保障力度方面的现实困境，提出"大思政课"视域下红色文化资源助推高校学生党建工作的具体路径，对于新时代全面提升高校学生党建工作效能，构建全方位育人体系都有重要意义。

关键词："大思政课"；红色文化；高校；学生党建工作

学生党员是高校大学生中的积极分子，能够在学习和生活领域明显起到对其他同学的引领和模范带头作用。因此，高校学生党建工作不仅关乎高校基层党组织建设，而且对整体筑牢高校学生意识形态防线，提高学生思想政治素质有着重要意义。在"大思政课"的视域下，开发红色文化资源的思想政治教育价值意义以创新党建形式，既是新时代全面提升高校学生党建工作效能的必要举措，也是构建全方位育人体系的必然要求。

---

[*] 武靖茗，女，法学博士，北京石油化工学院讲师，主要研究方向为马克思主义中国化时代化。

一、"大思政课"视域下红色文化资源融入高校学生党建工作的重要意义

(一) 丰富高校学生党建工作的内容

"大思政课"的"大"是课上与课下场所的大,是理论与实践内容的大,也是历史与未来时空的大。在"大思政课"的视域下,学生党建工作不仅是高校基层党组织建设的重要内容,更是完成立德树人任务的关键领域和环节。而红色文化资源能够作为对党建内容的有效补充和拓展,让党建工作体系更加完善、党建工作更加强有力。❶对高校学生党建工作而言,通过挖掘红色文化的经典案例、总结红色文化中革命精神谱系,同时结合思想政治理论课堂,能够有效拓展更多高质量的高校学生党建内容,进一步提升学生党建工作的整体水平,也能够帮助学生培养正确的道德观与世界观,深刻理解与践行社会主义核心价值观。

(二) 激发高校学生参与党建活动的内在动力

不同于传统党建工作的理论学习等枯燥形式,融入红色文化资源的党建活动形式往往比较生动活泼,如观影、合唱、参观游览、文化竞猜等。因此,将红色文化资源融入党建,更加符合高校学生的年龄和性格特点,也就更容易被学生党员所接受。将红色文化资源融入高校学生党建工作之中,能够有效激发学生党员参与党建活动的内在动力,甚至激发学生党员们积极地构思和组织党建活动的热情,这也正是"大思政课"实践育人的要求与体现。学生们通过主动地、认真地参与实践活动,不仅夯实了理论知识,而且能够体悟到党领导下的百年奋斗经验与伟大成就,增强对社会主义理论、文化、道路和制度的认同感和践行力。

---

❶ 姜河燕,王小兵. 红色文化资源在新时代高校党建工作中的运用 [J]. 重庆科技大学学报 (社会科学版),2024 (4):110-118.

(三) 提升高校整体的爱国主义氛围

思想政治教育课程是高校爱国主义教育的前沿阵地，然而，传统的思政课堂上的爱国主义教育往往缺乏创新性与生动性，甚至照本宣科的枯燥容易使当下网络时代的大学生对此产生一定的排斥心理。通过将红色文化案例和资源融入学生党建活动，学生听到的不是"标语口号"式的大道理，而是方志敏《可爱的中国》，是焦裕禄"死也要看着你们把沙丘治好"……由此，"热爱祖国"不再是一句空洞的口号，而是一串串前进的脚印，一个个鲜活的人物和他们为人民服务、为祖国奉献的一生。这样的爱国主义教育更加生动、更接地气，学生党员也更容易共情，更能产生切身体悟，由此也督促其在学习和校园生活中更加以身作则，发挥对其他学生的榜样引领作用，使校园内部的爱国主义气氛更加浓厚，有助于学生们成长为爱国家、爱社会、爱人民的青年人才。

二、"大思政课"视域下红色文化资源助推高校学生党建工作的现实困境

（一）理论研究缺乏系统性

当前，将红色文化资源融入高校学生党建工作的理论研究大都停留在如何利用红色文化资源进行高校学生党建工作方面，比较流于表面。而对于在"大思政课"建设背景下，将红色文化资源与学生党建工作深入结合的内在逻辑、系统性理论框架和长效机制都缺乏研究，同时对于红色文化资源的内涵阐释与时代价值的挖掘也尚不充分。如何将红色文化资源真正地、完整地、深入地融入高校学生党建工作，尚需系统性的理论研究。

（二）实践形式缺乏创新性

当前大部分高校将红色文化资源融入学生党建工作的方式仍然以传统的理论教育为主，形式比较单一，缺乏深度体验和互动环节，学生党员难以真正融入其中。又或者有的高校虽依托现代互联网技术，运用微信公众号等新

媒介增添了互动环节，但本质上仍然是在要求学生党员进行理论学习，而缺乏对学生主体地位的重视，无法与学生党员建立情感上的链接和共鸣，难以充分调动学生党员的主观能动性。

（三）建设和保障力度不强

这个问题主要体现在三个方面：一是红色文化资源的分布不均衡，高校在资源整合和利用方面缺乏系统性规划，部分高校缺乏优质红色文化资源，难以开展高质量的党建活动；二是红色文化资源融入党建工作的制度保障不足，活动开展随意性较大，缺乏系统性和长效机制；三是各单位联动性不足。红色文化资源的充分开发和利用，仅靠高校这一单一主体是不可能实现的，这里不仅需要一定的资金支出，还需要人员保障甚至是政策支持，这就需要在政府调配下各单位各部门充分发挥联动性。

三、"大思政课"视域下红色文化资源助推高校学生党建工作的具体路径

（一）挖掘红色文化基因，加强理论研究

当前除了要系统地对红色文化资源与学生党建工作深入结合的内在逻辑和长效机制等进行理论研究，深入挖掘红色文化基因同样重要。所谓挖掘红色文化基因，是指深入总结红色文化资源中以爱国主义为核心的中华民族精神，将其与中国特色社会主义先进文化相结合，通过阐释其时代价值开展对高校学生党员的党建工作。对此，学校可以通过在思政课堂上围绕民族精神开展红色文化传承专题教育，提高党建工作的有效性和针对性，再通过开展党建活动，带领学生切实感悟革命先辈为建立新中国所付出的努力以及所经历的各种磨难，加深学生党员对红色文化及其时代价值深层的理解，坚定学生党员的理想信念。

（二）善用社会大师资，创新实践形式

在"大思政课"视域下，要求积极运用一切社会资源，参与到高校学生

党建工作中，协同推进学校、党组织、社会的育人力量，构建社会大师资。一方面高校要注重对当地红色文化实践基地的开发，并定期带领学生党员开展深入红色文化基地的党建活动。比如，当地的爱国主义教育基地、革命纪念馆、烈士陵园等可以作为优良的红色文化实践基地，学生能够在参观的过程中产生更加深刻的感悟以及激发爱国情怀。❶ 另一方面要积极利用新媒体技术。学校可以在校园公众号开设红色文化专栏，定期推送红色故事、党史知识等内容。鼓励学生党员在评论区分享自己的感受，同时也可以通过上传自己拍摄的短视频等作品进行互动；利用小程序或 App 开展红色知识竞赛，增强学习的趣味性和竞争性；利用智能 AI 技术实现沉浸式体验。如创建以长征等红色文化为主题的剧本杀、小游戏等还原历史场景，通过角色扮演让学生在虚拟环境中实现对历史事件的真实参与和体验感，从而对红色文化有真正的感悟；还可以鼓励学生结合自身专业（如历史、文学、艺术、设计等）开展红色资源研究，形成学术成果等。另外，党建部门也可以利用新媒体工具加强与学生党员之间的联络，及时了解学生党员的思想动向，增强学生党员之间的凝聚力。

（三）建立健全保障机制，夯实学生党建工作质量

红色文化资源融入党建工作活动开展随意性较大，是当前实践所面临的最重要的问题之一。因此，建立健全保障机制，以确保学生党建工作中关于红色文化资源的教育能够落到实处是非常关键的。首先是强化党组织作用。成立学生党建工作领导小组，明确校党委、院系党组织、党支部的职责分工，形成上下联动的工作格局。校领导、院系领导定点联系学生党支部，定期指导工作开展，解决实际问题，将学生党建工作纳入高校党建工作的长期规划，形成常态化、制度化的工作机制。其次是充分利用校内外红色资源，建立红色教育基地，为学生党建工作提供丰富的教育资源。同时推动高校之间、高校与地方之间的党建资源共享，形成资源整合优势。最后要加大资金支持。可将学生党建工作经费纳入学校预算，设立专项经费，用于活动开展、资源

---

❶ 蔡敏夫，胡宝元，张竞文，等. 浅谈新时代高校推进红色文化融入学生党建工作[J]. 辽宁工业大学学报（社会科学版），2024，26（1）：65-67.

建设和人员培训。同时争取社会支持，通过校企合作、校友捐赠等方式，拓宽经费来源，支持学生党建工作。除此之外，还可以探索研究建立健全考核评价机制、监督与反馈机制以及激励机制等。

总之，以红色文化资源助推高校学生党建工作，能够有效提高新时代高校学生党建工作效能。高质量的学生党建工作也能使新时代的大学生党员主动承担肩上的责任和时代赋予的使命，同时通过对红色文化更加具体和深入的理解，将其展现在个人行动与具体实践之中。

把世界社会主义发展史融入高校思政课的思考
——基于"现实社会主义"问题的考察

王 瑶*

内容提要： 高质量的思想政治理论课应做到历史性、理论性与实践性的有机统一，而当前大多数思政课忽视了历史性。这一遗憾使高校思政课的教学效果打了折扣：学生理论视野受限，缺乏世界历史视角，缺乏历史深度与对实践的反思，缺乏对当代社会主义多样性的认知。重点集中体现在关于"现实社会主义"问题的解答上，即为什么与马克思、恩格斯预测的有所不同，社会主义革命会在落后的东方爆发获得成功？回到世界社会主义发展史就会发现，在资本主义向世界扩张的背景下，社会主义在东方的产生和发展是各种力量交互作用的结果，是资本主义工业化进入东方社会所激发的一种必然反应，是历史自然而然发展的结果。对于中国来说，接受马克思列宁主义、推进马克思主义中国化、推动以改革开放为核心的社会改革，是世界社会主义发展与中国政治演变综合作用的结果。为此，需要通过深化历史逻辑与理论逻辑的统一、注重历史叙事与价值引领的结合、强化理论阐释与实践观照的互动，把世界社会主义发展史的视角融入高校思政课中。

关键词： 世界社会主义；高校思政课；现实社会主义；马克思主义中国化

高质量的思想政治理论课应做到历史性、理论性与实践性的有机统一。我们今天所说的马克思主义，不仅指马克思、恩格斯创立的基本观点和学说

---

* 王瑶，女，法学博士，北京石油化工学院马克思主义学院讲师，主要研究方向为世界社会主义。

体系，也包括他们的继承者对它的发展，即随着时代和实践发展着的马克思主义。当今大多数高校马克思主义理论课程的教学设计及其呈现的效果，往往是由一系列理论、学说、战略、策略、选择等交织斗争后的人的主观活动过程——当伟大的人物提出了正确的理论、采取了正确的行动并获得了成功，社会主义便向前推进了，马克思主义的理论性、实践性便得到了体现。

但是，作为马克思主义研究者的我们深知，这些并不是历史的全部，也不能完全客观地体现马克思主义的当代价值。因为从16世纪初托马斯·莫尔发表《乌托邦》算起，社会主义至今已经500多年了；或从1847年共产主义者同盟建立、1848年《共产党宣言》发表算起，欧洲游荡的共产主义"幽灵"距今也170多年了，社会主义、马克思主义在发展中早已发生了巨大变化，其基本原理、道路主张、发展方式甚至概念本身，都发生了一些变化。就事论事的"点状描述"会割裂这些概念、理论、道路之间一脉相承的关系，既无法以严整的视角正确认识马克思主义，也无法更好地说服人。所以，新时代高质量的思想政治理论课应突出历史性，尤其要突出世界历史的视野。

笔者希望以教学过程中对"现实社会主义"问题的解答为案例，分析把世界社会主义发展史的视野融入思政课教学体系的必要性与紧迫性，并提供一些路径建议，以供同人批评、交流。

一、何为"现实社会主义"问题

作为坚定革命家的马克思和恩格斯，在社会主义革命问题上是非常坚定的"唯生产力论者"和"经济决定论者"[1]。虽然马克思、恩格斯坚信，共产主义理想是历史未来必将达到的现实，但这个必然性源自资本主义不可能永远适应生产力发展的客观事实。也就是说，资本主义的生产力愈发达，社会主义的到来便愈有保证；反过来，如果资本主义社会还能够在自己所容许的范围内发展生产力，社会主义就不可能真正替代资本主义。马克思在《〈政治经济学批判〉序言》中就有这样的名言："无论哪个社会形态，在它所能容纳

---

[1] 这两个词之所以加引号，是因为它们后来成为具有否定意义的贬义词。"唯生产力论"是第二国际时期一些机会主义者对马克思主义的滥用；"经济决定论"是马克思主义批评者的主要用语之一。本文此处是不带贬义色彩的使用，用以形容马克思和恩格斯对于社会主义革命条件成熟的坚持。

的全部生产力发挥出来以前，是决不会灭亡的；而新的更高的生产关系，在它的物质存在条件在旧社会的胎胞里成熟以前，是决不会出现的。"❶ 类似的思想马克思在别的地方也曾多次表述过："当使资产阶级生产方式必然消灭、从而也使资产阶级的政治统治必然颠覆的物质条件尚未在历史进程中、尚未在历史的'运动'中形成以前，即使无产阶级推翻了资产阶级的政治统治，它的胜利也只能是暂时的，只能是资产阶级革命本身的辅助因素。"❷ "彻底的社会革命是同经济发展的一定历史条件联系着的；这些条件是社会革命的前提。因此，只有在工业无产阶级随着资本主义生产的发展，在人民群众中至少占有重要地位的地方，社会革命才有可能。"❸ 恩格斯甚至把社会主义革命的到来估计得更遥远："只有在社会生产力发展到一定阶段，发展到甚至对我们现代条件来说也是很高的阶段，才有可能把生产提高到这样的水平……但是生产力只有在资产阶级手中才达到了这样的发展水平。"❹

事实上，与马克思和恩格斯的理论预测不同，社会主义革命却在没有形成资本主义的东方爆发了，并建立了社会主义政权，资本主义工业化发达的西方却并未迎来社会主义革命，反而日益走向改良主义道路。由此便产生了20世纪的"现实社会主义"的问题，并一直影响至今。其中的核心要素是：如何看待现实社会主义？尤其在遭遇东欧剧变、苏联解体的巨大曲折后，社会主义是否仍然是历史发展的必由之路？与中国息息相关的是，中国是否真的可以跨越资本主义的"卡夫丁峡谷"？稍微了解世界历史或者读过马克思、恩格斯著作的学生都会对此产生困惑，因而成为思政课不得不澄清的重大理论与现实问题。

"现实社会主义"问题的棘手之处在于，按照19世纪马克思的观点，东方国家的工业化、现代化水平普遍落后，不但不具备爆发社会主义革命的物质条件，甚至连产生社会主义的思想前提也谈不上。可是，恰恰就是在这种环境中孕育出了"现实社会主义"。那么，社会主义思想在这里是怎样出现的？社会主义运动又是怎样发展起来、取得政权和进行建设的？社会主义本

---

❶ 马克思恩格斯选集：第2卷 [M]．北京：人民出版社，1995：33．
❷ 马克思恩格斯全集：第4卷 [M]．北京：人民出版社，1958：331-332．
❸ 马克思恩格斯全集：第18卷 [M]．北京：人民出版社，1964：695．
❹ 马克思恩格斯全集：第18卷 [M]．北京：人民出版社，1964：610-611．

身在这个过程中发生了怎样的变化？它们与马克思主义的关系又是怎样的？这些问题既关乎马克思主义的理论解释力，又关乎一个世纪以来的社会主义建设的实践正当性。如果解释得好，会进一步验证马克思主义的生命力与科学性；否则，再多的解释都像是不得要领地围着"理论殿堂"打转。这就好比当代中国的"斯芬克斯之谜"，如果回答不好，是要被怪兽斯芬克斯"吃掉"的。

二、在世界社会主义发展史中理解"现实社会主义"问题

要回答好上述问题，必须回到历史中去，在世界历史的总体背景与视野中寻找答案。

（一）世界社会主义发展史中的"现实社会主义"

在《共产党宣言》中，马克思和恩格斯认为，资产阶级开拓了世界市场，使世界成为一个紧密联系的整体，打破了各地区、各民族的自给自足和闭关状态，代之以相互依赖和相互作用。"物质的生产是如此，精神的生产也是如此，各民族的精神产品成了公共的财产，民族的片面性和局限性日益成为不可能，于是由许多种民族的和地方的文学形成了一种世界的文学。"❶ 也就是说，世界具有了整体性，历史也成了世界历史。社会主义在东方的产生和发展，正是在资本主义向世界扩张这一世界历史背景下产生的，并在各种力量交互作用下发展演进。尤其到了20世纪中叶，新的工业革命和技术革命大大加强了资本主义的扩张能力，几乎所有民族都被卷入了世界市场，成为其中的有机组成部分。在这种情况下，哪怕是闭关锁国、自给自足的东方农业小国，都不可能像以前那样孤立自足地发展了，而只能在世界物质生产和精神生产总和的制约下、在相互作用的链条中发展。如此看来，社会主义正是借这种物质和精神力量进入东方，并在那里转变为实际的政治力量。

从东方各国的视角来看，西方资本主义的侵入强制打断了其自身既定的发展轨道，给它们带来了深刻的社会震荡和民族危机，迫使它们重新作出选

---

❶ 马克思，恩格斯．共产党宣言［M］．北京：中央编译出版社，1998：61．

择。那么,谁来在关键的历史节点上作出选择呢?自然是思想先进的知识分子,他们因而转变成了引导历史发展的决定力量。不止中国,近代以来大多数东方落后国家先进分子救国图强的道路体现出一种规律性现象:一开始热烈追求西方自由民主理论与制度,如果在现实中无法运行或运行效果不佳,则转向社会主义。其中的缘由就在于,被迫进入世界历史的东方国家既缺乏实现现代化必要的物质资源,也缺乏相应的精神准备,在急迫的内忧外困中不得不探索出道路选择。尤其是面对西方资本主义的殖民压迫,东方国家更倾向于选择其社会制度的对立面——社会主义。从这个意义上说,东方国家之所以选择社会主义,是资本主义工业化进入东方社会所激发的一种必然反应,是历史自然而然发展的结果。

但随之而来的问题是,在生产力落后的国家进行社会主义革命与建设,是超出19世纪马克思主义的理论预设的,只能"摸着石头过河",根据马克思主义的基本原则与宏观构想,结合本民族国家的发展实际,走出一条社会主义的探索之路。可以想象,这条道路必然与马克思设想的道路大异其趣。在这条探索道路中,必然会有曲折回环,每一个重大选择都涉及理论、纲领和政策的争论,呈现在我们眼前的必然是一幅个体与群体、主观与客观、偶然与必然交织互动的历史图景。所以,我们应按照历史唯物主义的要求,用整体的、客观的、必然的眼光来看待这个历史过程,即超越主观性与偶然性,寻找决定这个过程的内在机制与背后的决定性力量。这样便可以客观地看待苏俄社会主义的功与过,便可以认识到中国特色社会主义从弱小到强大的曲折性与必然性;尤其可以认识到,一心想要证明马克思的某些具体观点与现实的一致性是细枝末节的,甚至是徒劳无益的。

(二)世界社会主义发展史中的中国特色社会主义

当我们进一步把目光聚焦于中国社会主义革命、建设和改革时,更需要世界社会主义发展史的视角。

首要的问题是:为什么中国人接受了马克思列宁主义?除了众所周知的,要深入近代以来中国社会的主要矛盾来考察,还必须了解十月革命以后的世界大势,才能对这一历史选择作出全面理解。当西方社会已进入资本主义时代时,中国还处于清朝的闭关锁国政策之下,对世界的巨大变化完全蒙昧无知。这样一种状态使得中国一遇上西方工业化强国的冲击，就注定只能落后挨打。鸦片战争以后的中国历史，既是一部列强欺凌的半殖民地化的历史，也是一部中国人救亡以图存的历史。先进知识分子们首先被西方的先进技术所吸引，然后是政治制度，在这样一个由"器物"深入"制度"的递进过程中，中国知识分子的目光始终锁定在资本主义那里，马克思主义并非最开始的选择。原因很简单，马克思主义在当时是要解决资本主义高度发达后社会弊病的，而中国人当时最迫切的任务是工业化，是要发展起来，要先摆脱落后地位。

事情在1912年中华民国建立和1914年第一次世界大战后发生了变化，民国政府的议会制实验导致了更严重的腐败、虚伪与混乱，中国人民心向往之的欧洲也血火交织。中国的思想界大受震动：曾经大力倡导西学的康有为、严复退回到宣扬传统中华文化优越论的老路去了；而以《新青年》为领导中心的一批新文化运动领袖响亮地喊出了"德先生"和"赛先生"的口号，针锋相对地号召全盘引入西方思想和文化。在后者看来，西方制度引入中国"水土不服"的根子在于"文化不良"，文化不变，任何政治改革和社会改革都必然归于失败。正因此，《新青年》一开始便立意不议时政，专注于批判旧思想、旧道德、旧文化，倡导思想革命，就比"制度变革"更深入了。可是问题在于：由谁去改造文化呢？文化的改造怎么可能不受政治影响呢？即使成功了，文化运动怎样变成政治和社会运动呢？这对于新文化运动的领袖来说，都是"超纲题"，因为这是当时中国和时代的困境，亟须一种全新的社会改造主张。而十月革命正好提供了这个主张，因此，"不是马克思主义的理论逻辑，而是中国几十年来的政治演变结果和俄国十月革命之后的世界大趋势，使中国先进知识分子转向了社会主义"❶。这样就可以理解，为什么在1949年6月30日，毛泽东为纪念中国共产党成立28周年发表了《论人民民主专政》，在总结中国革命过去几十年斗争历程时说的那句名言了："十月革命一声炮响，给我们送来了马克思列宁主义。"❷

另一个问题是：如何看待马克思主义与中国化的马克思主义的关系问题？

---

❶ 张光明. 社会主义由西方到东方的演进[M]. 昆明：云南人民出版社, 2004：196.
❷ 毛泽东著作选读[M]. 北京：人民出版社, 1986：677.

一些西方学者质疑:"马克思主义中国化"的过程就是"脱离马克思主义"的过程。这种观念会严重干扰学生建立正确的马克思主义观,必须回到世界社会主义发展史中予以驳斥。

从理论上正式提出"马克思主义中国化"的命题相对较晚,要等到抗战时期了,意识到并着手解决这个问题却非常早,它是一个在长期艰苦斗争实践中由中国共产党人反复试验、从不自觉逐渐到自觉的摸索过程。之所以要进行马克思主义中国化,是因为中国不但大不同于工业化的西欧,也与俄国有很大区别。最核心的区别在于资本主义发展程度上的落后,这就导致了马克思主义在中国的运用具有其特殊性。举例而言,工业发展水平的落后导致中国缺乏先进的工人阶级,中国共产党领导的社会主义革命也就无法效仿西欧,领导以城市为据点的工人运动,只能走"农村包围城市,武装夺取政权"的道路。就党的性质来说,由于缺失代表先进生产力的产业工人,中国共产党注定无法成为列宁倡导的、由职业革命家领导的、以产业工人为主导的革命先锋队,在革命形势的逼迫下在农村斗争中成长为"布尔什维克化的无产阶级政党"。再以夺取政权的方式为例,马克思、恩格斯把夺取政权看作资本主义高度发展、工人阶级占尽优势之后的水到渠成之举;列宁则认为,要在资本主义发展的"薄弱环节"上由"先锋队"率领支持者"一击而中";在中国情况却完全不同,毛泽东强调要建立一支专门的军队来武装夺取政权,因为中国"不是一个独立的民主的国家,而是一个半殖民地半封建的国家;在内部没有民主制度,而受封建制度压迫;在外部没有民族独立,而受帝国主义压迫。因此,无议会可以利用,无组织工人举行罢工的合法权利。⋯⋯经验告诉我们,中国的问题离开武装就不能解决。⋯⋯每个共产党员都应懂得这个真理:'枪杆子里面出政权'"[1]。

这些都是社会革命阶段中国共产党对马克思主义的创造性发展,且大多数都是策略性的。不过,策略上的成功却带来了理论上的挑战,条件、手段、目标都不同了,取得的成果自然也就不同了。这个成果是什么?就是马克思主义中国化时代化的成果,包括毛泽东思想、邓小平理论、"三个代表"重要思想、科学发展观以及习近平新时代中国特色社会主义思想等。关于二者关

---

[1] 毛泽东选集:第2卷[M].北京:人民出版社,1991:542,544,547.

系，刘少奇曾在党的七大上作了一段堪称经典的解释："由于中国社会历史的发展有其极大的特殊性，以及中国的科学还不发达等条件，要使马克思主义系统的中国化，要使马克思主义从欧洲形式变为中国形式，就是说，要用马克思主义的立场与方法来解决现代中国革命中的各种问题……这乃是一件特殊的、困难的事业。……它是中国的东西，又完全是马克思主义的东西。"❶从世界社会主义发展的历史洪流中可见，中国的社会主义从一开始便离开了西欧"原型"，发生了适应性的改变，是世界大势和中国民族解放运动进程相互作用的结果，是历史演进的客观结果，对此不能有怀疑与犹豫。

谈到马克思主义中国化时代化的命题，尤其需要关注改革开放以来中国特色社会主义的问题。对于这个问题，国内和国外对中国特色社会主义有各种杂音和截然不同的评价，学生难免会接触到并产生疑问。对此，首先不能回避，回避不仅无法摆事实、讲道理，反而会把原本明确的马克思主义理论弄得模糊不清，如果"削足适履"地剪裁事实以适应理论，就会把马克思主义变成一种庸俗化的辩护工具。因此，要大胆公开地承认事实，并把中国的改革放到世界历史和世界社会主义历史发展的总进程中去理解。在落后的东方国家发展社会主义，从一开始就超越了马克思主义的规定，这就导致社会主义革命与建设必须进行改革。也就是说，从历史上看，中国的改革开放是世界社会主义长期演进的结果。

三、高校思政课现实呼唤世界社会主义的视角

厘清上述理论问题后，让我们回到思政课本身。当前，高校思政课反映出的一些问题正是由于缺乏世界社会主义的视野，要解决这些问题，需要把世界社会主义发展史作为框架、作为背景、作为史料融入教学体系，帮助学生形成更加全面、立体的社会主义认识，同时提高他们的国际视野和批判性思维。

（一）理论视野受限，缺乏世界历史视角

需要承认的是，当前高校思政课的教学内容大多集中于中国社会主义的

---

❶ 中国全鉴：第6卷［M］．北京：团结出版社，1998：5347．

发展和实践，哪怕是"马克思主义基本原理"的课程体系中，也更突出中国化的马克思主义。这种倾向和突出当然是必要的：一方面是由于学情所限，大多数学生对于世界社会主义、马克思主义发展史的内容缺乏了解，加入过多内容可能会产生混乱，冲淡中国特色社会主义的主体色彩；另一方面是由于抢占意识形态高地的需要，需要用最新的马克思主义理论成果武装头脑。但这种相对狭窄的视野在一定程度上会忽视社会主义发展过程中不同国家在不同阶段的探索与实践，导致学生对社会主义理论和实践的理解停留在单一模式上，缺乏对其他国家社会主义路径和理念的比较与反思。因此，缺少世界社会主义发展史的视野不利于学生认识到社会主义的多样性与复杂性，也不利于其深刻理解中国特色社会主义探索的曲折性与必然性，也就无法从古今中外的历史叙事中坚定社会主义信仰。

（二）缺乏历史深度与对实践的反思

当前的思政课课程设置虽然介绍了马克思主义的基本理论、中国特色社会主义的重大成果、中国近现代史中的关键人物与事件，但或侧重于抽象的哲学原理和理论传授，或侧重于具体成果描述与宏观意义总结，缺乏将其与世界社会主义发展史中的重大事件与变革进行联系，从而割裂了社会主义的世界性、当代中国的国际化。学生学习的多为理论而非历史的演变过程，缺乏对社会主义实践的全景式理解。例如，当前课程中关于苏联模式的失败、欧洲社会民主主义的改革、拉美社会主义思潮、现实社会主义等内容相对缺乏，使得学生很难从历史的角度理解社会主义思想的形成和演变，更难以反思和借鉴世界社会主义发展的经验教训。尤其是在全球化背景下，世界社会主义面临许多新的挑战，包括全球资本主义的冲击、国际政治经济的博弈、跨国合作与冲突等。思政课未能充分探讨这些全球性问题与社会主义理论的关系，使学生对于社会主义的现实困境和发展机遇缺乏深入认识。例如，社会主义国家如何应对国际经济制裁、如何参与全球治理等问题，是学生在现有的课程框架中难以接触到的，这不仅削弱了学生对全球政治经济环境的敏感度，也影响了他们对社会主义理论与实践的现代性认知。

(三) 缺乏对当代社会主义多样性的认知

随着 21 世纪全球政治经济格局的深刻变化，社会主义思潮、社会主义政党在多个国家呈现多样性发展路径，如欧洲社会民主党的复兴与挑战、拉美左翼运动的复兴、东欧的民众运动等，都是当代世界社会主义运动不可忽视的内容。然而，这些内容在高校思政课程中常常被忽略或简单化，从而使学生未能认识到社会主义的多样性与各国发展道路的具体差异，容易将社会主义理解为一种静态、单一的理论体系，也就限制了他们的思维深度与国际理解能力。同时，当前思政课更强调社会主义核心价值观的培育，更强调国家叙事的统一性，忽略了思想包容性与批判性的培养。尤其是缺少对世界社会主义不同形态和发展路径的讨论，导致学生对社会主义的理解常常停留在理论层面，缺乏实际的思考与辨析。

四、把世界社会主义发展史融入高校思政课的路径

社会主义从欧洲一隅燃遍全球，从 500 年前乌托邦发展至如今波澜壮阔的社会革命，它从空想到科学、从理论到实践、从一国到多国，构筑了世界社会主义发展史这部生动的史诗，蕴含着深刻的历史逻辑、理论逻辑和现实逻辑。将这部史诗融入高校思政课，不仅是引导学生树立正确历史观、坚定理想信念的必然要求，更是回应时代之问、照亮未来之路的迫切需要。

(一) 深化历史逻辑与理论逻辑的统一

世界社会主义发展史反映的不仅是一部实践探索的历史，更是一部理论创新的历史。从空想社会主义的浪漫憧憬到科学社会主义的理论突破，从马克思主义到列宁主义、毛泽东思想、中国特色社会主义理论体系尤其是习近平新时代中国特色社会主义思想，社会主义理论始终在与历史的互动中不断深化。要理解社会主义的过去、现在与未来，必须将历史逻辑与理论逻辑有机统一，在历史的脉络中把握理论的演进，在理论的阐释中揭示历史的必然。

例如，在解释《共产党宣言》时，要充分结合 19 世纪欧洲资本主义发展状况，阐释唯物史观和剩余价值学说的理论突破，在这个过程中，必然能够

体悟出科学社会主义诞生的历史必然性。可以采用专题化教学的方式，打破教材章节的限制，设计"从空想到科学：社会主义理论的诞生与演变""从理论到实践：社会主义运动的兴起与挫折""从一国到多国：社会主义制度的建立与改革"等专题，构建系统化的知识体系。也可以采用问题导向式教学，围绕"社会主义为何首先在经济文化相对落后的国家取得胜利""如何理解社会主义发展道路的多样性"等问题，引导学生进行探究式学习，培养历史思维和理论分析能力。还可以采用比较研究的思路，将科学社会主义与空想社会主义、民主社会主义等思潮进行比较，分析其理论渊源、核心观点和实践路径的异同，深化对科学社会主义理论品质的理解。

（二）注重历史叙事与价值引领的结合

历史不仅是事实的堆砌，更是价值的承载。世界社会主义发展史中，既有巴黎公社的英勇实践，也有苏联解体的深刻教训；既有十月革命的划时代意义，也有中国特色社会主义的辉煌成就。这些历史事件不仅是生动的教学素材，更是价值观教育的重要载体。通过历史叙事与价值引领的结合，学生在历史的回望中感悟信仰的力量，在价值的思考中坚定前行的方向。

例如，在阐述"东欧剧变与苏联解体"问题时，要结合整个20世纪世界社会主义发展的动因，分析社会主义建设的长期性、复杂性和艰巨性，引导学生树立正确的历史观。可以选取巴黎公社、十月革命、中国改革开放等重大历史事件，利用丰富的历史文献、影像资料和口述史料，还原历史场景，增强教学的生动性和说服力。也可以进行情景模拟教学，组织学生围绕"战时共产主义政策与新经济政策的争论""中国特色社会主义道路的选择"等历史议题进行角色扮演和辩论，加深对历史人物和历史事件的理解。还可以通过探究式教学，将历史事件与当代社会热点问题相结合，如讨论"巴黎公社的原则对当代民主政治的启示""苏联模式对中国社会主义建设的借鉴与反思"，引导学生从历史中汲取智慧。

（三）强化理论阐释与实践观照的互动

理论的生命力在于实践，实践的发展需要理论的指引。世界社会主义发展史充分证明，社会主义从来不是一成不变的教条，而是在实践中不断发展的科学。从苏联模式的探索到中国特色社会主义的成功实践,社会主义的理论与实践始终在互动中创新。将理论阐释与实践观照相结合,不仅能够帮助学生理解社会主义的理论精髓,更能引导他们关注现实问题,思考社会主义在新时代的实践路径与未来方向。

阐述中国特色社会主义的成功实践是贯穿各门思政课的主线,要通过横向的国际比较、纵向的古今比较,充分阐释科学社会主义在21世纪焕发出的强大生机活力,及其对于世界社会主义的重要意义。对于这一部分内容,可以采取生动的实践教学方法,组织学生深入农村、社区、企业开展社会调查,了解中国特色社会主义建设的具体实践,增强理论认同感和现实关怀意识。还可以进行学术前沿追踪,向学生介绍国内外学术界关于世界社会主义发展的最新研究成果,将新观点、新材料引入课堂,拓宽学生的学术视野。

将世界社会主义发展史融入高校思政课,需要构建多层次、立体化的教学体系,将理论阐释、历史叙事、现实观照有机结合起来,引导学生树立正确的历史观、民族观、国家观、文化观,增强中国特色社会主义道路自信、理论自信、制度自信、文化自信。

世界社会主义发展史是一部不断探索、创新与超越的历史。它既承载着人类对理想社会的追求,也映照着现实发展的曲折与辉煌。将这一历史融入高校思政课,不仅是为了回望过去,更是为了启迪未来,让站在新的历史起点的当代大学生,既有坚定的社会主义信念,更有投身社会主义建设的能力。

第三篇 实践创新:"大思政课"之教学赋能

马克思主义基本原理课"三融"教学设计的探索与实践

黄小惠[*]

内容提要：马克思主义基本原理课的教学改革应坚持守正创新，基于学情、教情分析，运用好教学情境、教学目标和教学方法等教学设计，综合开展"专题式融入重构教学内容、一体化融通提升教学设计、立体式融汇优化教学资源"的"三融"教学设计探索与实践，有效增强原理课教学的实效性。

关键词：马克思主义基本原理课；"三融"教学设计

习近平总书记在学校思想政治理论课（以下简称"思政课"）教师座谈会上强调："办好思想政治理论课关键在教师，关键在发挥教师的积极性、主动性、创造性。"[1] 思政课教师一定要不断推进教学改革，把思政课作为高校思政教育的主渠道作用发挥好。

以马克思主义基本原理课（以下简称"原理课"）为代表的思政课，主要任务就是让学生接受马克思主义的世界观、人生观和价值观的教育，学会用马克思主义的基本立场、观点和方法分析问题、解决问题，并在教学中实现认知转变、价值认可。通过原理课教学的探索与实践，从教学设计的改革切入，不断提高思政课教学的有效性、亲和力和针对性，从而达到教学目的。

---

[*] 黄小惠，女，哲学博士，北京石油化工学院马克思主义学院副教授，主要研究方向为政治哲学、思想政治教育。

[1] 习近平主持召开学校思想政治理论课教师座谈会［EB/OL］.（2019-03-18）［2025-02-19］. http://www.gov.cn/xinwen/2019-03/18/content_ 5374831.htm.

一、原理课教学设计有关问题分析

(一) 原理课传统教学模式

传统思政课的课堂通常是以老师为中心,老师讲,学生听,从概念到观点的层层理论推理在课堂上不时出现,或者停留在理论说教上,这种氛围静默而又缺乏互动的教学环境,很容易把学生从课堂上"隔离"开来。因为传统的教学模式以知识传授为主,更加注重培养学生对知识的掌握和知识体系的掌握。为了达到这样的教学目标,教师们更愿意采用"指令式"或"填鸭式"的教学方式,因为在直接教学中,学生和教师关注的是一种目标,即需要学习的知识,"学生了解当前学习的重要性,教师的示范和讲解能使学生确切地掌握一个过程的方法"❶。原理课知识点密集程度高,而且由于种种原因,教学班级人数众多,有效地保证课程教学的系统性,防止教与学混乱,这种直接授课的传统方式很容易被老师们所采用。但这种教学模式没有或者较少考虑到大学生群体的特性,学生的参与意识被剥夺、表现欲望被压抑,循规蹈矩的教学方式使学生感到无聊。这种"满堂灌"式的授课方式,并未换来令人满意的授课效果。

"设计"一词的含义是在做某项具体事情之前,预先制定好实施方法、图样等,当然方法和图样是根据其具体目的的要求来设置。教学设计的含义是指"运用系统论的观点和方法,按照教学规律和教学对象的特点,设计教学目标,规划课堂教学全过程诸因素的相互联系和合理组合,确定实现教学目标的方法、步骤"❷。为此,从教学的主阵地课堂上下功夫,改变单向度的灌输式宣讲,从教学设计入手进行教学方式的改革,应当是有益且必要的。

(二) 原理课学情、教情分析

原理课是面向高校各本科专业开设的公共基础必修课,作为思政课课程

---

❶ SPIEGEL D L. Blending Whole Language and Systematic Direct Instructi [J]. Reading Teaching, 1992, 46 (1): 38-44.

❷ 索桂芳. 论课堂教学设计 [J]. 河北师范大学学报, 2001 (2): 115.

群的理论基础课,具有政治导向性强、理论抽象度高以及学习理解难等特点。因此在着手开展教学设计改革前,教师要做好充分的思想准备和调查准备。

信息时代,特别是人工智能所带来的知识和授课方式的变化,我们都深有感触,教师已不再是知识权威,世界上任何一个地方出现的新知识、新现象几乎都是以同步的方式传播的。大数据时代下多元文化和价值对学生的冲击,更是教师不得不面对的开放性背景。教师要思考作为教师的角色定位、通过教学能给学生带去什么、原理课的教学目标是什么等,对这些问题的思考将直接影响后续的教学设计。对授课对象进行充分的学情研究、对教情进行深入的研究剖析后,再进行教学设计才能取得理想的效果。

(1) 学情分析。原理课明确的政治导向性、理论抽象性,以及部分内容与高中重复,一定程度上影响了学生的学习热情。学生对原理课学习有"前置判断",即他们认为"结论是既定的、套路是明显的、知识是熟悉的",但实际上学生对部分基本原理一知半解。"前置判断"让学生对课程学习有一定的抵触心理和"疏离感",接受度不高。作为不折不扣的"网络原住民",现代大学生的学习和信息获取方式均与网络高度关联,甚至遇到问题也喜欢通过网络形式与老师沟通。

(2) 教情分析。原理课现行教材是统编教材,其体系科学完善,具有很强的理论性,但给学生的学习带来一定的挑战。学生专业不同,课程学习的知识背景和原理盲点不一,对课程学习的兴趣点、关注点、课程需求亦有区别。如果教学沿用原有的方式,对大体量教学内容的简单复刻,即偏重理论灌输、观点介绍,教学设计针对性不强,忽视学生的学习参与度与获得感,肯定不能满足学生的学习期待。原理课强烈的意识形态属性和理论抽象性特点,与学生认知偏好倾向于生动性、趣味性之间存在天然矛盾,必须打破原有以单一教材为主的课程资源供给方式,提供更加丰富、生动,符合学生认知特点的学习资源。

二、原理课教学设计改革的三个主要方面

原理课要设计出利于学生主体精神发展的教学环境,以马克思主义理论和实践为载体,在教学过程中发挥思政课的育人效果。与此相对应的是,原

理课教学设计改革重点在教学情境设计、教学目标设计和教学方法设计三个方面进行改革。

(一) 教学情境设计

正所谓"真理愈辩愈明",特别是思政课具有鲜明的价值导向,而与价值观相关的学习讨论,往往给人一种"仁者见仁,智者见智"的感觉,因此师生之间的良性互动,形成观点交锋,把价值观的理念准确地传递给学生,才是沟通中更需要的。因此,对以理论教学为主的原理课进行教学情境设计,设计和谐的教学情境,将为课程教学中的价值观教育奠定坚实而有力的情感基础。如何进行和谐教学情境的设计呢?

"教学相长"在教育过程中经常被提及,理想课堂应该有和谐的师生关系。构建和谐的师生关系,对教学活动的过程和结果都会产生直接的正面影响,而良好的师生关系有助于营造和谐宽松的课堂氛围,使师生产生愉悦的心理感受,有利于理解、记忆和运用相关知识,使学生在课堂上敢于发表自己的独立见解,在教学活动中,特别是对以理论学习为主的课堂,确实可以起到促进实现"教有所长"的作用。教师要鼓励学生大胆设想、敢于发声,把课堂主动权交到学生手中,消除学生参与课堂的心理障碍,教师要从思想上、行动上积极主动。让学生明白课堂是老师与学生交流互动的地方,学生对老师的观点可以侃侃而谈,让学生在与老师的互动中体会到成就感。教师要走下讲台,自觉地走进课堂,与学生交流讨论,甚至就某个问题、观点争论。这个教学情境的设计注意"要为学生的回答提供及时的反馈。关键的策略是要让学生感觉到教师在等待和倾听"❶。

教学情境的设计除了课堂教学情境,运用信息技术构建更加符合学生认知偏好的教学资源供给也是关键举措,这能有效拓展学生学习的课前课后时空,营造打破时空限制的教学情境,实现多元互促。

(二) 教学目标设计

教学目标是一切教学活动的出发点和最终归宿,其重要性不言而喻,教

---

❶ 赵佩霞. 有效的课堂教学设计与实施策略的研究[M]. 广州:暨南大学出版社,2012:16.

学目标的设计有以下几点需要特别注意。

（1）教学目标设计的整体性。以教学目标的整体性统领原理课的教学目标设计，而不是仅将其设计为某些特定章节的具体教学目标。原理课不同的教学内容都与整体教学目标存在内在联系，教师要转换视角仔细梳理、剖析教学内容，内置到不同专题的教学目标设计中。例如，物质、实践活动都与人类的价值追求存在紧密联系，在教学目标的设计中就可以将其与价值追求联系起来，进而分析价值理想，社会主义核心价值观教育作为整体教学目标的核心内容之一就是自然而然地渗透教学过程传递给学生。

（2）教学目标设计的层次性。根据教材的具体内容分层次设计确定课堂教学要达到的知识目标、能力目标。设定知识目标是为帮助学生准确掌握某些理论、概念等。例如，讲授"价值评价"，需要先确定该节课的知识目标，知识目标通常包含识记和理解，综合了解课程内容后将知识目标优先确定，有助于教师授课中有重点地围绕知识目标设计相关的课堂导入、知识点剖析方法等。相较于知识目标，教学目标中的能力目标属于较为高阶目标，原理课要"引导学生在学习过程中与真理展开对话，培养学生的批判性思考能力"[1]。例如，在讲授"价值评价"这一部分时，其能力目标的设计就是希望通过学习提高学生在实践中形成正确的价值评价能力，这对于大学生形成正确的价值观、理解和自觉践行社会主义核心价值观具有重要的现实意义。

（3）教学目标设计与现实的联系性。教学设计有意识地去将课堂学习内容与社会实践联系起来，可以更好地锚定感情和价值的培养目标，这正是课程价值观教育可以自然渗透的有效途径。例如，在"价值评价"这部分内容讲授中，确立的情感、态度和价值目标就是能运用价值评价分析其与价值观的关系，反观自我的价值观。在分析价值评价在实践中的三个作用时，引入当下正被热议且富有争议性话题，这种话题最能表现价值观的冲突，给予学生充分讨论的时间，分析其利弊，并让学生判断自己会做出怎样的价值选择，在讨论的结果中分析价值"选择"是由于价值评价的作用，学生通过这一过程就能较为准确地把握价值评价的作用。随后，让学生对社会上诸种对当代

---

[1] 郭昕，孙伟平.社会主义核心价值观融入高校思政课教学的价值意蕴、现状审视及对策探索[J].当代教育理论与实践，2024（6）：124.

大学生的评价展开大讨论，让学生在自我剖析的过程中反观自己的价值观。经过讨论和剖析的过程后，再进行不同价值观的比较，即能合理、有效地引导学生理解社会主义核心价值观。

（三）教学方法设计

所谓教学方法，是指教师在所确定的施教方案中采用的策略、手段和方式，要根据教学内容、学生情况、教学条件等确定，充分体现教师对各种情况的综合把握。在教学目标的达成过程中，合理设计教学方法，能起到重要的推动作用。以下总结介绍三种在原理课教学实践中较为常用的教学方法。

1. 主体式教学法

教学活动中主体的感受和体验十分重要，因此，如何在原理课的教学过程中有效激发学生的主体意识显得尤为重要。教师对学生一般较为了解，而且自己经历过学生时期，对学生在上课中的心理感受有所了解。然而，学生对教师的教学设计未必有十分清楚的认识，学生可能并不清楚教师为什么要进行这样的教学设计，提出这样的问题，甚至还会对教师在课堂上的诸多活动设计产生疑问，也就是为什么要进行这样的教学设计。创造机会让学生成为教学设计中的"老师"，使其对教学内容有更好的认识。

在教学实践中创造给学生做"老师"的机会，我们可以发现大部分学生都能较为投入地完成以小组为单位的"团体作业"，学生采用各种方法，运用如视频、辩论、微电影等表现方式，取得很好的效果。这种以学生为主体的主体式教学，不仅可以激发学生的主体意识，而且可以通过师生共同将教学过程中的各要素、各环节统一到课堂上，以"教师"的角色激发学生对"教学"问题的思考，并以"教学"的方式在学习中发现问题、解决问题，促进教学目标的达成。

2. 案例教学法

从现有的教学实践来看，已经大规模地推广运用了案例教学法。教师在日常的备课、阅读和信息查找中，要有意识地根据原理课的教学内容和特点，对相关案例进行收集、整理，甚至自己动手编写。在教学过程中有步骤地导入案例，引出问题，学生讨论和思考，直到老师的理论讲解。尤其是当一些案例与学生的切身体会紧密相连时，教学效果更为理想。案例教学法的最大优点是理论联系实际紧密，理论联系实际问题在案例教学中进行思考，也能使学生进一步加深对理论知识的理解，通过实际问题，使学生在案例教学中能够联系实际问题进行思考。

3. 合作式学习

苏联著名教育革新家阿莫纳什维利、雷先科娃提出"合作的教育学"理念，即让学生通过合作更加乐于学习、乐于参与，组建学习小组是开展"合作教育"的有效途径。学习小组的组建，为学生提供和其他同学共同学习、讨论问题、相互评价、相互帮助的机会，利于打破学生自我学习的封闭状态，获得较好的学习效果。因为，在以小组为单位的组织中，成员之间要分工合作，面对共同的任务和目标，成员之间进行协商合作，在头脑风暴中获得解决问题的灵感和思路，同时也有了学习其他成员长处的机会。在小组共同沟通协商完成不同学习任务的过程中，还能帮助培养学生的团体合作意识和与他人沟通的技巧。

三、原理课"三融"教学设计改革

基于原理课教学的学情和教情分析为基础，充分运用教学情境、教学目标和教学方法等教学设计，综合开展"专题式融入重构教学内容、一体化融通提升教学设计、立体式融汇优化教学资源"的"三融"教学设计，推动原理课教学改革。

（一）专题式融入重构教学内容

原理课要帮助学生系统掌握马克思主义基本原理，教学内容重构要紧扣重难点，在深耕教材的基础上，保证学生准确掌握并深刻理解基本原理。以专题化方式重构教学内容，以统编教材章节为基础设置统一的基本专题，即统一理论模块，聚焦时代课题，突出基本原理，在基本专题之下以不同的专题化视角激活建构教学内容。

教学内容以学生的认知水平为基础，以学科为基础，以学生的兴趣、爱好为导向重新建构。专题设计关注现实问题，突出原理课的针对性和时代感，切合学生的实际需求,符合时代的发展和变化。重点突出马克思主义基本原理的逻辑力量和方法论价值,引导学生在分析解剖现实问题中认识马克思主义理论的科学性和真理性,为马克思主义信仰"知"在何处打下基础。

(二)一体化融通提升教学设计

转变课堂教学模式和教学组织形式,融会贯通,提升教学实效,以"学、思、研、悟、行"五步教学法(见图3-1)进行教学设计。"学"之精讲导学是第一步,即教师授课与学生学习辩证统一,课前推送学生易于理解的资料,教师以专题形式精讲理论、分析问题。"思"之提问思考是第二步,"思"以问题为导向,内化于"学"的基础之上,突出学生个体对问题的思考,教师通过信息化手段实现与学生的互动,使学生的主体作用更好地发挥出来。"研"之共研互动是第三步,以小组为单位进行研究、讨论,形成小组的共识结论。"悟"之引导悟化是第四步,教师根据课堂教学时间、主题的复杂程度抽查小组的总结性观点。教师反馈、总结,回答共性问题,进行价值引导。"行"之践行展示是第五步,采用分散与集中、线上线下并行、课上与课下并行的方式,以微电影、微视频、专题报告、实践教学基地开展教学等多种形

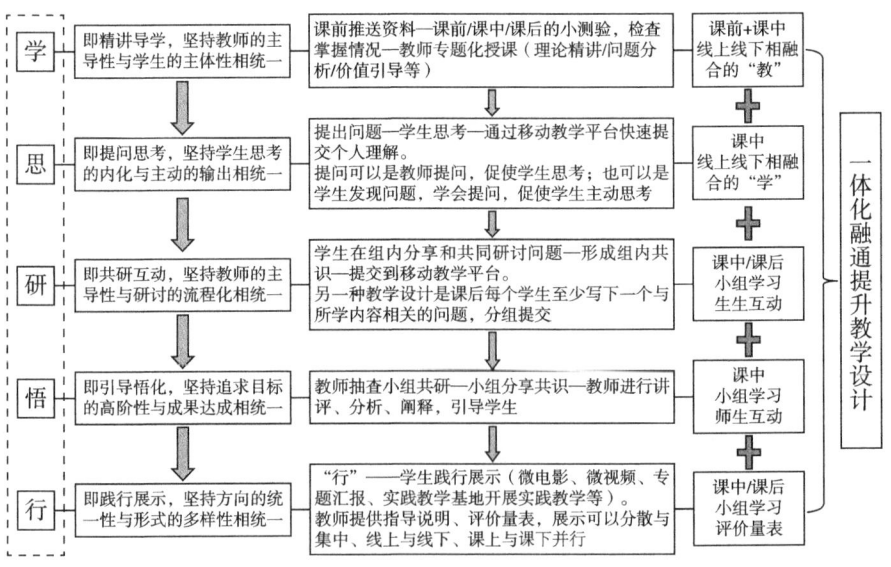

图3-1 五步教学法操作示意图

式展示学习成果。❶

五步教学法以相关任务引导学生自主学习，将课前、课中、课后全周期教学环节进行一体化设计，通过前置学习任务让学生预热，课堂专题教学与讨论激活学生兴趣与热情，实现线上线下相结合。有针对性运用群组学习法，研讨、分享、展示等以小组形式展开，增强学生间沟通与互动。一体化的教学设计融入也可以通过与第三方的联动，拓宽学生视野。如邀请相关专业老师走进课堂，以线上方式连线互动；一线采集来自不同地方、不同行业的工作人员对有关问题的理解，在课上与学生跨时空"互动"。结合学生喜欢从网络获取信息的特点，充分利用移动教学平台，依托信息化手段，开展多样化的教学活动，切实提高学生的学习参与度，做到师生互动、生生互动更加充分。

（三）立体式融汇优化教学资源

信息化时代的大学生更擅长从网络获取知识和信息，结合这一特点，建构立体的教学资源供给，打破原有以教材为主的较为单一的教学资源供给方式，拓宽空间时间，形成多元互促。立体式融汇基本原理、课程学习、原理运用、课程拓展等不同类型的教学资源，包含经典原著、教学课件、习题、知识框架思维导图、知识点录屏、教学案例、网络链接等多种资源，及时根据教学需要推送，并随时根据变化更新教学资源。利用信息技术提供更加符合学生认知特点的立体教学资源，营造打破时空限制的学习环境，推进原理课教学体系从扁平走向立体。基于移动教学平台构建的信息化学习环境，便于学生随时随地开展学习活动，实现线上线下及时联动，更加符合当代学生的认知习惯。

教师应当意识到原理课的"小课堂"上不仅仅只是教给学生一些有关马克思主义的基本观点、原理，更应当培养他们运用马克思主义的基本立场、观点和方法观察世界和当代中国，更深入认识"大社会"的理论思维。原理课的"专题式融入重构教学内容、一体化融通提升教学设计、立体式融汇优

---

❶ 黄小惠. 高校思政课"学、思、研、悟、行"五步教学法的探索与实践［J］. 北京教育：高教，2023（8）：82-84.

化教学资源"的"三融"教学设计，推进原理课由单一的理论课堂延伸到线上课堂、拓展到实践课堂，推进了原理课"理论课堂+"的教学改革。今后可以更好地发挥信息技术的优势，持续推进"人工智能+"赋能思政课，打造典型应用场景，为精准化、个性化的教学设计和课程资源供给奠定扎实基础，加大教学改革创新力度，努力打造原理"金课"。

马克思主义基本原理课要跟现实结合起来
——以"读《论持久战》，看中美大博弈"大作业为例[*]

陈运辉[**]

内容提要：本文探讨如何将大思政理念融入马克思主义基本原理课教学，以"读《论持久战》，看中美大博弈"的大作业为例，展示如何通过"读经典、看时代"的方式，引导学生关注重大社会实践，并以学促教，推动教学改革。

关键词：马克思主义基本原理；大思政；时代课题；教学改革；学生作业

习近平总书记指出："'大思政课'我们要善用之，一定要跟现实结合起来。"❶ 这是北京石油化工学院（以下简称学校）构建"三融四有五联""大思政课"育人模式的重要理念❷，也是马克思主义基本原理课（以下简称原

---

[*] 本文为北京市高等教育学会课题"经典文献研读提升《马克思主义基本原理》教学实效性的路径探究"（课题编号：MS2024029）的研究成果。

[**] 陈运辉，男，北京石油化工学院马克思主义学院副教授，主讲马克思主义基本原理、习近平新时代中国特色社会主义思想概论和自然辩证法概论等课程。

❶ 杜尚泽. "大思政课"我们要善用之（微镜头·习近平总书记两会"下团组"·两会现场观察）[N]. 人民日报，2021-03-07（1）.

❷ "三融四有五联"的"大思政课"育人模式：通过建立"融汇育人力量、融通育人环节、融合育人领域"的"三融"工作机制，解决"大思政课"工作协同不够的问题；通过建构"研讨有平台、教改有举措、实践有基地、活动有品牌"的"四有"教学改革模式，解决"大思政课"内容一体化设计不够的问题；通过实施"学院联行业、学科联产业、专业联企业、教师联生产、干部联政府"的"五联行动"，解决"大思政课"教学资源拓展不够的问题。

理课）作为核心基础理论课进行教学改革的重要理念，本文从"读经典、看时代"学生作业视角谈谈原理课教学改革的一些做法和体会。

一、对大思政理念的理解

为了深入理解马克思主义及其中国化时代化成果，全面推动习近平新时代中国特色社会主义思想"三进"工作，学校开展了"三融四有五联"的大思政课教学模式的改革，原理课亦贯彻此理念，紧扣时代课题和新闻热点重点，将党领导中国式现代化的实践和探索中国特色社会主义道路的生动故事带入课堂，实现课内外、师生间的协同育人。

思想政治教育一开始就是以实践为目的并在社会实践的真实舞台上进行的大思政，大思政理念是思政教育的题中应有之义。从原理课教改视角，其核心有三：一是激发学生主体能动性；二是坚持理论密切联系实际；三是坚持系统观念。

（一）激发学生主体能动性

秉承"以人民为中心"的马克思主义立场，思政教育尊重学生主体性，激发其创造性。通过破解学生疑惑、突出学生主体地位和以学习为中心的教学设计，多方面激发学生学习主观能动性。破解心中所惑是最好的内驱力，主动分享思考心得（教）是最好的学，服务学生学习和思考的需要充实改革理论讲授是正确的教改方向。

（二）坚持问题导向，理论密切联系实际

马克思主义具有鲜明的实践性，它不是抽象不变的教条，而是在回应时代挑战、指导实践发展的过程中不断创新和发展的有用真理。思政教育的根本目的是将马克思主义基本立场、观点和方法及其中国化时代化的最新成果全面、准确、及时有效地传达给广大人民群众，提高人民群众的思想觉悟和认识水平，增强道路自信、理论自信、制度自信、文化自信，具有鲜明的实践性。

以问题为导向，紧密联系实际，是提升教学效果的关键。通过深入剖析

社会热点、痛点和难点问题，引导学生运用马克思主义及其中国化理论成果进行专题研究和讨论交流，可以极大提高理论学习的针对性和实效性。学校要求，习近平新时代中国特色社会主义思想在京华大地生动实践在哪里，我们的思政课堂就在哪里。原理课教学改革方面则特别强调，要通过课堂的问题情境构建和教学案例的科学设计将更多的中国特色社会主义的理论创新与实践创新引入课堂。

（三）坚持系统观念，整体优化和持续改进

"善用大思政课"的底层逻辑在于整体设计和系统优化：重点在于教育资源多样化、多元主体协同化、课堂内外相整合，构建全过程、立体化的育人体系，实现各环节、各要素的有机衔接和协同配合。例如，学校构建"三融四有五联""大思政课"育人模式要求将校内思政课课程与课程思政结合起来；将学校大思政与社会实践结合起来，加强与企事业单位、社区等的合作，开展实践教学、志愿服务等活动，全面拓宽育人渠道。

二、"读经典、看时代"大作业设计

"读《论持久战》，看中美大博弈"是原理课"读经典、看时代"学生大作业中最受欢迎的一个组合，而"读经典、看时代"大作业包括上和下两个阶段，分别侧重"读经典和谈体会"与"研讨展示和分层推优"。

早期是两个先后布置、完全分立的"读经典谈体会"作业和"运用原理分析某问题的小论文"作业，2015年开始有所关联，2018年将小论文改为"围绕问题谈阅读经典的体会和思考"的交流展示活动，逐步对接形成整体设计、前后相继的两阶段作业形式。

（一）"读经典、看时代（上）——读书摘要与心得体会"作业

1. 设计思路

（1）要以问题思考引领经典阅读：也就是要将马克思主义经典作为研究和解决具体实践问题的世界观和方法论来阅读和理解，以"看时代"的方法论需求引领经典阅读学习。

（2）两个作业相互促进：以"读经典"提升思考高度，以"看时代"激活阅读价值。大学思政教育如何超越中小学？笔者以为，要以聚焦时代课题的研究性学习和研讨交流的展示来提升和标识大学阶段的原理课学习层次。"读经典"本身也要联系时代背景，要求读出智慧、读懂时代、读出精气神；"看时代"要聚焦热点、难点和重点，结合原典阅读的启发进行思考，学会将马克思主义基本原理转变为剖析问题和解决问题的方法论利器。

（3）以研讨展示的输出压力促进阅读思考的学习动力：两作业同时布置，并且先让他们观看上届同学小组研讨的优秀视频（作业下），以临场发言的情境压力促进读经典的动力：得想想"讲什么怎么讲"和"学什么有何用"，以此激发他们更好地完成前一个关联作业。

2. 过程安排

（1）开学初，在讲授导论"时代课题与马克思主义的当代价值"部分时介绍作业要求，展示上届学生的优秀作业（小组研讨视频和获奖情况），并在蓝墨云班课上发布作业任务和过程管理窗口。

（2）第二、第三周完成所关心"问题"和所选读"经典"的双选。首先，在"问题"选择上，在讲清"马克思主义与时代课题"的底层关联后，给学生观察剖析时代课题的八大因子参考框架（详见后文）；然后发起一次"我真关注过或想予重点研究的话题"云班交流讨论，每人先提三个问题，后持续优化。其次，基于前述问题和理论教学中的启发，选出若干自己打算阅读的经典著作，云班讨论中可先提2—3部，一周后聚焦。

（3）第十周完成"读经典、看时代（上）"作业：撰写6页左右的金句笔记（所选经典原则上全部读完，不少于3万字），摘抄的金句应加页边点评；围绕所选问题撰写1500字左右的经典阅读心得。这是以个人为单位的作业，线下提交手写纸质版、网上提交拍照版。

（二）"读经典、看时代（下）——组内研讨与汇报展示"作业安排

这是整体设计的"读经典、看时代"大作业之下篇，侧重于汇报研讨与逐级评优。

1. 设计要求

（1）聚焦问题，呼应升华。如果说大作业的上篇以"读经典"为重心，

那么下篇则侧重于"围绕问题谈体会作交流"。下篇是在"读经典、看时代（上）"内容的基础上生成的PPT和进行的交流研讨。

（2）人人汇报，有所交流。两个作业原则上是个人作业，但每个同学均须入组交流：小组人数以5人为宜，自由协商建组，个别落单学生最后由老师组织编组；由于云班"问题"和"经典"双选窗口公开可见，鼓励问题相近或经典相同的同学归入同组，实际运行中此类小组持续增加，但大部分是同宿舍的或一起玩的同学组成一组。组内研讨是重心，每人制作PPT并汇报展示6—10分钟，之后回答1—2个提问。要求小组全体成员原则上集中某真实空间（如图书馆研讨室）召开网上视频会议，录制的视频须露脸。

（3）三级推优。第一级是小组推优（1名），第二级行政班推优（每班2人），第三级则在大教学班交流展示并最终评优，汇报前老师要对推优选手逐一指导提高汇报质量，推优打分中学生占比60%，老师占比40%，最后产生一等奖1人、二等奖2—3人、三等奖3—4人。

（4）成绩考核。本作业得分由基本得分和奖励加分两部分组成。首先，基本得分是作业规定的10分。老师参考组内学生的相互打分平均（必须拉开1分以上差距）给出得分。学生评分有标准。其次，奖励加分有两部分：一是评优加分（一、二、三等奖分别为7分、5分、4分，小组评优为1分）；二是组织活动加分（小组长1分，班长2分），奖励加分用于补足平时成绩，超过部分原则上作废。

2. 过程管理

贯穿课堂教学全程，每次课前后花一两分钟跟踪督促。主要环节如下：（1）前后两个作业原则上同时布置，本作业第五周开始重点督导。（2）第六周完成小组组建。（3）提交前一作业后一周内，提交本作业要求的汇报PPT。（4）第十二周完成小组研讨（录像）并推优，越早完成评分有优惠加分。（5）第十三周完成班内推优，第十五周完成教学班评优。

（三）两作业质量管理的关键节点

1. 选好问题

发现和提炼一个好问题，事情就成功了一半；而时代感强且有兴趣的问题才是好问题。

（1）选择范围：马克思主义及其中国化（特别是上学期刚学完的习近平新时代中国特色社会主义思想概论课）所有自己可能感兴趣的论题都是选择范围。根据原理课理论工具结构，笔者提出了一个观察当代社会的四类八大因子参考框：压力类因子（资源环境压力和经济社会矛盾压力）、竞合类因子（企业之间与国家之间）、创新类因子（科技创新和机制创新）和主体性因子（基于人民性的中国共产党领导和基于经济利益的资本经营）。再结合课程教学的具体需要，重点推荐下列选题范围：中国特色社会主义或中国式现代化道路探索（含全面深化改革等系列问题）、中美大博弈（中美贸易战科技战）、科技革命改变世界（中国）、马克思主义及其中国化改变中国以及"中国共产党为什么能"等重大时代课题。

（2）问题提炼：以上选题根据所用理论工具，可以成为直接选题。若能进一步具体化、时代化，特别是在思考交流时有更好的主体代入感更好。

2. 选读原典

选读原典的本质是寻找分析和解决问题的方法论。

（1）基本范围：马克思、恩格斯、列宁、毛泽东、邓小平、江泽民、胡锦涛和习近平的相关著作、党史重要文献（如三个"若干历史问题的决议"）、"四史"读本等，以及一些可读性强的主旋律政论著作，如《苦难辉煌》《中国震撼》《中国触动》等。

（2）重点推荐：根据重点推荐思考的时代课题所需和学生兴趣偏好所向，重点推荐的主要有《论持久战》、《矛盾论》、《实践论》、《共产党宣言》、《习近平谈治国理政》（重点是党的十八大、十九大和二十大报告、"全面深化改革"的两个"决定"和相关说明）、《邓小平文选》、《关于费尔巴哈的提纲》、《费尔巴哈论》等。

（3）阅读方法：要了解时代背景和作品简介，要带着对自己要解决问题的思考氛围到书中找方法论；要读原典找方法，通过读原典找出的启发哪怕只有一个也是有价值的，每有启发及时记录下来。

（4）其他说明：可自选论著但建议与老师沟通认可一下，以免选择有失水准影响得分。建立云班"阅读书目选择"讨论窗口，前四周可改选。

3. 细化小组研讨要求

影响质量的关键因素有以下几个：一是提前一周交汇报PPT并建议小组内互相提建议；二是要求小组原则上要真集中在某地再开视频会；三是视频会议上每人露脸并交全部录像；四是提问要有针对性和时代性，有利于提升研讨氛围和质量，最好先有所安排，特别鼓励实际交流时激情发问；五是大教学班课堂汇报前教师要逐一指导优秀选手修改PPT并作好演练。

三、以"读《论持久战》，看中美大博弈"的重点组合为例

（一）"读《论持久战》，看中美大博弈"如何成为重点组合

（1）它是学生自发选择和逐步聚焦的结果。"读经典、看时代"作业中，学生选择一开始比较分散，"读《论持久战》，看中美大博弈"逐渐成为选择最多、学教效果最好的一个组合，特别是2018年美国与中国贸易摩擦以来，本选题占比迅速上升，平均近1/4，个别班级甚至接近1/3。

（2）它是联结马克思主义基本原理与中美大博弈时代课题的最佳中介。《论持久战》是毛泽东运用马克思主义基本原理分析抗日战争的成功典范，是马克思主义基本原理哲学智慧、理论力量和战略能力的精彩呈现，经过抗日战争实践的充分检验，获得广泛赞誉并产生了持久的影响。美国发起对中国的全面贸易冲突来，读《论持久战》迅速成为中国社会的热潮，许多学生就是因为中美大博弈时代挑战压力下才开始关注《论持久战》的，正是因为这一思考问题，需要推荐他们读原典，理解《论持久战》背后的马克思主义哲学原理如何为分析中美大博弈提供世界观和方法论，进而为"中国共产党为什么能……归根到底是马克思主义行，中国化时代化马克思主义行"认同教育提供了极为有力的支撑。中美大博弈本身涉及多方面的热点，可以方便地拓展到其他话题，它本身自带比较视角和过程视角，比如，习近平新时代中国特色社会主义思想的任何相关论题，一旦关联中美大博弈，就能立即催生新看点、激发新思考。

（3）《论持久战》有极高的综合素质教育价值，学生在读《论持久战》后所谈的感兴趣的话题虽以中美大博弈为多，但远不止于此，还包括中国特

色社会主义道路探索与实践发展过程、中国式现代化的进程、中华民族伟大复兴的艰难进程、企业发展过程、投资经营策略（有多位学生提到电影《繁花》中的爷叔向男主推荐投资生产前要先读《论持久战》）、人民性如何为企业竞争优势（联系华为和胖东来）、俄乌冲突、个人成长过程等众多话题。

（二）"读《论持久战》，析中美大博弈"组合以学促教

1. 新增和优化了教学的问题情境

中美大博弈话题是学生比较熟悉的一个热点话题，对于优化教学内容、改革教学方法有重要作用。层出不穷的新闻"故事"和日新月异的研究报告为现场教学构建起多样化的问题情境。参照毛泽东在《论持久战》中运用马克思主义基本原理分析抗日战争的方法，引导学生寻找具体角度运用原理分析中美大博弈。

2. 充实和优化了教学的时代内容

（1）在导论部分，"马克思主义的发展特别是中国化时代化"、"马克思主义的当代价值"和"马克思主义的学习方法"等部分内容可以很方便地渗透相关内容，穿插部分现场讨论，直接服务于前述学生作业的布置。

（2）在第一章"唯物论和辩证法"部分，在讲授"客观规律性与主观能动性""对立统一规律""质量互变规律""作为方法论的辩证分析方法""六种思想能力"等部分，都方便渗透相关内容。

（3）在认识论部分，讲完"实践—认识—再实践—再认识"的认识运动辩证法后，再理论联系实际地讲解，没有就读过任何军事院校的毛泽东，为什么能产生如《论持久战》那样的杰出军事战略分析的大智慧？新时代在破解美国对华全面贸易战过程中，以习近平同志为核心的党中央灵活运用马克思主义基本原理，敢于斗争善于斗争，以斗争促合作。通过这些问题的讲解促进学生提炼问题和深化阅读理解。

（4）历史唯物主义部分。介绍社会基本矛盾运动规律时，谈毛泽东在《论持久战》中如何将这些规律化为综合分析的认知框架和直指痛点的解剖刀，展开对中国和日本优劣势的全面分析和战略转换，讲授马克思主义的群众史观时，结合《论持久战》中的"兵民乃胜利之本"，介绍毛泽东"人民，

只有人民才是历史的创造者"的思想。这些讲授对于学生有重要影响，比如不少同学结合课堂点评，选择"读《论持久战》看企业的人民性竞争优势"为大作业方向，分析了马克思主义的人民立场和中国共产党的群众路线之于企业竞争力影响，评析华为与胖东来两家典型中国企业的巨大竞争力。

3. 以学促教，促进了以学习为中心的方法改革

根据作业安排，呼应学生需求，持续改进教学内容，不断优化教学过程和方法。

（1）细化课前"要闻点评+作业督导"安排。介绍学生感兴趣的要闻时，尽量运用马克思主义（及其中国化）的立场、观点和方法进行有一定力度的点评；现场展示云班作业窗口"双选"及完成进度，并关联点评。

（2）课中见缝插针地融入"所读经典+所谈话题"相关内容。与学生作业中的热点重点问题紧密关联：讲理论必扣时代课题，讲热点必有理论关联，以此为目标持续努力。

四、体 会

"大思政课"如何跟现实结合？原理课遵循结合的逻辑是"中国共产党为什么能，中国特色社会主义为什么好，归根到底是因为马克思主义行，中国化时代化的马克思主义行"。学生对"中美大博弈"之类的时代课题非常感兴趣，通过作业引导学生关注和阅读《论持久战》之后，绝大部分学生对于毛泽东在这部经典中展示的战略分析能力和辩证智慧赞不绝口，从而极大增进了对马克思主义世界观和方法论的认同。

从教师的教学需求来说，中美大博弈是一个具有新闻热度、学术深度和话题宽度的话题，是值得多角度持续发掘的教学案例库，有关新闻热点、研究报告和国家战略持续涌现，在教学中运用起来有综合效益。《论持久战》充满了马克思主义智慧、人民胜战的自信和中国共产党人的历史担当，具有多方面的教育价值。直面中美大博弈挑战，重读《论持久战》，可为青年学子提精神、长智慧，也为原理课教学改革提供助益。

经典文献研读提升马克思主义基本原理教学实效性的路径探析[*]

李淑敏[**]

内容提要：当前马克思主义基本原理课程教学实效性存在理论知识学习表层化、分析解决现实问题能力不足、价值引领功能发挥不充分等问题，其主要制约因素有信息化时代多元价值观的挑战、教材体系向教学体系的有效转化不足、传统教学方式难以满足信息化时代大学生的学习需求，文献研读基础薄弱与马克思主义理论学习的内在要求存在差距等。马克思主义经典文献研读在深化理论认知、提升辩证思维能力、增强价值引领等方面具有明显优势，是提升课程教学的有效途径。应从学情分析、文献资源选取、研读活动组织和研读成绩评定的路径中将经典文献研读有机融入课程教学体系，以期提升马克思主义基本原理课程的教学实效性。

关键词：马克思主义基本原理；经典文献；教学实效性；路径

新时代背景下，加强和改进高校思想政治理论课教学，特别是提升课程教学的实效性，是一项重要而紧迫的任务。本文分析当前马克思主义基本原理课程教学实效性中存在的问题及其制约因素，并在此基础上探讨经典文献研读提升马克思主义基本原理课程教学实效性的可行性路径，以期为课程教

---

[*] 本文为北京市高等教育学会课题"经典文献研读提升《马克思主义基本原理》教学实效性的路径探究"（课题编号：MS2024029）的研究成果。

[**] 李淑敏，女，哲学博士，北京石油化工学院马克思主义学院副教授，主要研究方向为马克思主义基本原理、文化哲学。

学改革提供有益的资源借鉴与策略参考。

一、马克思主义基本原理课程教学实效性存在的问题及其制约因素

教学实效性是指教学活动所能达到的预期效果和目标的程度,具体表现为学生对知识的掌握、能力的提升和价值观的塑造。就马克思主义基本原理课程而言,其教学实效性主要体现在学生对马克思主义理论的深入理解与掌握,运用马克思主义立场、观点、方法分析解决问题的能力,以及树立马克思主义的世界观、人生观和价值观。

当前马克思主义基本原理课程教学实效性存在以下不足:

第一,在马克思主义基本理论的理解与掌握上,存在理论知识学习表层化现象。学生主要通过教材的概括性表述接触马克思主义理论,导致对基本概念的理解停留于字面意义。例如,对"剩余价值"这一概念的理解局限于公式推导,而缺乏对《资本论》历史分析方法的了解与体悟。

第二,学生运用马克思主义方法分析解决现实问题能力不足。此问题的原因一是学生对基本原理的理解不够深入,二是学生的问题意识培养不够,三是课程教学中理论教学与实践教学衔接不够紧密。如教学过程中过于注重理论灌输,缺乏对学生实践能力的培养,导致学生在面对实际问题时缺乏分析和解决的能力。

第三,马克思主义理论价值引领功能发挥不充分。由于以上两个问题的原因,马克思主义基本原理在入脑入心上不够深入,这样会导致马克思主义的真理力量未能有效转化为学生的价值判断标准,从而影响了课程的价值引领功能。

影响马克思主义基本原理课程教学实效性的因素分析如下:

第一,从教学环境看,信息时代多元价值观的冲击对马克思主义理论教育带来挑战。

随着互联网、社交媒体等新兴媒介的普及,各种思潮、观念迅速在全球范围内传播,人们可以轻易地接触到多元化的价值观。价值观的多元化会形成更加错综复杂的社会思潮与社会意识景观。在这一背景下的马克思主义理

论教育中，如何对各种社会思潮予以科学地分析、评判，以及在此基础上加强对学生马克思主义的思想引领和价值观的引导，使其坚定马克思主义信仰，是一个具有挑战性的问题，需要付出更多努力予以解决。

第二，从教学内容看，教材体系向教学体系的有效转化不足，导致课程教学的针对性和吸引力不强。

现有马克思主义基本原理课堂教学中，学生的到课率普遍较高，但抬头率、互动率、点头率不高，学生学习的参与度、主动性和积极性仍需进一步提升。

马克思主义基本原理统编教材是教师授课和学生学习的核心内容和依据。在教材体系向教学体系转化过程中，主要面临的问题有两个：一是马克思主义基本原理教材与高中政治课教材在内容上多有重叠，学生大多已形成关于学习内容和结论的前置判断；二是"受制于有限的课时，教材内容教材框架以横向编写为主，缺乏逻辑推导的过程，多以结论性的表述呈现"❶。

教材体系与教学体系是有差异的。具体而言，教材体系更注重理论框架的系统构建和理论内容的完整阐述；而教学体系更侧重理论知识的传授方式和学生的学习形式、学习效果，因而注重强调教学过程的互动和教学形式的创新。因此，在教学内容上，实现教材体系向教学体系的有效转化，是实现教学实效性的关键环节。

在实际教学过程中，存在将教材体系简单等同于教学体系的问题，导致教学内容过于抽象、枯燥，缺乏与学生实际的紧密联系，导致课程的针对性、亲和力和吸引力不够。另外，还存在转化过程中缺乏足够的创新性和灵活性的问题，导致教学内容和教学方法单一、陈旧，难以满足学生的学习需求和期望。

第三，从教学形式看，传统教学方式难以满足信息化时代大学生的学习需求。

在信息化时代背景下，传统单一的"教师讲授+课件展示"的教学模式，已难以满足当代大学生日益多元化与个性化的学习需求。这一模式是以教师

---

❶ 王燕群，冯宸，杨劲方，等．思政课教学实效性提升的三重逻辑：以"马克思主义基本原理"课为例［J］. 北京教育：高教，2024（3）：62.

为主体,侧重于"一刀切"单向传递知识,忽略了学生的主体地位和个体差异。

信息化时代的学习特点表现为信息获取便捷、知识更新迅速以及个性化、多样化的学习方式。大学生的学习需求也发生了显著变化,他们希望通过更加丰富多样、个性化的教学形式来获取知识,如线上慕课学习、小组研学、混合式教学、翻转课堂等。这些教学形式不仅能够满足他们的学习需求,还能提高其学习兴趣和学习效率。

因此,马克思主义基本课程教学也应顺应信息化时代学生学习需求,充分利用信息化技术,积极探索和创新教学形式,提升课程教学的实效性。

第四,文献研读基础薄弱与马克思主义理论学习的内在要求存在差距。

马克思主义基本原理相较于其他的思想政治理论课而言,具有更强的学理性和思辨性。这一课程特质理论上要求学习者须具备较为扎实的文献研读能力和较为深厚的理论基础,才能深入理解马克思主义基本原理的理论精髓和深刻内涵。

在实际教学过程中,部分学生特别是应用型高校理工科大学生在文献研读方面的主动性不够,兴趣不高,更多是停留在表面阅读或者是碎片化阅读的层面。另外,在文献研读中缺乏系统有效的指导、合理的组织和评价体系,这些会导致学生缺乏文献研读的动力和方向。以上因素会导致学生的文献研读意识薄弱,无法深入理解和掌握马克思主义理论,从而也难以将理论与社会现实相结合,影响马克思主义理论的学习效果。

因此,在马克思主义基本原理教学过程中,需创新教学方式和教学手段,激发学生的主动性兴趣,加强对学生文献研读意识和文献研读能力的培养。

二、经典文献研读是提升马克思主义基本原理教学实效性的有效途径

马克思主义经典文献研读深度融入马克思主义基本原理课程教学,是提升课程教学实效性的有效途径。下面从必要性和现实可能性两个方面予以分析。

经典文献研读对于提升马克思主义基本原理课程教学实效性具有必要性。

第一,经典文献研读是深化理论认知的必然要求。习近平总书记指出:"马克思主义经典著作蕴含和集中体现着马克思主义基本原理,是马克思主义理论的本源和基础。"❶ 经典文献是马克思主义理论的源头活水,通过研读经典文献,可以深入理解马克思主义的精神实质和思想精髓,把握马克思主义理论的内在逻辑和科学性。在马克思主义基本原理课程教学中,一方面,经典文献可以提供丰富有效的教学素材和教学案例,这些可以直接融入教学内容;另一方面,经典文献中蕴含的辩证思维方法和逻辑能帮助学生超越表象化的结论记忆,深化理论认知。如对于唯物史观中的"两个必然"的教学,可以融入《共产党宣言》中"两个必然"的相关论述,特别是论证过程,可以帮助学生理解社会规律的形成机制和理论生成逻辑。

第二,经典文献研读是培养辩证思维能力的有效载体。研读马克思主义经典文献,意味着可以与经典作家进行一场超越时空的对话。在这场对话中,可以了解马克思主义经典作家在面临其所处时代的社会问题和社会矛盾时的所感、所思、所解,尤其是可以体会他们运用马克思主义世界观、方法论分析、解决时代问题的思考过程,这实质上构成了一个个辩证思维运用于不同时代社会实践的鲜活案例。这些鲜活的案例对于学生辩证思维能力的训练和培养具有重要价值。在经典文献研读中,还可以依据这些经典文献中的鲜活案例,结合学生的生活实际,引导学生运用马克思主义立场观点方法分析、解决实际问题,提升学生的辩证思维能力。

第三,经典文献研读是增强马克思主义价值观引领的关键路径。马克思主义经典文献具有独特的语言表达和逻辑建构魅力,不仅可以吸引学生的注意力,激发学生的学习兴趣;更重要的是通过研读经典文献,学生可以深刻了解不同时代马克思主义者的人生经历、精神信仰和价值选择,受到他们崇高人格力量的感染与熏陶,进而树立科学的世界观、人生观和价值观。比如《青年在选择职业时的考虑》,马克思的职业选择与人生追求可具象化为学生就业选择的精神坐标;在《关于林木盗窃法的辩论》中可以深刻体会马克思捍卫贫苦群众利益、追求法律公平正义的人民立场和人文关怀;在《自然辩

---

❶ 习近平.认真学习马克思主义经典著作,不断推进中国特色社会主义事业[N].人民日报,2011-05-14(1).

证法》中可以深刻感受恩格斯的科学批判精神；在《共产党宣言》中可以感受到马克思主义者胸怀天下，实现人类社会理想的责任与担当。

经典文献研读对于提升马克思主义基本原理教学实效性具有现实可能性。这种现实可能性主要表现在以下三个方面：

第一，经典文献资源获取的便捷性。丰富的电子资源库和网络平台资源突破了经典文献获取的时空限制，如马克思主义经典著作数据库、"学习强国"等网络平台可以随时随地进行经典文献阅读。

第二，经典文献研读形式的多样化与新颖化。信息化时代的经典文献研读，不再局限于传统的文字阅读，还可以通过音频、视频等形式进行；虚拟仿真技术还可以生动呈现经典文献的历史场景和理论脉络，增强研读的体验感；文本分析软件可以辅助学生制作思维导图和论证结构；等等。这些丰富新颖的形式会激发学生的学习兴趣，有效降低学生对经典文献抽象、枯燥的前置判断所带来的对经典文献的疏离感。

第三，经典文献研读空间的拓展。马克思主义基本原理教学班容量多为中班规模。受学时和班容量的局限，在课堂教学中开展系统的经典文献的研读活动具有较大难度，网络平台拓展了文献研读的空间。线上读书会、线上小组经典诵读接力、线上研读成果展示为经典文献研读活动中的师生互动和生生互动提供了更多可能。

三、经典文献研读提升马克思主义基本原理教学实效性的路径

经典文献研读提升马克思主义基本原理教学实效性的路径，包括学情分析、经典文献资源选取、经典文献研读活动组织、经典文献研读的成绩考核与评定等方面。

第一，学情分析。通过云班课或问卷星开展问卷调研，主要了解学生学科背景、对于经典文献研读的认知、经典文献研读基础、经典文献研读的需求、喜欢的研读形式等。

第二，经典文献资源选取。马克思主义经典文献卷帙浩繁，在课程开设的一个大学学期内进行研读，时间远远不够，因此经典文献资源的合理选取尤为重要。经典文献资源的选取主要遵循代表性、适宜性、时代性原则。一

是代表性原则，即选取反映马克思主义理论精髓和重要发展节点的代表性经典文献；二是适宜性原则，即依据学情调研反馈结果和教材章节内容，选取难度适中、与教材内容契合度较高的经典文献；三是时代性原则，即选取与社会时代问题具有紧密联系的经典文献。基于以上原则，选取的经典文献资源如下：

专题一：（1）恩格斯：《在马克思墓前的讲话》；（2）习近平：《在纪念马克思诞辰200周年大会上的讲话》；（3）习近平：《在庆祝中国共产党成立100周年大会上的讲话》。

专题二：（1）恩格斯：《反杜林论》第一编《哲学》（节选）；（2）列宁：《唯物主义和经验批判主义》（节选）；（3）毛泽东：《矛盾论》。

专题三：（1）马克思：《关于费尔巴哈的提纲》；（2）恩格斯：《路德维希·费尔巴哈和德国古典哲学的终结》（节选）；（3）毛泽东：《实践论》。

专题四：（1）马克思：《〈政治经济学批判〉序言》；（2）马克思、恩格斯：《德意志意识形态》（节选）；（3）恩格斯：《路德维希·费尔巴哈和德国古典哲学的终结》（节选）；（4）马克思、恩格斯：《共产党宣言》（节选）。

专题五：（1）马克思：《资本论》（第一卷）（节选）；（2）恩格斯：《家庭、私有制和国家的起源》（节选）。

专题六：（1）马克思：《资本论》第一卷（节选）；（2）马克思：《资本论》第三卷（节选）；（3）列宁：《帝国主义是资本主义的最高阶段》（节选）。

专题七：（1）恩格斯：《社会主义从空想到科学的发展》（节选）；（2）马克思：《哥达纲领批判》（节选）；（3）毛泽东：《论十大关系》。

专题八：（1）马克思、恩格斯：《共产党宣言》（节选）；（2）马克思：《哥达纲领批判》（节选）；（3）列宁：《国家与革命》（节选）。

第三，经典文献研读活动组织。主要包括以下几个方面：一是制订系统完整的研读计划，明确研读对象、任务和进度，并提前发给学生；二是给学生提供必要的经典文献研读辅导资料，发布在云班课等教学平台，如经典文献原文、导读、音视频相关资料等；三是课内研读和课外研读相结合，在经典文献资源中，选取一部分融入课堂教学内容，以教师领读、精读的形式进行，另选取适当篇幅、难度较低的经典文献指导学生课下选择性研读；四是个人研读与小组研读相结合，有效设计群组化经典文献研读，如小组合作进行经典文献研读，强化组内合作、组间互动，注重培养学生自主学习和主动学习的能力；五是研读效果的展示，指导学生采取多种形式展示研读效果，如在课上通过翻转课堂分享研读体会，拍摄情景剧、微电影等形式，调动学生文献研读的主动性与创造性。

第四，经典文献研读的成绩考核与评定。建立科学合理的经典文献研读考核方式是实现研读效果的重要保证。可以采用过程性评价和终结性评价相结合的方式。过程性评价包括课堂发言、小组讨论、平时测试等，如通过观察学生在课堂上的发言、讨论和小组合作情况予以评价，通过设计相关试题考查学生对经典文献的理解和掌握程度等。终结性评价可以采用小组专题汇报、情景剧拍摄、微电影制作、研读报告等形式。

综上所述，经典文献研读是提升马克思主义基本原理课程教学实效性的有效途径。习近平总书记强调："共产党人要把读马克思主义经典、悟马克思主义原理当作一种生活习惯、当作一种精神追求，用经典涵养正气、淬炼思想、升华境界、指导实践。"[1]通过经典文献研读，可以激发学生的学习兴趣；帮助学生深入理解和把握马克思主义的精神内涵和理论逻辑，提升其理论素养；增强学生的问题意识和辩证思维能力；强化马克思主义基本原理的价值引领功能。在教学实践中，应注重学情分析、经典文献资源的选取、研读活动的组织以及研读成果的考评等方面的工作，以期增强马克思主义基本原理课程的针对性和亲和力，进而提升马克思主义基本原理课程的教学实效性。

今后的教学实践中，可进一步探讨如何运用人工智能等新兴技术手段优化经典文献研读的内容与形式，以及如何将其有机融入马克思主义基本原理教学体系的长效机制。随着新兴教育技术的不断发展，以及教学模式的不断创新，经典文献研读在提升马克思主义基本原理教学实效性方面的作用将会更加凸显。

---

[1] 习近平. 在纪念马克思诞辰200周年大会上的讲话[M]. 北京：人民出版社，2018：26.

校企合作视域下应用型大学思政课教学改革创新研究[*]

李建华[**]

内容提要：随着大学教育改革的深入，校企合作已成为应用型大学人才培养的重要方式。在这一背景下，将校企合作融入应用型大学的思政课教学，不仅能够丰富思政课的教学内容和方法，还能有效提升学生的职业素养和综合能力。本文旨在探讨校企合作融入应用型大学思政课教学的意义、具体方式、教学设计，为应用型大学思政课教学提供参考。

关键词：校企合作；思政课；教学改革

将校企合作融入思政课教学，是新时代高等教育改革的重要方向之一。通过校企合作，应用型大学的思政课可以更好地贴近实际、贴近行业、贴近学生，增强课程的实践性和针对性，帮助学生树立正确的价值观、职业观和社会责任感。

一、校企合作融入应用型大学思政课的意义

思政课强调理论与实践相结合，实践性是其重要特征之一，帮助学生将所学知识应用于实际生活，提升综合素质。通过企业实践，将理论知识与现

---

[*] 本文系北京市高教协会面上项目（项目编号：MS2023023），北京石油化工学院教学改革项目"校史资源融入我校思政课教学的路径研究"的研究成果。

[**] 李建华，男，经济学博士，北京石油化工学院马克思主义学院副教授，主要研究方向为社会主义市场经济理论。

实问题结合,帮助学生更好地理解思政课的内涵。理论联系实际要求学生能够对现实问题进行客观分析,要求思政课的课程内容紧扣社会热点,引导学生运用理论分析现实问题,如社会公平、环境保护等。

思政课的实践性体现为学生社会调查能力的培养。思政课也要培养学生社会调查等社会实践能力。思政课要组织学生进行社会调查,深入了解社会现状,增强社会责任感。鼓励参与志愿服务,培养奉献精神和社会责任感。学生还要进一步把社会实践的认识上升到理论层面。通过班会讨论思政话题,提升思想觉悟。参与思政类社团活动,增强组织能力和团队精神。充分利用现代信息技术,利用网络平台进行思政学习,拓宽视野。通过社交媒体参与讨论,提升思辨能力。培养学生撰写实践报告的能力,总结反思,提升写作和分析能力。通过展览、演讲等形式展示实践成果,增强自信心和表达能力。思政课的实践性通过多种形式帮助学生将理论应用于实践,提升综合素质和社会责任感,是思政教育的重要组成部分。

思政课的实践性体现为学生未来工作能力的培养。思政课要提升学生的社会责任感,通过校企合作了解企业的社会责任,引导学生思考个人发展与国家需求、社会进步的关系。思政课要逐步探索培养学生的职业素养,通过校企合作,让学生接触企业文化和行业实践,帮助学生树立正确的职业观和工匠精神。思政课还要间接促进产学研结合,通过校企合作,推动思政课教学与行业需求相结合,培养符合时代要求的高素质人才。

二、校企合作视域下应用型大学思政课的教学方式创新

(一)企业实践教学基地建设

思政课的实践教育基地是学生将理论与实践相结合的重要平台,种类多样,涵盖多个领域。常见的实践教育基地包括红色教育基地、爱国主义教育基地、社会实践基地、企业实践基地等类型。红色教育基地和爱国主义教育基地是传统的思政课实践教育基地,红色教育基地,如井冈山、延安、西柏坡等纪念馆和博物馆,帮助学生了解革命历史,传承红色精神。烈士陵园,通过缅怀先烈,增强爱国主义情感。爱国主义教育如中国国家博物馆、军事

博物馆等,展示国家历史和文化。历史遗址,如长城、故宫等,增强民族自豪感。社区实践基地例如社区服务中心,可以让学生参与社区服务,了解基层治理,培养社会责任感,增强实践能力。

对高水平应用型大学来说,企业实践基地具有更加重要的意义。校企合作建立企业实践基地包括两种类型:国有企业和创新型企业。国有企业主要为学生提供参观或实习,了解国家经济发展和企业文化。创新型企业帮助学生了解科技创新和创业精神。思政课教师要深入联系,与本地知名企业合作,建立思政课实践教学基地,定期组织学生参观学习,带领学生了解企业的生产流程、管理模式、企业文化,特别是企业在社会责任、绿色发展、科技创新等方面的实践。在"双碳"目标的大背景下,组织学生参观智能制造企业、绿色能源企业等,了解企业在实现"双碳"目标中的努力,为学生提供丰富的实践机会,帮助他们更好地理解和应用思政理论。

(二)企业专家进课堂

首先,企业家精神如爱国情怀、社会责任感、创新精神等,都是宝贵的思政教育资源。通过讲述爱国企业家的故事和事迹,可以激发学生的爱国情感和奋斗精神。将企业家精神融入思政课,特别是强调爱国企业家精神,对高校思政教育具有重要意义。邀请企业管理者、技术专家、劳模等走进思政课堂,分享他们的职业经历和人生感悟。围绕"职业精神""科技创新""社会责任"等主题开展专题讲座。邀请企业家讲述创业故事,或邀请一线工人分享工匠精神。这些内容不仅可以丰富思政课内容,还能提升学生的爱国情怀和职业素养。

其次,企业专家是市场经济的亲历者,是创新创业的实践者。融入企业家精神有助于培养学生的市场意识、创新思维和解决问题的能力。思政课应结合企业家精神的实践案例,引导学生将理论知识与社会实践相结合。鼓励学生学习企业家精神,积极参与创新创业,为社会经济发展贡献力量。综上,企业家精神融入思政课是提升高校思政教育效果的有效途径。在思政课教学中融入企业案例,特别是企业在履行社会责任、推动科技创新、践行绿色发展等方面的实践。结合"四个自信""人类命运共同体""工匠精神"等思政课主题,分析企业的典型做法,讨论华为的自主创新精神、阿里巴巴的数字化转型、国家电网的绿色发展实践等。

如中建材玻璃新材料研究院集团有限公司党委副书记周鸣讲授《一块玻璃的蝶变——新质生产力的蚌埠实践》。在这堂思政课上，周鸣介绍了中建材玻璃新材料研究院集团有限公司近年来的发展历程和取得的光辉成就，并指出新质生产力的核心要素是科技创新，必须发扬吃苦耐劳、努力拼搏的精神，才能攻坚克难，将专业领域的创新突破转化为经济发展的内驱动力。他强调，在百舸争流的时代大潮中，必须以技术创新和科学进步作为支撑，加快传统生产力向新质生产力的过渡转化，推进经济高质量发展。

（三）校企联合开展主题实践活动，将企业文化融入课程内容

应用型大学可以与企业合作设计思政课实践项目，如社会调研、志愿服务、创新创业活动等。围绕企业社会责任、行业发展趋势、区域经济发展等主题开展调研或实践活动。组织学生参与企业公益项目，如环保宣传、社区服务等，增强社会责任感。通过角色扮演，模拟企业决策过程，体验企业文化对决策的影响。通过团队任务，培养学生的合作精神和责任感，体现企业文化中的团队价值。

将企业文化融入思政课是一种创新的教学方式，能够帮助学生更好地理解理论与实践的结合，提升职业素养和社会责任感。思政课可以选取具有代表性的企业案例，分析其文化、价值观和社会责任。例如，华为的"狼性文化"与创新精神，阿里巴巴的"客户第一"理念等。通过案例讨论，引导学生思考企业文化与社会责任、国家发展、个人价值观之间的关系。组织学生参观企业，亲身感受企业文化的实际运作。安排学生到企业实习或参与企业项目，体验企业文化对员工行为的影响。邀请企业家或高管到课堂分享企业文化、管理经验和社会责任实践。学生与企业家直接对话，探讨企业文化与个人职业发展的关系。将企业文化与社会主义核心价值观进行对比分析，探讨两者如何相互促进。强调企业在实现经济效益的同时，如何履行社会责任，推动社会进步。通过分析企业文化，帮助学生理解职业道德、职业素养的重要性。结合企业文化，引导学生进行职业规划，明确个人发展目标。通过分析企业的创新案例，探讨企业文化如何推动创新。培养学生的创新思维，鼓励他们在未来工作中勇于创新。分析企业在环保、公益等方面的实践，探讨

企业文化如何推动社会责任的履行。通过讨论，增强学生的社会责任感，理解个人与企业对社会的影响。分析跨国企业的文化融合与全球化战略，探讨企业文化在全球化背景下的作用。跨文化理解，培养学生的跨文化理解能力，为未来在全球化环境中工作做好准备。通过分析企业中的个人成长案例，探讨企业文化对个人发展的影响。引导学生反思个人价值观与企业文化的契合度，明确未来发展方向。

（四）校企合作开发课程资源，企业参与思政课评价

应用型大学可以与企业合作开发思政课教学资源，如案例库、视频课程、虚拟仿真项目等。将企业的真实案例、实践场景融入思政课教学，增强课程的吸引力和感染力。制作企业社会责任实践案例视频，或开发虚拟仿真项目模拟企业决策过程。结合企业的实际需求，设计创新创业项目，引导学生思考如何将个人发展与国家需求、社会进步相结合。围绕"科技创新""绿色发展""乡村振兴"等主题，开展创新创业实践活动。与企业合作举办创新创业大赛，鼓励学生提出解决行业实际问题的方案。邀请企业代表参与思政课教学评价，从行业视角提出改进建议。企业对学生的实践表现、职业素养、社会责任感等方面进行评价。企业代表参与学生实践成果展示的评审，或为学生提供职业发展建议。结合学校和企业实际，建立具有校企特色的考评体系，全面评价学生的综合素质。将评价结果作为学生发展党员、评奖评优的重要参考指标，激励学生积极参与思政课学习和实践活动。

三、校企合作视域下应用型大学思政课的教学设计创新

（一）校企合作融入课程主题设计

以职业精神与工匠精神为焦点，通过企业实践，帮助学生理解爱岗敬业、精益求精的职业态度。结合企业的技术创新案例，培养学生的科学精神和创新意识。通过企业的社会责任实践，引导学生树立绿色发展理念，家国情怀与行业担当，结合行业发展趋势，帮助学生理解个人发展与国家需求的关系。

（二）校企合作融入教学方法设计

引入企业真实案例，增强教学的针对性和说服力。设计企业决策场景，帮助学生理解复杂的社会问题。围绕企业实际问题，开展小组调研或项目设计。组织学生与企业代表座谈，交流职业发展和社会责任等话题。

（三）校企合作融入实践环节设计

组织学生深入企业，了解行业现状和发展趋势。围绕企业社会责任、行业政策等主题开展调研。参与企业组织的公益活动，增强社会责任感。

四、结　论

校企合作融入应用型大学的思政课教学，不仅能够丰富课程内容、增强实践性，还能帮助学生更好地理解个人发展与国家需求、社会进步之间的关系。通过校企合作，应用型大学思政课可以更好地发挥立德树人的作用，为培养德才兼备的新时代人才提供有力支撑。

校企合作融入应用型大学的思政课教学应注意加强校企沟通，建立校企合作长效机制，明确双方的责任和义务。应用型大学的思政课应不断完善课程设计，根据企业需求和行业特点，优化思政课教学内容和方法。应用型大学的思政课应逐渐强化师资培训，鼓励思政课教师深入企业调研，提升实践教学能力。应用型大学的思政课要注重成果转化，将校企合作成果转化为教学资源，如案例库、教材、视频课程等。

AI 技术应用于马克思主义基本原理教学实践的方法探索

石 泉[*]

内容提要：文章探讨了人工智能（AI）技术在马克思主义基本原理教学中的应用与创新。通过课堂教法实践分析 AI 技术在马克思主义基本原理教学的优势，并对其局限性进行讨论，提出了技术应用与人文教育的平衡策略，为推进马克思主义理论教育的现代化提供了辩证思考。通过实践发现，AI 技术能够在课堂教学中提升效率且丰富教学手段，但也存在创造性思维培养受限等问题。因此，在推进 AI 赋能教学的过程中，需要坚持技术工具性与教育目的性的统一，实现技术应用与人文教育的有机结合。

关键词：人工智能；马克思主义基本原理；教学方法创新；技术应用；教学实践

马克思主义基本原理是高校思想政治教育的重要组成部分，对于培养学生正确的世界观、人生观和价值观具有重要意义。当代学生已经面临从"互联网原住民"到人工智能新人的急速转变，教师在课堂教学中不可避免地面临 AI 的挑战。在此背景下，如何在教学中利用 AI 赋能教育已成为教育改革的重要方向。本文旨在探讨 AI 技术如何创新马克思主义基本原理教学，提高教学质量和效果，为推进马克思主义理论教育的现代化提供新思路。

---

[*] 石泉，男，哲学硕士，北京市石油化工学院讲师，主要研究方向为思想政治教育。

一、AI 时代马克思主义基本原理教学的现状与挑战

AI 技术迅速发展并在人类生活的众多领域展现出广阔的应用前景，正如互联网时代的迅速到来一样，众多学科的教育方式在 AI 蓬勃发展的时代同样面临机遇与挑战，马克思主义基本原理作为重要的思政基础课程同样不能闭关自守，需要正确把握机遇、解决问题、拥抱 AI。

首先，马克思主义基本原理课堂的传统讲授式教学模式在互联网兴起的时代需要争夺学生的注意力，"抬头率""关注度""同步率"等重要的考查指标在 AI 时代更需要得到重视，用来解决课堂参与度不高的问题。其次，马克思主义基本原理是教学内容理论性较强的课程，学生在面对哲学史、哲学原理、相关名词的时候难以将抽象概念与现实生活联系起来，影响了理解效果。最后，通过笔者历时三年的课前调研发现，北京高考下的学生因为高中选修科目的不同，对于高中政治的学习深度、相关内容的记忆有极大差距，大班授课模式下，教师难以兼顾每个学生的学习需求，个性化指导存在供需不平衡的情况。

这些挑战的存在，不仅影响了教学质量，也制约了马克思主义基本原理教学效果的实效性。因此，探索新的教学模式和方法，提高教学的吸引力和有效性，成为当前马克思主义基本原理教学方法提升的迫切需求。

二、AI 技术应用在马克思主义基本原理教学中的实践探索

AI 技术在马克思主义基本原理教学中的应用是否具有可能性，需要结合教学实践和其特点进行逐项分析，笔者在教学实践中通过运用 AI 技术软件进行了初步实践探索，总结出"1+2+N"的辅助教学方法，即"1 个学习互动小组+2 份 AI 辅助作业+N 次小组互动讨论"。辅助教学方法以 AI 技术的优势特点为基础，采用教学评价相关软件"云班课"，结合"豆包""ChatGPT""Kimi"等进行进一步教学互动。

具体方案如下：第一，通过云班课建立学生讨论小组，为技术探索奠定基础。在教学过程中，学生需要充分利用 AI 技术辅助课程学习，考虑到学生之间对于 AI 技术运用能力的差别，以小组集体行动有助于学生之间的充分交

流。第二，以小组为基础布置第一份 AI 辅助作业。在 2024—2025 学年教学过程中，四个教学班同步开展了以"AI 再现马克思主义发展史""AI 技术辅助理解原理"的课后作业活动。"AI 再现马克思主义发展史"要求学生选取马克思主义发展历史中著名的人物、事件利用 AI 绘图技术进行准确再现并进行文字描述。马克思主义史作为帮助同学理解理论、了解理论诞生背景的重要教学内容，历史虽然不能重现，但 AI 技术赋能之下，学生可以通过相关软件再次看到"十月革命""巴黎会面""马恩友谊"等历史场景，同时也可以通过小组讨论进一步优化场景，在学习、应用 AI 的过程中加深对于马克思主义思想发展史的了解。第三，第二份作业要求学生利用 AI 辅助制作一份马克思主义基本原理学习 PPT，制作学习 PPT 不仅是梳理知识点的过程，还是加深对于原理记忆的过程。通过和同学交流及批改作业发现，对于知识框架结构的整理通过 AI 技术可以更高效、更准确地转化为可视的结构图，极大提高了学习的效率。第四，利用 AI 技术的便捷和快速，开展课堂讨论和小组活动时可以更加准确帮助"零基础"的学生进入角色，让学生在有限的课堂讨论中迅速进入状态，减少传统教学模式中知识速度慢、学生讨论有效时间不足等问题。

三、AI 技术在教学实践中的优势和局限

通过笔者的教学实践总结，基于 AI 技术不断迅速发展的潜力，从早期的"ChatGPT"到近期出现的"DeepSeek"。我们可以探索以下创新路径：首先，需要利用愈加发展的 AI 技术构建智能教学系统，整合丰富的教学资源，实现教学内容的智能推荐和个性化学习。系统可以根据学生的学习进度和兴趣，推送相关的案例、视频和阅读材料，提高学习的针对性和有效性。其次，利用 AI 技术强大的算力构建真实生动的学习场景、激发兴趣，让马克思主义基本原理成为鲜活的现实问题。再次，利用 AI 技术提供的算力支持，优化教学资源的供给，将马克思主义基本原理与现实问题相结合。通过模拟各种现实情境，让学生在实践活动中加深对理论的感悟，提高理论联系实际的能力。最后，利用机器学习算法，为每个学生制定个性化的学习路径并提供全天候、全时段在线的学习辅助。当前语言处理技术不断提高，系统可以理解学生的

提问，提供准确的解答和相关知识链接，促进学生深入思考和探索。系统可以根据平时积累的动态学习数据，积极调整教学策略，提供适合的学习任务和挑战，激发学生的学习动力。

技术能够显著提升教学效率，可以提供智能化的引导，更可以促进教学资源的优化配置，但是在实践中也出现了许多需要思考的问题。首先，AI技术可以提供大量对于知识的解读，但无法从情绪感染、沟通交流方面对学生予以激发。马克思主义基本原理教学不仅是知识的传授，更是价值观的塑造和情感的交流。目前的AI系统难以完全模拟人类教师的情感表达和互动能力，可能影响教学的人文关怀和情感共鸣。其次，AI技术在课堂实践的应用中更多表现为知识内容的梳理，如果要提升学生的创造性思维，尤其是马克思主义理论强调的批判性思维，当前的AI技术主要基于已有数据和模式进行学习和推理，难以完全替代教师的创造性教学。最后，面对AI技术与马克思主义基本原理教学，我们需要进行辩证思考，寻求技术应用与人文教育的平衡。AI技术是教学的工具和手段，而非目的本身。在应用AI技术时，应始终以提升教学质量和培养学生能力为目标，避免为技术而技术的倾向。

首先，智能教学系统可以自动批改作业、分析学习数据，为教师提供精准的教学反馈，从而减轻教师负担，提高教学效率。AI相关技术能够显著提升教学效率。其次，AI技术丰富了教学手段。无论是虚拟现实还是场景重现，各类VR、AR技术的普及不仅可以创建沉浸式学习环境，将抽象的理论概念可视化、场景化，增强学生的学习体验和理解深度，更可以突破地域的限制，把万里之外的实践基地、场景带到学生身边，大大丰富实践手段。

四、在教学实践中不断提升AI技术的应用能力

AI技术为马克思主义基本原理教学带来了新的机遇和挑战。通过教学实践的总结，笔者认识到在推进AI赋能教学的过程中，需要坚持技术工具性与教育目的性的统一，实现技术应用与人文教育的有机结合。在下一步的教学实践中一定要加强AI技术与马克思主义理论教育的深度融合，让学生可以在更生动的环境中亲身体验，从而加深对理论的理解，这种沉浸式学习方式有效提高了学生的理论应用能力和批判性思维。通过教学反馈，90%以上的学

生认为AI技术的参与能够让自己提升学习兴趣和参与度，更加融入小组讨论的氛围。通过期末考试成绩分析，AI的参与提升了学生自学的效果，学生通过自学拓展知识可以达到的理论深度也得到了提升。

AI技术为马克思主义基本原理教学带来了新的机遇和挑战，在推进其应用的同时，也需要关注其局限性，注重与传统教学方法的有机结合，充分发挥教师的主导作用和学生的主体作用。未来，应进一步加强AI技术与马克思主义理论教育的深度融合，不断创新教学模式和方法，为培养具有坚定马克思主义信仰的新时代人才作出贡献。

中国近现代史纲要课程目标达成情况分析的新思路
——以北石化2024年秋季学期期末考试调查分析题为中心的研究

耿科研　刘　正　杨艺闻[*]

内容提要：高校思想政治理论课意义重大，中国近现代史纲要课程目标涵盖知识、能力、情感（价值）三个维度。本研究以北京石油化工学院2024年秋季学期"中国近现代史纲要"期末试卷调查分析题为研究对象，突破传统单一量化分析思路，运用文本分析、主题分析等方法，对605名学生作答进行质性研究。结果发现：学生回答篇幅与教师年龄、教学经验无显著关联，主要受知识掌握及表达能力影响；新民主主义革命时期和旧民主主义革命时期内容受关注度高，社会主义革命和建设时期等时段受关注少；LDA主题模型分析明确了"其他"类作答学生印象深刻的内容方向。基于此，提出应拓宽课程目标达成度分析途径、优化调查分析题呈现方式、破解学生整体史观偏弱难题，以提升课程教学质量。

关键词：中国近现代史纲要；课程目标；文本分析；主题分析；教学改进

---

[*] 耿科研，女，历史学博士，北京石油化工学院马克思主义学院副教授，主要研究方向为中国近现代史。刘正，男，北京石油化工学院安全工程学院安工G231，2023—2024年春季学期学生助教。杨艺闻，男，北京石油化工学院安全工程学院安工242，2024—2025年秋季学期学生助教。

一、引　言

高校思想政治理论课承担着对大学生进行系统的马克思主义理论教育的任务，是巩固马克思主义在高校意识形态领域指导地位、坚持社会主义办学方向的重要阵地，是全面贯彻党的教育方针、落实立德树人根本任务的主干渠道和核心课程，是加强和改进高校思想政治工作、实现高等教育内涵式发展的灵魂课程。

北京石油化工学院中国近现代史纲要课程《教学大纲》规定的课程目标包括知识、能力、情感（价值）三个维度。知识目标侧重于学生对学科知识的掌握，能力目标关注学生运用知识解决问题的能力培养，情感目标（价值目标）则着重于学生情感态度、价值观等方面的塑造。

具体而言，知识目标是通过课程学习，学生能够掌握中国近现代历史的主题和主线，深刻认识近现代中国革命、建设、改革的历史和近现代中国社会发展的进程，掌握近现代中国国情变化的历程，深刻领会"四个选择"，即历史和人民怎样选择了马克思主义，选择了中国共产党，选择了社会主义道路，选择了改革开放；深刻领会"三个为什么"，即中国共产党为什么能、马克思主义为什么行、中国特色社会主义为什么好。能力目标是通过课程学习，学生能够掌握运用科学的历史观和方法论分析和评价历史问题、辨别历史是非和社会发展方向的能力，自觉警惕和反对历史虚无主义。情感目标则是通过课程学习，学生能够厚植爱国情怀和历史责任感，增强民族自尊心、自信心和自豪感，坚定中国特色社会主义道路自信、理论自信、制度自信、文化自信，从而树立正确的世界观、人生观、价值观。

中国近现代史纲要教学应该寓"史""情""观"于一体，从知识、能力和情感/价值三个维度对学生学习目标达成情况进行考查是符合课程要求和特点的。❶ 教学实践中，知识和能力目标达成情况相对容易检测，因为无论是过程性考核还是期末检测，相关数据都可进行直观的量化分析，情感/价值达成情况的检测相对难以量化。早在2008年，《中共中央宣传部 教育部关于进一

---

❶ 王瑞瑞. 寓"史""情""观"于《中国近现代史纲要》教学研究［J］. 西部学刊，2023（18）：98-101.

步加强高等学校思想政治理论课教师队伍建设的意见》就指出，思想政治理论课教师必须切实提高教学水平，要了解和掌握大学生思想政治状况，积极探索科学的考试考核方法，重点考查学生的思想政治素质和道德品质，❶ 也就是要加强对学生情感/价值的关注度。

目前，北京石油化工学院课程目标达成度报告是以过程性考核成绩和期末考试不同题型的成绩为依据，按照教学大纲规定的权重逐项进行量化研究，并撰写达成度报告。本研究尝试突破以分值为中心进行单一量化分析的思路，选取课程期末试卷中的开放性调查分析题，综合运用文本分析、主题分析等研究方法，对学生在"中学近现代史纲要"课程中的学习目标达成情况开展质性分析。

此次研究选取的是2024年秋季学期期末试卷调查分析题，"请谈谈学习该课程的收获，比如你对该课程的哪一堂课或者哪一部分教学内容印象最深刻？为什么？"学生在调查分析题中反馈出来的知识点、陈述的观点、流露的情感具有重要研究价值。从微观层面来说，这些信息能够呈现学生对历史事件、人物、思想等方面的认知与表达，进而反映学生对课程内容的理解和掌握程度；从宏观角度而言，梳理学生答案中呈现的主要议题和核心观点，能够明确学生在学习过程中关注的重点领域和理解的深度层次；在价值观塑造方面，关注学生在答案中所体现的对历史、国家、民族的情感态度，及其对历史使命和社会责任的认知，能够比较准确地把握课程在立德树人方面所取得的成效。这不仅有助于了解学生的思想动态，及时发现价值观引导过程中存在的问题，还能够为后续的教学改进提供重要的参考依据，使课程教学更具针对性和实效性。

二、样本概况

2024秋季学期共有1453名学生参加期末闭卷考试，其中理工类886人，占比60.98%；经管类479人，占比32.96%；社科类88人，占比6.06%。

---

❶ 中共中央宣传部 教育部关于进一步加强高等学校思想政治理论课教师队伍建设的意见［EB/OL］.（2008-09-23）［2025-01-20］. http：//www.moe.gov.cn/s78/A13/s7061/201410/t20141021_178938.html.

本研究从课程教学团队中抽取 4 位任课教师的学生,样本总数共 605 人,样本群体除个别重修生外,均为 2024 级本科生(含普通本科和专科升本学生),专业类型、学生数及比例如表 3-1 所示。选取不同专业的学生样本,能够让我们更全面、更深入地了解教学方法在不同知识体系和思维模式下的适应性。在有限研究资源下,该规模可保证研究的可行性,同时能反映不同水平学生的学习状况,使研究结果具有一定的推广价值,为学校整体课程教学改进提供有效依据。

表 3-1 样本信息表(N=605)

专业性质	教师	班级	人数	占比(%)
理工类	A	样本班 1	105	60.00
		样本班 2	82	
	B	样本班 3	105	
		样本班 4	71	
经管类	C	样本班 5	101	25.95
		样本班 6	56	
社科类	D	样本班 7	85	14.05

教师方面,A、C、D 三位教师为教龄 20 年以上的中年教师,B 教师为入职两年的年轻教师,可对比不同教龄层次教师教学下学生学习效果的异同情况。通常,中年教师教学经验丰富,对课程内容把握精准,教学方法成熟,其教学成果能反映长期教学积累下的学生学习效果。年轻教师教学理念新颖,与学生代沟小,更了解当代学生的思维方式和学习习惯。对比二者教学班级学生的作答情况,可分析不同教学风格、经验对学生知识掌握、能力培养和情感塑造的影响,为教学方法的优化提供参考。

三、研究过程

(一)作答篇幅

试卷答题卡为 A3 对开两栏,调查分析题预留 22 行横格,预计可容纳 800 字。样本群体作答篇幅统计情况如表 3-2 所示。

表 3-2　学生作答篇幅情况对比　　　　　　　　单位：字符

统计量	A 教师学生	B 教师学生	C 教师学生	D 教师学生
均值	233.71	226.26	253.08	331.06
标准差	99.53	103.98	94.30	121.59
最小值	67.00	41.00	87.00	131.00
第一四分位数	159.25	154.50	178.00	242.00
中位数	214.50	205.50	246.50	321.00
第三四分位数	293.00	283.00	319.00	383.00
最大值	751.00	634.00	494.00	685.00

A 和 B 两位教师的学生样本同为理工类专业。从 A 教师的学生数据来看，平均答案长度为 233.71 个字符，说明就整体而言，学生答案有一定的长度。标准差为 99.53，表明答案长度的离散程度较大，学生之间答案长度差异较为明显。最小值 67.00 和最大值 751.00 的差距较大，进一步印证了这种差异。中位数 214.50 低于均值，表明部分学生答案篇幅较长，拉高了整体均值。根据第一四分位数值可以看出，A 教师学生样本中有 25% 的学生答案长度小于或等于 159.25 个字符，反映了较短答案部分的一个界限。第三四分位数又称上四分位数，其数值为 293.00，说明 A 教师学生样本中有 75% 的学生答案长度小于或等于 293.00 个字符，体现了较长答案部分的一个界限。

B 教师的学生平均答案长度为 226.26 个字符，与 A 教师学生样本基本处于同一水平。标准差 103.98 较前者略大，说明答案长度的离散程度稍高。最小值 41.00 小于前者，最大值 634.00 也小于前者，但样本整体差异依然较大。中位数 205.50 同样低于均值，也存在部分较长答案拉高平均值的情况。75% 的学生答案长度小于或等于 283.00 个字符。

A、B 教师的学生在答案平均长度、离散程度等方面非常接近，均值分别为 233.71 和 226.26，第一四分位数、中位数（第二四分位数）和第三四分位数同样非常接近。

箱线图（见图 3-2）可以更直观地展示 A、B 教师的学生样本数据分布形态、离散程度和偏态情况的相似性。箱线图中，箱体长度体现了四分位距的大小，表示的是样本数据中居于中间50%部分的跨度。

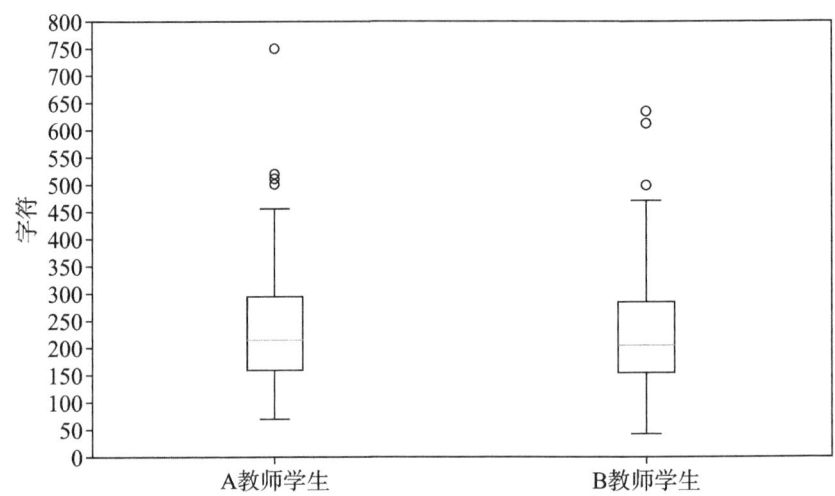

图 3-2　A 教师和 B 教师学生作答篇幅对比箱线

总体而言，在回答篇幅上，A 教师和 B 教师教学班的学生样本之间没有显著差异，学生回答篇幅长短与任课教师的年龄和教学经验没有显著关联，学生间的差异主要取决于学生对课程知识的掌握程度以及学生语言组织和文字表达能力的高低。优秀的学生不仅对课程内容掌握情况较好，能够比较清晰地回忆印象深刻的知识点，还能以较多的文字、较长的篇幅来陈述自己的观点。

C 教师教学班学生均值为 253.08 字符，标准差为 94.30，数值相对较大，表明学生作答的字符数存在一定的离散程度，但在四位教师的教学班中离散度是最低的。第一四分位数为 178.00，意味着有 25% 的学生作答字符数在 178.00 及以下；中位数为 246.50，即一半的学生作答字符数在 246.50 及以下；第三四分位数为 319.00，表示有 25% 的学生作答字符数在 319 以上。

D 教师教学班样本回答篇幅均值为 331.06，这表示学生作答的平均字符数约为 331 个。标准差为 121.59，说明学生作答的字符数存在一定的离散程度。最小值为 131.00，最大值为 685.00，两者差距较大，反映出学生之间的作答篇幅差异明显。第一四分位数为 242.00，意味着有 25% 的学生作答字符数在 131—242；中位数为 321.00，表明一半学生的作答字符数在 321 以上；

第三四分位数为 383.00，即 75% 的学生作答字符数在 383 及以下，也意味着有近 25% 的学生作答篇幅接近 400 个字符。

综合来看，作答篇幅由高到低排列依次是社科类、经管类和理工类。其中，社科类学生均值达到 331.06，这一数据比理工类学生均值高出 100 个字符左右。如此明显的差距，反映出不同专业学生在作答习惯和内容呈现方式上的巨大差异，这种差异性非常显著，也进一步印证了不同专业的学科特性和思维模式对学生答题表现的深刻影响。

（二）文本分析

通过文本分析法对学生作答内容进行解析和统计，明确学生印象深刻的课程内容分布情况，如属于哪些历史时段、占比情况，及样本群体反映出的共性和差异性（见表 3-3）。

表 3-3 学生印象深刻的内容分布情况

类别	A 教师教学班		B 教师教学班		C 教师教学班		D 教师教学班	
	人数	占比（%）	人数	占比（%）	人数	占比（%）	人数	占比（%）
旧民主主义革命时期	56	29.96	37	21.02	52	33.12	37	43.53
新民主主义革命时期	68	36.36	67	38.07	32	20.38	31	36.47
社会主义革命和建设时期	1	0.53	2	1.14	2	1.27	6	7.06
改革开放新时期	4	2.14	7	3.98	2	1.27	6	7.06
中国特色社会主义新时代	5	2.67	2	1.14	3	1.92	2	2.35
其他	53	28.34	61	34.65	66	42.04	3	3.53

文本分析结果显示，A 教师和 B 教师的教学班都对新民主主义革命时期的内容关注度最高，占比分别为 36.36% 和 38.07%。分析原因，这可能是由于这一时期是中国革命进程的关键阶段，发生了如五四运动、中国共产党诞生、抗日战争等具有重大历史意义且广为人知的事件。在教学过程中，教师

也将该时期的历史事件、人物等内容作为重点进行讲解，学生的印象更为深刻，所以在回答中提及的频率较高。旧民主主义革命时期也较受学生关注，占比分别为 29.95% 和 21.02%。这一时期是中国逐步沦为半殖民地半封建社会的时期，是近代化的重要探索阶段，众多的历史事件如鸦片战争、太平天国运动、洋务运动、戊戌变法、辛亥革命等对中国社会产生了深远影响，是教学重点，因此学生在回答中也较多涉及相关关键词。

C 教师和 D 教师的教学班对旧民主主义革命时期的内容印象深刻的比例更高，其中 D 教师学生中对该部分印象深刻的比例为 43.53%，C 教师的教学班为 33.12%。

对比来看，样本学生群体回答中对社会主义革命和建设时期、改革开放新时期以及中国特色社会主义新时代三个阶段的占比相对较低。实际上，这三个历史时段的教学课时分别为 6 课时、8 课时和 8 课时，占课程总学时的 45.83%。学生之所以在作答中较少选择针对这三部分内容进行回顾阐述，可能的原因一方面也许是相较于前两个革命时期，这几个时期的历史虽然距离学生生活相对较近，但因为内容非常丰富，视野广阔且线索多，学生在考场上短时间组织语言有一定难度，所以便选择了其他主题。另一方面，按照建构主义学习理论的观点，学习是学习者在已有经验基础上，主动构建知识体系的过程。在学习"中国近现代史纲要"时，学生并非被动接受知识，而是依据原有知识储备、自身经历和认知结构来理解历史事件与现象。比如，新民主主义革命时期的诸多重大历史事件，如五四运动、抗日战争等，学生无论是在以往学段接受学校教育的过程中，还是在影视作品、社会宣传的影响下，已形成较多认知基础，更易主动建构知识，所以印象深刻。

另一个非常值得关注的情况是，文本分析结果显示 A、B、C 三位教师的教学班中学生作答被归为"其他"一类的占比都非常高，分别为 28.34%、34.66% 和 42.04%。这部分的学生作答内容并非针对某一特定历史时期的特定历史事件，所以文本分析时无法将其归入上述五大历史时期中的某一阶段。换句话说，"其他"这部分学生的作答思路与前述各类不同，综合性更强，需要进一步细致研究。

(三) LDA 主题模型分析

LDA (Latent Dirichlet Allocation) 主题模型能够有效挖掘文本背后潜在的主题结构，以便更深入地了解学生印象深刻的内容。本研究对 A、B、C 三位教师教学班中"其他"一类学生的回答进行 LDA 主题模型分析，并计算出各类主题的占比情况（见表 3-4、表 3-5、表 3-6）。

表 3-4　A 教师教学班"其他"类主题分布情况

主题	主要关键词	占比（%）
列强侵略的表现	列强对中国的侵略行为，如军事侵略（发动侵略战争、虐杀人民）、经济掠夺（控制通商口岸、经济命脉）、文化渗透（通过宗教传播侵略）等方面	37.50
中国共产党的成长历程	百年党史的回顾，中国共产党在成长过程中经历的磨难，如"白色恐怖"、共产国际的错误指导、三次"左"倾错误、长征的考验等，表达了对党的崇敬和向党组织靠拢的愿望	33.33
学习体验与爱国情怀激发	老师的教学方式（如用语言、图片与视频相结合的生动展示）、学习任务的布置（如小组阅读学习报告）、对历史事件（如林则徐革职、长征）的认识，表达爱国情感和对唯物史观的拥护等	29.17

结果显示，A 教师教学班"其他"一类的学生中，回答列强侵略主题的占比高达 37.50%，即相当一部分学生对近代以后列强侵略中国的各种表现印象深刻。列强对华侵略行为本身的残酷性和对中国历史发展的重大影响，给学生留下了难以磨灭的记忆。

中国共产党的成长历程主题占比 33.33%，体现出学生通过课程学习，对中国共产党成长历程印象非常深刻。而且，课程对党百年奋斗历程的讲述，激发了学生对党的认同和向往，反映出这部分教学内容在培养学生的政治素养和价值观方面起到了重要作用。

另一核心主题是学习体验与爱国情怀激发，占比 29.17%，表明有不少学生印象深刻的内容与学习体验相关，或是老师独特的教学方式给他们留下了记忆，或是具有特色的作业任务等，同时这些教学方式或学习活动成功激发了学生的爱国情怀和对历史的深刻思考。换句话说，学习过程中任课教师生动的教学手段对学生的学习体验和情感培养具有重要作用。

表 3-5　B 教师教学班"其他"类主题分布情况

主题	主要关键词	占比（%）
小组作业与学习收获	小组作业、制作 PPT、探讨主题、寻找素材、学习收获	39.34
新文化运动、五四运动与英雄精神	新文化运动、五四运动与有为青年为国家救亡努力奋斗、英雄无畏	37.70
鸦片战争及其对中国各方面的深远影响	鸦片战争、近代史开端、中国社会性质的改变、主要矛盾的影响、对中国经济状态的冲击	22.96

B 教师教学班"其他"一类的学生中，回答小组作业与学习收获主题的占比 39.34%，说明在这部分学生的印象里，小组作业是一项非常重要的学习内容。这与 A 教师教学班部分学生反馈对小组阅读学习报告作业印象深刻具有共同性，同样符合建构主义学习理论的核心观点，即协作和对话是小组学习过程中不可或缺的环节，小组成员通过协作学习和交流共同实现知识建构。学生在完成小组作业过程中的共同探讨、制作 PPT 等经历给他们留下了深刻印象，也让他们有了不少收获，体现出小组实践类学习活动对学生的影响力。

37.70% 的学生印象深刻的内容与新文化运动、五四运动及其所展现的英雄精神相关。新文化运动和五四运动在中国近现代历史进程中具有重要意义，激发了学生对那个时代青年奋斗精神的关注和敬佩，反映出课程中这部分内容对学生有较强的感染力。

鸦片战争及其影响主题，占比 22.96%。鸦片战争作为中国近代史的开端和关键转折点，对中国各方面的巨大影响引起了学生的关注。由于这部分学生回答的着眼点不仅仅是鸦片战争本身，所以在文本分析的过程中未被直接统计在旧民主主义革命时期一类。

表 3-6 C 教师教学班"其他"类主题分布情况

主题	主要关键词	占比（%）
小组学习与展示	小组汇报、PPT 展示、合作分工、老师点评、实践活动	46.67
教学方法与感受	教学、老师讲解、印象深刻、生动有趣、感染	33.33
综合感悟	课程学习、思想收获、革命精神、民族、爱国、责任感	20.00

C 教师教学班"其他"一类，答案分别围绕小组学习与展示、教学方法与感受、综合感悟等展开。小组学习与展示类占比高达 46.67%，反映了学生对小组合作、分工展示和课堂互动的重视，认为这些活动有助于提升他们的团队协作能力和知识理解。教学方法与感受类关键词聚焦于教师的教学方法和学生的学习感受，如"生动有趣""印象深刻"等，表明学生对教师的教学方式给予了高度评价。综合感悟方面关键词较为广泛，涉及课程的整体收获、历史学习的意义以及学生的责任感等。

综上，LDA 主题模型分析进一步明确了被归类为"其他"的这部分学生印象深刻的内容方向，为进一步优化教学内容和教学方式提供了参考。任课教师在今后的教学中可以根据各主题的受欢迎程度，调整不同内容的教学比重，对于激发学生情感和价值观培养效果好的教学方式，可以进一步推广应用。

四、几点思考

（一）拓宽课程目标达成度分析途径

如前所述，以往课程目标达成度分析主要采用量化研究的办法，本次文本分析和主题分析的探索过程及发现显然能够与量化分析方法形成互补。传统量化分析聚焦成绩数据，新方法通过文本和主题分析，能够深入挖掘学生思维过程，探究学生对历史事件、人物、思想的理解与思考方式。例如，分析学生对五四运动的阐述，可了解其对该运动的背景、意义以及所蕴含精神的理解深度，挖掘思维逻辑，这是单纯的成绩无法呈现的。

中国近现代史纲要课程注重培养学生的历史使命感和家国情怀，新方法关注学生情感态度与价值观，能够捕捉学生在答案中对国家、民族、历史的情感态度。如学生在描述抗日战争时的用词和语气，可体现爱国情感、对历史的敬畏等，这对全面评估课程育人效果至关重要，而量化分析难以触及这些情感层面的内容。

每个学生对知识的掌握和理解都有独特之处。新方法可以详细分析每个学生的答案，发现学生个性化学习情况。比如有的学生对历史事件的细节记忆清晰但综合分析能力欠缺，有的学生善于联系现实却在基础知识上存在漏洞。了解学生在学习中的优势与不足有助于教师因材施教，为学生提供更具针对性的学习建议。

以分值为中心的量化分析只能从成绩反映学生学习水平，新方法能深入学生作答的观点和表述，发现教学中存在的深层次问题。比如学生普遍对某一历史时期理解困难，可推断该部分教学内容的讲解方式、深度可能存在问题，从而为教学改进提供更精准的方向。

以往，由于受到多种因素的限制，学生调查分析题的答案没有能够得到充分开发和利用，调查分析只是作为试卷上的一道题目出现，然后以一个分值终结（满分10分），形成了"有调查无分析"的状况。新方法重视并充分利用学生答案资源，深入挖掘其中的价值，真正将学生的思考和反馈转化为教学改进的依据，实现教学资源的有效利用，推动教学质量的提升。

（二）优化调查分析题的呈现方式

本次研究过程中，我们对调查分析题的提问方式进行了更多的思考，认为现有提问方式在考查学生能力方面存在一定局限性。问题本身更倾向于考查课程的知识目标，虽然能够获取学生对部分印象深刻的课程内容的反馈信息，但学生会在一定程度上忽视完整的历史脉络，难以从宏观上把握中国近现代史各阶段之间的内在联系，不利于整体史观的构建。

原问题中"比如"后面关于"哪一堂课""哪一部分教学内容"的表述，本意是想给学生举例，提示学生类似可供选择的答题方向，但这样的提示信息实际上不仅降低了题目的难度，而且限制了学生的思路。多数学生在考场环境下来不及仔细思考是否还有其他答题思路，往往直接按"比如"提供的角度，将注意力聚焦于回忆课程中的某个孤立片段或知识点。这样的回答思路主要体现的是对知识的记忆与复述，符合知识目标中对学科知识掌握的要求，而能力目标强调运用知识解决问题、分析评价问题的能力，现有问法未能充分引导学生关注和展现这些能力。例如，在原问题情境下，学生即便阐述了对某历史事件或历史人物印象深刻的原因，也多是基于个人感受或简单理解，很少上升到运用科学历史分析方法的层面。学生可能只是对五四运动的故事印象深刻，而没有从历史发展的必然性、阶级力量对比等角度进行深入分析，难以体现对其能力目标的考查。

改进的思路有两个：一个是去掉提示信息，特别是"哪部分印象最深刻"的提法。不难理解，只要是学生在作答中能够复盘并反馈出来的内容，一定是在课程学习过程中令其印象深刻或有较深体悟的内容或方面。因此，题目可以直接简化为"请谈谈学习该课程的收获"，从而以最大的开放性给予学生最大的思考空间。如此，学生可能更容易从自身对课程的整体理解出发，自由将不同历史时期、不同领域的知识进行整合，尝试从整体上梳理中国近现代史的发展脉络，综合分析各历史要素之间的关系，从而逐步构建整体史观，或许还会催生出其他更令人惊喜的多元回答思路。

另一个是在题目中保留给学生提供提示信息的做法，但是更换提示语，把"比如你对该课程的哪一堂课或者哪一部分教学内容印象最深刻"去掉，改为"请从知识、能力、情感三个方面谈谈你学习该课程的收获"。这样的提问方式有提示、有限定，既避免学生短时间无从下笔的迷茫，同时又规定学生要从知识、能力、情感三个方面充分展开论述，便于任课教师全面了解学生课程目标的达成情况。

此外，以期末考试题目的形式呈现的调查分析与学生成绩相关，学生可能因担心答案影响成绩，而选择填写迎合教师期望的观点，这可能会对学生作答的真实性构成潜在影响，因此需要设计其他调查途径进行补充验证。从这一角度来看，不与成绩相联系的不记名问卷调查显然更具优势。

（三）破解学生整体史观偏弱的难题

本次研究的样本群体中，多数学生表现出对中国近代史部分（1840—1949年）强烈的兴趣，这一时期的历史事件、人物故事等内容在他们心中留下了极为深刻的印象，形成了明显的近代史偏好。与之形成鲜明对比的是，对现代史部分（1949年至今）有深刻印象的学生比例较低。这一现象反映的深层次问题是学生整体观念有待加强，任课教师在今后的教学工作中需要深入思考并积极探寻破解这一难题的有效途径。

在具体的教学实践中，教师应进一步强化对中国近现代历史主题主线的贯通性解析工作。中国近现代史是一部紧密相连、脉络清晰的历史巨著，近代史与现代史之间存在不可分割的内在逻辑联系。教师要在课堂上引导学生充分认识这种联系，帮助他们打破近代史与现代史之间的认知界限，让学生能够从宏观的视角去理解中国近现代史的发展脉络，形成完整的历史认知体系。通过加强对学生整体史观的培养，使学生明白每个历史阶段都是中国发展进程中不可或缺的重要组成部分，从而激发他们对现代史的学习兴趣。

同时，教师在日常教学中不能忽视对学生语言表达和文字组织能力的锻炼。这两项能力不仅是学生学习历史的重要工具，更是他们在未来学习和工作中必备的基本素养。教师可以借助课后作业这一重要环节，设计一些具有针对性的题目，如历史事件的分析论述、历史人物的评价撰写等，让学生在完成作业的过程中，不断锻炼自己的语言表达和文字组织能力。通过这种日积月累的训练，学生能够更加准确、清晰地表达自己对历史问题的看法和见解，从而深入理解和把握历史知识，提升对历史学习的整体效果，进而有效解决学生重近代史轻现代史的难题。

中国近现代史纲要课教学模式创新研究[*]

马 驰[**]

内容提要：新时代背景下，对学生的培养标准不断提高，继续沿用传统的教学模式，显然很难满足人才培养需求。进行教学模式创新，将课堂还给学生，给予学生更多自主学习与探究的机会，促进学生塑造正确的观念，掌握更多学习技巧，养成良好的学习习惯，相比于使用传统教学模式有着明显的优势。综观中国近现代史纲要课的教学现状，还存在不少问题，导致学生的学习效果不尽如人意。因此，探究"中国近现代史纲要"课教学模式的创新，是一项极具意义的工作。

关键词：中国近现代史纲要；教学模式；创新

中国近现代史纲要课是思政课程的重要组成内容，除了历史基本理论知识的传授，还应注重学生正确价值观念的塑造，为学生的全方位发展提供有效助力。近些年，该门课程的重要性日渐凸显，但由于教学模式等众多因素的影响，课程教学质量还相对较低，与预期目标还有不小差距。教学模式指的是在教学思想指导下构建的稳定性较强的教学程序及方法，其可促进教师确定教学顺序，指引教学活动的开展，可见其重要性是不言而喻的。教学模式的创新有助于解决传统教学模式存在的问题，可以改善中国近现代史纲要课存在的不足，促进教学质量的有效提升。

---

[*] 本文系北京石油化工学院教育教学改革和研究项目"'中国近现代史纲要'课基于'以学生为中心'的教学设计与实践"（项目编号：ZD202305001）的研究成果。
[**] 马驰，女，法学硕士，北京石油化工学院讲师，主要研究方向为思想政治教育和中国近现代史。

一、中国近现代史纲要课教学现状

（一）学生思政觉悟水平不高

思政课教育本就是以引导学生塑造正确的"三观"为核心目的，通过课堂教学对学生的思想观念产生积极影响。中国近现代史纲要课属于思政理论课的一部分，其就是基于历史教育之上发挥思政育人价值。❶ 但从大多数学生的情况来看，对于思政课的开设目的不够了解，对"中国近现代史纲要"课更是保持相对冷漠的学习态度。很多学生都将该门课程定义成副科，学习动力相对不足，花费的学习时间更是极为有限。甚至有部分学生认为历史的学习对现实生活无多大用处，有着明显的功利性心态，这都表明学生思政觉悟水平不高，若是不转变该心态，想要学好该门课程是极为不易的。

（二）教学方法创新性不足

影响教学成效的因素很多，除了学生自身的问题，教学方法的影响也是不容忽视的，尤其是中国近现代史纲要这种理论性较强的课程，若是采取的教学方法缺乏吸引力，必然很难达到想要的教学效果。不同的学生有着不同的学习基础，采用"一刀切"的教学方法，也会对整体的教学成效产生影响。❷ 如何在有限时间内完成知识的讲授，又可使不同基础的学生都学有所获，促进全体学生都能积极参与课堂教学活动，这对教师的教法选择来说是不小的挑战。因此，多元教法的应用是尤为重要的。但从实际教学情况来看，采用的基本都是传统教学模式，并配合简单的讨论，此种缺乏创新的教法，显然达到的教学成效也是不够明显的。

（三）课程考核方式相对单一

中国近现代史纲要课采取的考核方式过于单一，基本都是以卷面成绩为

---

❶ 黄鹤. 强化"中国近现代史纲要"科技维度教学研究［J］. 中国军转民，2024（9）：53-55.
❷ 黄斌，范瑞刚，谷斌，等. 中国近现代史纲要课程参与体验式教学在医学学生教学中的应用研究［J］. 知识文库，2024，40（3）：144-147.

主,此种方式尽管可将学生学情在一定程度上反映出来,但无法反映真实的学情。此种考核方式极易使学生以考试为目的来学习,对课程学习的本质意义不够重视,一心只关注期末考试分数。学生都是为通过考试来学习课程知识,平常都会较为松懈,而在考试前"临时抱佛脚",自然无法将学生学习情况如实反映出来。

二、中国近现代史纲要课实施教学模式创新的意义

(一) 有效激发学生的学习积极性

中国近现代史纲要课不仅是政治理论课,也属于历史课程,其德育功能是极为明显的,和学生正确"三观"的塑造具有相关性。这些知识无法通过简单讲授让学生成功获取,需让学生自行感受、反思来完成。以学生为中心的教学方法可为学生提供更多展现自我的机会,让学生自主思考与表现,学生在整个课堂中更具参与感。学生在传统教学方式下属于观众,而在以学生为中心的教法下,学生可成为课堂的主角,不再是被动化地参与学习活动。若课堂真正地交还给学生,充分体现学生的课堂地位,可使学生的兴趣被充分激发,有效提升学习质量,促进思维品质的培养。[1]

(二) 促进理论和实践紧密衔接

以学生为中心的教学模式,可促进理论知识和实际生活紧密关联,让抽象的知识更为生动具体,更好地保证教学质量。理论和实际衔接是中国近现代史纲要课的基本要求,也是该课程教学顺利完成的基础原则。中国近现代史纲要课有着较强的理论性,因而学生对此类课程的兴趣度一直都不高,尤其是在传统教法之下,学生的积极性很难被调动。以学生为中心的教法应用,可让学生真正地参与到课堂中来,多元化的活动相比于说教的模式,可让学生有更深刻的学习感受,更好地激发思想共鸣,促进理论和实践的有效衔接,让学生养成用理论知识解决实际问题的好习惯。

---

[1] 李鑫.《中外历史纲要》中国近现代史人物编写与教学研究[D]. 南充:西华师范大学,2023.

（三）有助于教师素质的提升

教学过程若是单一的灌输，是很难体现教学价值的，而师生、生生之间的互动可促进教学质量的提升，对师生双方的发展都是非常有利的。教师在"以学生为中心"的教学模式之下，角色由知识传递者转变成课堂的组织者。教师除了营造情境鼓励学生积极表达自身的看法，还需组织学生积极讨论，引导学生通过合作学习深入理解知识。这便要求教师需提升个人的理论修养，提升教学能力，强化师德建设，以高尚的品格来感染学生，深入认知"以学生为中心"的理念，巧妙地应用新的教学方法。

（四）促进学生综合能力的提升

以学生为中心的教学方法强调培养学生的综合能力，通过营造丰富的教学活动，鼓励学生积极加入课堂学习，如此才可促进学生多方面能力的共同提升。如安排学生以小组形式来完成学习任务，促进学生沟通能力、协作能力的有效培养。组织辩论赛的形式，可促进学生语言组织能力、口头表达能力等的培养。此外，让学生加入课堂评价环节，促进学生评判能力的培养，对自身的学习也可起到有效巩固的作用。相比传统教学下让学生单一用文字传递思想的方式，此种教学法更加生动有趣，学生的接受度也会更高，对各方面能力的锻炼也可达到显著的效果。

三、中国近现代史纲要课教学模式创新的路径

教学模式创新旨在凸显学生的课堂主体地位，促进学生深入参与课堂，给予学生更多自主思考与探究的机会，改变传统"一言堂"的教学模式。师生在此种教学模式下的角色都会发生变化，学生的学习动力被充分激发，学习质量自然也会得以提升。

（一）更新教学理念

以生为本：扭转传统教师主导的理念，充分尊重学生的主体地位。通过课前问卷调查、课堂讨论等方式，了解学生对中国近现代史的认知和兴趣点。

例如，在讲述近代经济发展时，若学生对民族企业感兴趣，教师可多引入相关案例，满足学生需求，让学生主动参与课堂讨论与互动。

培养问题意识：教师精心设置启发性问题，如在讲五四运动时，提问"为何五四运动中青年学生能成为先锋力量"，引导学生探究历史事件背后的原因、影响及启示，培养多角度分析问题的能力。

（二）明确教学目的

中国近现代史纲要课的教学目的不仅在于传授历史理论知识，更要承担思政育人的重要任务。教师应紧密结合当代学生思想状况，引入社会热点，引导学生参与课堂活动，培养其明辨是非、解决问题的能力，塑造正确的历史观与价值观，自觉抵御错误的思潮。❶ 同时，注重培养学生的创新和实践能力，助力其成为具有创新意识与创造能力的人才。教师需秉持以学生为中心的理念，紧跟时代步伐创新教学方法，确保学生在学习过程中树立正确观念。

（三）创新教学方法

1. 多样化教学法融合

讲授与讨论结合：教师系统讲授重点知识后，组织小组讨论。如讲完辛亥革命，让学生讨论"辛亥革命成功与失败之处"，每组代表发言，教师总结点评，加深学生对知识的理解与思考。

案例教学：选取典型历史案例，如讲中国共产党早期发展，以"一大"召开的波折为案例，介绍参会人员、会议过程及面临困难，让学生直观感受历史发展的复杂性。

情景教学：借助多媒体创设历史情景，讲抗日战争，播放战争影像、枪炮声等音效，营造紧张氛围。

此外，还可组织历史剧表演，如让学生演绎"西安事变"，体会历史人物的抉择与历史发展的关键节点。

---

❶ 邹洪杰. 以学生为中心的思政课课程考核设计探究：以"中国近现代史纲要"为例 [J]. 辽宁工程技术大学学报（社会科学版），2022，24（5）：395-400.

2. 信息技术助力教学

线上线下混合式教学：利用在线教学平台，如智慧树、雨课堂等，上传教学视频、拓展资料等。学生课前线上预习，标记疑问。课堂上教师解答共性问题，组织小组讨论、案例分析等活动。课后学生线上完成作业、参与讨论，教师及时反馈评价。

多媒体丰富教学：制作课件时，插入丰富的历史图片、视频片段、动画等。如利用动画演示历史事件进程，如中日甲午海战的战斗过程，帮助学生理解。

3. 实践教学增强体验

校内实践活动：举办历史知识竞赛，设置必答题、抢答题、风险题等，激发学生学习兴趣。开展演讲比赛，主题如"中国共产党的成立是开天辟地的大事变"，锻炼学生表达与思维能力。组织历史研究社团，开展"中国共产党精神谱系研究"等课题研究，培养学生科研与团队协作能力。

校外实践活动：组织学生参观当地博物馆、纪念馆，如参观北大红楼，了解其在思想和文化方面传播的重要地位。参观革命遗址，如井冈山革命根据地，让学生实地感受革命精神。安排社会调查，如调查本地近代建筑的保护与开发，将课堂知识与社会实践结合。❶

4. 多元评价考核

传统单一的试卷考核方式存在弊端，难以准确反映学生学情。教育工作者应关注采用多元化考核方式，如在课堂中考核学生的探究能力、时事点评能力，组织"红色之旅"并要求撰写参观感受，播放历史纪录片后考查学生的观后感等，实现对学生的全方位考核，使考核结果更真实地反映学生的学习情况。

（四）精心做好课前准备

精心做好课前准备是奠定良好教学基础、提升教学质量的关键环节。若此环节流于形式，会导致课堂的无序化，严重影响教学质量。一方面，深入

---

❶ 王传武. 以学生为中心："中国近现代史纲要"实践教学操作策略初探[J]. 黑龙江教育（高教研究与评估），2019（3）：6-10.

了解学生是重中之重。教师应全面掌握学生的历史知识储备情况，通过问卷调查、课堂交流等方式，清晰知晓学生对中国近现代史不同阶段的认知程度，以及他们在学习过程中存在的困惑。基于此，依据学生的能力水平合理划分学习小组，确保每个小组内成员优势互补，能够在后续的学习讨论中碰撞出思维火花，共同提升。另一方面，对教材内容的处理要精心。教师需围绕教学目标，对教材内容进行细致筛选。既要选取核心知识点，保证内容符合教学大纲要求，又要结合学生的兴趣点与实际需求，使教学内容更具吸引力。同时，注重课程设计的开放性，考虑到全体学生的差异，设置不同层次的问题与任务，增强教学内容的引导性，为每一位学生提供展示自我的机会，助力学生在学习过程中逐渐形成正确的历史观和价值观。

（五）着力营造良好教学情境

良好教学情境是连接学生与历史的桥梁，能让抽象的历史知识具象化，激发学生的学习兴趣与参与热情。教师可依据教学目标，选取中国近现代史上具有代表性且受关注度高的事件，如五四运动，结合学生对这一时期思想解放、社会变革等方面存疑的问题，从实际教学需求出发，营造相应教学场景。❶ 为增强情境的真实性与吸引力，可融合多种元素。比如，在课堂上播放与五四运动相关的历史影像资料，让学生直观感受青年学生们为了国家独立和民族解放而振臂高呼的热烈场景；同时，教师富有感染力的语言描述，引导学生想象自己身处那个风云激荡的时代。还可以组织学生进行角色扮演，模拟五四运动中的学生游行、工人罢工等情节。如此，学生便能在课堂上真切感受真实历史情境，体悟历史人物的思想情感，使枯燥的历史知识"活"起来。在这样的情境中，学生不再是被动的知识接受者，而是历史的"参与者"，能主动思考历史事件背后的意义与价值，从而加深对知识的理解与掌握。

综上所述，综观中国近现代史纲要课的教学实况，学生的课堂参与过于被动化，学习兴趣偏弱，达成的学习效果自然也是不尽如人意的。如何激发学生对中国近现代史纲要课的兴趣，提升课堂教学质量，是教师应重点思考

---

❶ 姚桂荣．"中国近现代史纲要"课教学中采取启发式教学的路径探索[J]．思想理论教育导刊，2020（3）：122-126．

与不断实践总结的问题。教学模式的创新可促进教学质量大幅提升,是值得所有教师尝试应用的。毋庸置疑,教学模式的创新也相应地提升对教师的要求,教师也应当不断提升教学水平,做好课堂设计活动,积极把课堂交给学生,适时地对学生提供引导,充分体现学生的课堂主体地位。总之,只要是有利于提高教学质量的方法,我们都应该去大胆地尝试。

以学习效果为导向的中华优秀传统文化课教学改革

初景波[*]

内容提要：做好中华优秀传统文化教育是高等教育立德树人、帮助大学生建立文化自信、铸牢中华民族共同体意识的重要任务。本文在对大学生关于中华优秀传统文化的认知、需求、兴趣点、接受特点等调研情况的基础上，对中华优秀传统文化的教学改革进行了尝试探索。教学改革突出以教师为主导和学生为主体，旨在有效提升学生学习效果，在教学设计上注重教学内容的完整性与普及性、教学语言上的生动性与活泼性、教学形式上的互动性与思索性、实践教学上的审美性与体验性。

关键词：学习效果；中华优秀传统文化；教学改革

习近平总书记指出："中华优秀传统文化是中华民族的精神命脉，是涵养社会主义核心价值观的重要源泉，也是我们在世界文化激荡中站稳脚跟的坚实根基。增强文化自觉和文化自信，是坚定道路自信、理论自信、制度自信的题中应有之义。""没有高度的文化自信，没有文化的繁荣兴盛，就没有中华民族伟大复兴。"[❶] 要"讲清楚中华文化积淀着中华民族最深沉的精神追求，是中华民族生生不息、发展壮大的丰厚滋养；讲清楚中华优秀传统文化

---

[*] 初景波，男，北京石油化工学院马克思主义学院讲师，博士，主要研究方向为中华优秀传统文化与德育。

❶ 习近平：坚定文化自信，建设社会主义文化强国［EB/OL］．（2019-06-15）［2025-02-20］．https：//www.gov.cn/xinwen/2019-06/15/content_ 5400577. htm.

是中华民族的突出优势,是我们最深厚的文化软实力"❶。

笔者目前开有两门与中华优秀传统文化相关的课程,一门是面向全体本科生的公选课"中华优秀传统文化概说",另一门是面向少数民族预科班学生的"中华优秀传统文化"。在以理工科为主的高校讲授"中华优秀传统文化"课程,主要的教学目标是以下三点:其一,使学生通过学习理解并传承中华优秀传统文化的基本精神,了解中国传统哲学、文学、艺术、制度、礼仪等文化精髓和相关理论基础知识,并从中扩大文化视野,理解传统的人文精神、伦理观念、审美情趣及其中的现代因素;其二,使学生能够辩证看待中华优秀传统文化的当代价值,正确把握中华优秀传统文化与中国化马克思主义、社会主义核心价值观的关系,提升大学生的文化自信,以理性的态度和务实的精神去继承和发扬中华优秀传统文化,不断实现文化创新;其三,使学生理解中华民族多元一体的历史与文化格局,认识到五十六个民族共同创造了光辉璀璨的中华文明,从而铸牢中华民族共同体意识。从以上目标出发,为了取得更好的学习效果,对"中华优秀传统文化"课程教育教学进行了更新设计。

一、前期调查:了解学生

在进行教学改革之前,先要了解学生对中华优秀传统文化的认知、需求、兴趣点、接受特点等诸多方面的情况,这样才能结合学生特点、课程特点和学科特点进行精细设计、综合施策,也才能获得更好的学习效果。因此,在进行教学设计之前,笔者先就此进行了调查研究。

整体的调查结果显示,在世界各种文化之中,60%的学生最感兴趣的文化还是中华优秀传统文化;在传统文化之中,学生最感兴趣的为艺术、文学、思想,也有学生提到了汉服、武术、京剧、节庆、礼仪、书法、历史传说、风俗习惯等。具体到思想文化层面,他们最感兴趣的前6项内容依次为儒、道、佛、墨、法、兵。在学习意愿上,回答"你觉得大学生在校期间是否应该学习传统文化"这一问题时,回答"完全应该"的占46%,回答"随个人

---

❶ 习近平:加强文化遗产保护传承 弘扬中华优秀传统文化[EB/OL].(2024-04-15)[2025-02-20]. https://www.gov.cn/yaowen/liebiao/202404/content_6945341.htm.

兴趣选择学习"的占46%，两者之和超过九成。

在调查问卷中，笔者单独开辟设计了传统文化基本常识的测试部分。从测试结果看，学生对传统文化基本常识的掌握整体上是不高的，这就要求对于大学新生的传统文化教育仍应从基础抓起，为大学生搭建较为完整的传统文化知识框架，使其了解传统文化基本的常识与全貌仍是当务之急。"看不懂文言文""不认识繁体字"也是横在大学生学习传统文化路上的"两只老虎"，可见即便经过了中学语文课中关于古代汉语的教育与学习，他们仍然迫切需要古代汉语的阅读与理解训练。

可见，一方面，在主观上，广大大学新生对于学习传统文化颇有兴趣和热情；另一方面，在客观上，广大大学新生在传统文化方面所表现出的整体水平则不尽如人意。

二、整体设计：效果导向

作为一门讲述传统文化的课程，如何在现代技术平台上存在和展示自己？如何激发学生学习兴趣、培养学生自主学习能力，使学生自觉自愿地保持对中华优秀传统文化的热爱与研习，从而增强文化自信、铸牢中华民族共同体意识？笔者根据调查所反映的学生情况，结合布鲁姆认知层次目标，有针对性地开展教学设计，突出以教师为主导和以学生为主体，旨在有效提升学生的学习效果。因此，本课程的教学设计在教学内容上注重完整性与普及性、教学语言上注重生动性与活泼性、教学形式上注重互动性与思索性、实践教学上注重审美性与体验性。

（一）教学内容上注重完整性与普及性

本课程将主要教学内容设定为向大学生全面完整而深入浅出地介绍中华优秀传统文化的要义与精粹，包括物质文化、制度文化、表达文化（思想文化与文学艺术）等，其中以思想文化与文学艺术为主，如诸子百家的思想观念、中国古代的制度与礼仪、文学与艺术等，最终归结到中华优秀传统文化与文化自信、中华民族共同体意识的关系等。

在教学中为学生厘清每个部分的发展线索，同时遴选各个部分中最具代表性的点，力争通过一系列的点与线，为学生勾勒出中华优秀传统文化的完整样貌。同时还要避免陷入文化上的闭门造车、夜郎自大，注重中外文化的对比与互鉴。学生一方面可以获得对中华优秀传统文化的整体认识，另一方面可以从中找到自己感兴趣的某些内容，进行课外的深入学习和探究。

（二）教学语言上注重生动性与活泼性

为了尽可能使每一讲的主题都能够吸引学生，笔者吸收借鉴了当下学生喜欢使用、易于接受的语言表达方式，如将主题定为"名家是不是'标题党'""兵家不喜欢战争""法家为谁服务""玄学不太玄""五行与射雕""唱透江山的元曲"等。为了提高学生听课热情，还大量采用了学生喜闻乐见的网络资源，如讲诸子百家之前播放B站点击率很高的动画《诸子百家哪家强》，介绍《诗经》时播放李健演唱的《在水一方》，讲李白诗歌的时候播放濮存昕朗诵的《将进酒》，讲解《周易》"一阴一阳之谓道"对艺术的影响时播放京剧《三岔口》选段，讲授佛家文化的时候播放王菲演唱的《心经》等。曾侯乙编钟的原钟孤音、李祥霆的琴曲"流水"、牟元笛的水袖以及央视文化类节目《典籍里的中国》等视频也都会在课堂上出现。

此外，还设置了《论语》共读、《大学》共读、《传习录》共读、陶渊明田园诗共读、《长恨歌》共读、《西厢记》共读、《红楼梦》共读、《美学散步》共读等专题，使学生接触经典原著、克服畏难心理、产生阅读兴趣；在一些细节性讲解的地方，例如讲"孝""和""法"时，采用对字形语义的分析，以提高学生对繁体字的兴趣。

（三）教学形式上注重互动性与思索性

"学而不思则罔，思而不学则殆。"在学习的基础上，更要特别注重学生思考与表达能力的培养，这是使知识内化于心的必要功课。问题意识是学习活动从基础向高阶发展的关键点，一个高质量问题的提出，往往就是创造性思维的起始。

在教师讲授环节结束后，通过云班课头脑风暴开设"提问区"，要求学生就前期所学展开思考，提出相应的问题。参加活动的基础经验值是5分，教师根据学生所提问题的质量点赞加分，目的就是要刺激学生主动思考和发问。

这样几堂课下来,学生的提问水平越来越高。学生的问题很多元也很大胆。这其实正是教师掌握学生所思所想的机会,他们的问题反映了他们的关注焦点。教师一定不能回避问题,也不能简单批评,只有努力进行科学分析、理性回答,才能有效破解学生的疑惑,从而让学生相信教师、理解课程。事实证明,学生对这种模式非常喜欢,接受度很高。除了师生互动,更鼓励生生互动,学生也可以对前面同学所提的问题进行解答、辩论或者延伸,教师也会选择一些非常重要但未被涉及的议题请学生讨论。讨论辩难不仅会使知识、理论趋于明朗化,还会培养和增强参与者的思辨能力和表达能力。

教师也要通过多种方式创设问题情境,培养学生问题意识。在互动环节,笔者着意设计了这样一些问题:儒家主张"存天理,去人欲",是不是要去除人的全部欲望?爱有差等与爱无差等哪个更有道理和可行性?父子相隐对不对?这些颇具争议性的话题可以引导学生主动思考与讨论。此外,还增加了一些学生感兴趣的话题,如道家的"隐"与今天所谓"宅"之异同、佛家思想主张与今天所谓"佛系"的异同、道教众神与古希腊众神的异同等,激发学生学习、思考的兴趣以及表达的积极性、主动性。

(四) 实践教学上注重审美性与体验性

通过实践体验获得对传统文化的感受与认知是非常重要的,课堂讲授和书本阅读的知识在现实中显现,学生亲身感受到传统文化的奇伟瑰丽与沧桑变化,这是使传统文化在学生心中打下深刻烙印,从而形成一颗具有文化自信和中华民族共同体意识的"中国心"的最后一步。因此,笔者给学生设置了一些实践教学活动。例如,录制一段介绍一件国宝文物的解说视频(学生本人需亲自出镜,最好在博物馆现场介绍),参观首都的一处传统文化名胜古迹并撰写一篇游记。我们曾经带领学生到圆明园遗址公园等地开展现场教学课,学生们身临其境,一面聆听知识,一面实地亲见,收获非常大,回校后都写了很好的游记。再如,录制一段介绍自己家乡名胜古迹或自己本民族特色文化的解说视频(学生本人需亲自出镜)。学生们录制的短视频十分精彩,例如一位陕西定边的学生介绍了家乡始建于明代的郑大墩战斗遗址,一位云南大理的学生介绍了大理崇圣寺三塔,一位维吾尔族学生介绍了家乡新疆阿克苏地区新和县的唐安西都护府文化园,一位柯尔克孜族学生介绍了民族传统乐器库姆兹琴并表演了库姆兹琴弹唱等。

三、教改效果：学生受益

"中华优秀传统文化"课程受到了广大学生的欢迎，虽然安排的学习任务比较重且过程考核相对严格，但每学期学生上课的积极性仍然很高，学生的抬头率、互动表现都有了很大提高，作业质量得到较大提升，期末总体评价获得优良的学生占比不断攀升。尤其是，从学生的目光中可以看到他们对中华优秀传统文化的兴趣和热情，从他们的提问和讨论互动中看到主动的探寻和思考，从他们的作业和报告中看到丰厚的体验和收获。课堂抢答、讨论与展示这些环节每每在课堂上引起小高潮，也经常在学生的微信朋友圈里看到他们晒抢答获得了加分、讨论发言表现突出赢得了褒奖。结课后仍有不少学生主动咨询是否有相关后续课程推荐修读，还有学生因此加入相关学生社团进一步研读经典。课程教学综合评价得分相对较高，笔者也有幸连续两届获评学生投票的"我爱我师"优秀教师奖。孟子说"得天下英才而教育之"乃人生之乐，诚哉斯言。

下面是4名学生的学习心得摘录：

——在课堂安排中我最喜欢的就是云班课里提问的环节。老师很有耐心，不管我们提的问题是什么，都会细心地回答，好让我们对课程的兴趣更浓。

——时至今日，圆明园的断壁残垣依旧能浮现在我的眼前，给予我"落后就要挨打"的警示。中华传统文化使我知"孝"，使我尊"师"，还明白了很多很多的道理，增长了文化知识，砥砺了道德品质，提升了我们学生的文明素质。

——我们从这些课中收获了什么？古人的智慧和浪漫，我们社会的发展史，诸如此类。但真的只有这些吗？至少我可以重新思考哲学问题，重新规划我的人生，我会尝试从不同的角度看待一些事情，锻炼自己的思维能力，丰富自己的文化底蕴。

——"中华优秀传统文化"课程的学习对于我来说，是一次很大的心灵震撼。在老师的讲解下，中华优秀传统文化非常生动有趣。老师向我们传授了中国传统文化知识，我们习得了传统文化的精要，特别是道家八卦内容让我非常感兴趣。

在未来的教学过程中，随着教学实践的检验和学生学情的变化，还将进一步调整和改良，以期获得更优的教学效果。总之，中华优秀传统文化是中华民族的根和魂，共同实践产生共同文化，共同文化形成共同意识，铸牢中华民族共同体意识，离不开中华优秀传统文化的继承和发扬。高校承担着立德树人的根本任务，使包括五十六个民族在内的当代大学生认识和理解中华优秀传统文化，增强道德责任、提升文化人格、凝聚中国意识，这是大学教育题中应有之义。在文化的自觉、自信的基础上，积极推动中华文化的创造性转换、创新性发展，一定可以使中华文化再焕新颜，使中华民族生生不息。

气液两相流动与沸腾传热课程思政教学改革研究[*]

侯 燕 杜文海 雷俊勇[**]

内容提要：气液两相流动与沸腾传热广泛应用于电子器件散热、航空航天、核能等领域。本文在课程知识体系特点基础上论述了该课程开展思政教育研究的必要性，围绕课程思政教学目标、存在的问题、教学改革内容、教学改革方案、教学改革评价机制、持续改革机制五个方面阐明了气液两相流动与沸腾传热课程思政实施方案，针对四个平台和四个维度将气液两相流动与沸腾传热课程思政具象化和工程化，为能源动力类专业课程思政教学的改革提供参考。

关键词：课程思政；教育教学；改革研究

一、研究背景

"课程思政"旨在通过构建全员、全程、全方位育人的格局，将各类课程与思想政治理论课同向同行，形成协同效应，以"立德树人"作为教育的根

---

[*] 本文系 2024 年度北京石油化工学院研究生"课程思政"示范课程建设项目"气液两相流流动与沸腾传热"（YK24-02）以及 2022 年北京石油化工学院教育教学改革和研究项目资助"以学生为中心的混合教学模式在油气储运装备腐蚀与防护课程中的探索与实践"（项目编号：ZDXSZX202202002）的研究成果。

[**] 侯燕，女，工学博士，北京石油化工学院机械工程学院讲师，主要研究方向为氢能源的制取与运输。杜文海，男，工学博士，北京石油化工学院机械工程学院副教授，主要研究方向为能源动力工程。雷俊勇，男，工学博士，北京石油化工学院机械工程学院讲师，主要研究方向为加氢站的设计。

本任务。通过深化课程目标、内容、结构、模式等方面的改革，把政治认同、国家意识、文化自信、人格养成等思想政治教育导向与各类课程固有的知识、技能传授有机融合，实现显性与隐性教育的有机结合，促进学生的自由全面发展，充分发挥教育教书育人的作用。

气液两相流动与沸腾传热是能源动力工程学科领域研究生的选修课。气液两相流动和沸腾传热的物理过程在热能动力工程、制冷、化工、电子元器件冷却与热管理、核工程，以及航空航天等多个工业应用与科学研究领域均有重要应用。本课程主要内容涵盖气液两相流动的基本概念、基本流动模式、均相流模型、分相流模型、气泡的核化、气泡的生长、池沸腾的换热计算、池沸腾中的临界沸腾、流动沸腾换热计算、流动沸腾中的临界沸腾、过冷沸腾的基本理论与实验研究等。通过本课程的讲授，要求学生能掌握气液两相流动与沸腾换热相关基础知识与既有成果，了解有关领域的研究进展与发展动向，为进一步从事多相流动与传输相关领域的学习科研打下坚实基础。基于以上研究背景和课程特点，开展气液两相流动与沸腾传热课程思政。

二、研究气液两相流动与沸腾传热课程思政教学的必要性

课程思政要想构建全员、全程、全方位育人的格局，需要从学校顶层设计开始，统筹安排各门课程的特点和侧重点，各课程之间相互协同，交叉学科教师之间通力合作，学科竞赛和科技活动与课堂教学之间有机结合，构建一个科学合理的专业课程思政体系。课程思政需要从基础课、专业基础课、专业课、实验课、实践课和毕业设计等各个环节为切入点，将课程思政抽丝剥茧，丝丝织网，构建一个科学而丰富的课程思政知识体系。

气液两相流动与沸腾传热过程在电子器件散热、石油、化工、航空航天、核能、氢能、制药等领域有广阔的工程应用背景，在研究生科学研究的理论计算、理论分析、实验设计、结果讨论等关键环节起到决定性作用，因此，该课程的学习对于研究生期间科研成果的质量起到决定性作用，在能源动力类研究生课程学习中占据重要的地位。该课程知识点讲授中涉及领域众多，因此，在授课过程中穿插真实工程案例以树立学生正确的价值观、国家意识和民族自信心能够使得课程思政在能源动力类专业中具象化。另外，北京石

油化工学院与燕山石化、航天院所、大兴国际氢能示范区等建立校企合作培养基地,在实践环节中使气液两相流动和沸腾传热课程思政具象化到特定的工艺流程和设备中。研究生期间的社团活动和科技竞赛涉及节能减排等比赛中也可能需要应用气液两相流动和沸腾换热课程知识点,在这些环节锻炼学生的团队合作精神,有助于学生人格的养成。综上所述,课程的工程背景、基础设置和实践活动三个方面的优势决定了对气液两相流动和沸腾传热开展课程思政研究,对于能源动力工程类的研究生培养政治认同、国家意识、民族自信和人格健全具有重要的作用。

三、气液两相流动与沸腾传热课程思政实施方案

(一)课程目标

通过气液两相流动与沸腾传热典型工程案例和学科前沿的讲授,深入了解各类技术方法和运行工艺对当地社会和公众健康等诸多外部环境的影响和配合,理解各项技术方案的现实选择性,培养学生对能源动力工程专业的热情,使学生进一步坚定有中国特色社会主义的道路自信、理论自信、制度自信、文化自信;引导学生坚守专业定位,服务国家战略、行业要求,促进学生培养良好的学风和课堂纪律,提高自身实践能力的自觉性。

(二)存在的问题

气液两相流动与沸腾传热授课内容较难,涉及多种偏微分方程的建立、推导和求解过程,因此在课堂讲授过程中板书使用较多,教学方法也具有其独特性,因此,目前在课程思政方面存在以下不足:(1)课程思政元素不丰富,前期的课程教学中主要通过人物事迹和重大成果融入课程思政元素,多数集中在第一章绪论部分,这样无法强化课程思政效果,教育效果也不明显;(2)缺少顶层设计,课程思政教学目标和实施方案每个课程各自制定,相互之间联系很少,导致同一专业不同课程之间的课程思政教学没有侧重点,无法形成协同作用,不能构成一个有机的体系;(3)教师自身思想政治理论基础薄弱,由于专业课老师并未进行过专业的思想政治理论课程培训,理论基

础薄弱,将理论融入课程各环节的水平也受到了制约。

(三) 教学改革内容

气液两相流动与沸腾传热课程从四个平台和四个维度开展课程思政教学改革。四个平台分别是课堂、实践、学科竞赛和社团活动,四个维度分别是学科历史、人物传记、重大成果和学科前沿。课堂教学中涉及空间站微重力环境气泡生长现象,此处可以对我国空间站微重力实验室的领先地位进行介绍,增强民族自信心。再如对流动沸腾计算公式中华人科学家的重大成果及其爱国情怀进行介绍,可以培养学生的国家意识。另外,本课程中部分公式为半经验公式,需要前辈科学家实验获得上万组数据才能得到一条普适性较强的曲线,前辈科学家在科学研究中展现的吃苦耐劳和严谨求实的科学作风有利于培养学生健全的人格。最后,课程中部分实验设计极其巧妙,通过这类案例的讲解能够激发学生对本专业的浓厚兴趣。总体而言,从做人、做事、做学问三个层面将前辈的具体事迹和方法贯穿整个课程的相关知识点教学中,使课程思政具象化、工程化。

(四) 教学改革方法

气液两相流动与沸腾传热的思政课程教学设计采用线上和线下的混合式教学方法,主要在课前、课中和课后三个阶段进行。课前的自主学习阶段,学生从学科历史、人物传记、重大成果、学科前沿四个维度收集相关资料,拓宽知识面,发挥主观能动性。

对于课堂教学部分,主要围绕学科历史、人物传记、重大成果讲解实际工程案例和人物事迹。学科历史、人物传记、重大成果和学科前沿也可以通过课堂讨论的方式以学生为中心收集资料,总结整理后,通过答辩和讨论的形式进行分享学习。

对于实践环节部分,例如认识实习、专业实习、科学研究训练和毕业设计等环节,可以通过现场工程师讲解企业真实案例和重大成果,提高学生政治认同感。例如,燕山石化油罐车清洗装置专利研发人,通过自行钻研解决了罐内缺氧造成的人员死亡风险高的问题,大大提高了人民的生命和健康安全,激发了学生的学习和探索热情。科学研究训练环节可以通过对前沿学科发展的综述，了解我国目前在气液两相流动和沸腾传热领域的迅速发展和重大科技贡献，提高爱国情怀。毕业设计环节从研究背景到经济性环保性分析部分均可以体现课程思政的元素。

学科竞赛方面，研究生装备创新大赛、节能减排大赛等赛事中参赛作品的前期设计、流动传热分析等环节，均涉及气液两相流动和沸腾传热相关知识点。大赛参与和组织过程中的团队合作精神和部分作品的奇思妙想大大开拓了学生的视野，培养了专业发展敏感性，激发了学习热情。

（五）教学改革评价机制

教学评价是教学实施效果的重要依据，定量的教学评价能更好地反映教学改革的实施效果，对于四个平台、四个维度的课程思政教学效果需要分类进行考核。

对于课堂教学部分，学科历史、人物传记、重大成果可以通过随堂测试或者期末测试的选择题或是非题考核教师讲解部分的学生掌握程度。学科历史、人物传记、重大成果和学科前沿也可以通过课堂讨论的方式通过答辩和项目作业的形式进行考核。

对于实践环节部分，如认识实习、专业实习、科学研究训练和毕业设计等环节，可以通过现场工程师提问情况、考勤情况和笔记记录情况考核学生专业素养，通过报告、文献综述、实践感想考核学生的专业素养和价值观树立情况，通过毕业设计经济性和环保性分析部分考核学生的政治认同性和国家意识。

学科竞赛方面，通过团队合作沟通能力、任务分工完成情况、比赛过程情绪变化和感受表达，考核学生的思想品德、个人素质和责任担当。

（六）持续改进机制

以学生为中心的教育理念要求我们将学生作为主体，定量分析学生在课程学习中思政元素的掌握和提高情况。通过文献调研总结最新课程思政思路方法，并结合自身学生学情借鉴使用。通过授课过程提问、课后当面讨论和线上匿名讨论等环节客观公正地收集学生对思政元素的教学内容兴趣度、教学方法接受度、教学效果期待改进点等资料。通过课程组交叉学科教师间观摩课程和相互探讨，提出更多创新性的且可行性高的课程思政元素及其考核评价机制。最后通过各专业之间、各学院之间和各高校之间课程思政教育教学研究交流活动，学习兄弟院校成功案例和经验，提高气液两相流动与沸腾传热课程思政教育教学整体水平。

四、总　结

本文以气液两相流动与沸腾传热课程特点及其在研究生教育中的重要角色为基础，分析了新工科背景下课程思政元素融入该课程的必要性，围绕四个平台和四个维度，针对课程思政目标、目前存在的问题、教学改革内容、教学改革方案、教学改革评价机制和持续改进机制等进行了详细具体的说明。对于气液两相流动与沸腾传热课程中学科历史、人物传记、重大成果和学科前沿四大类的课程思政元素进行了举例说明。

校本资源驱动的制药工程专业
有机化学课程思政案例

刘姗姗　林世静　佟拉嘎[*]

内容提要：为解决课程思政建设过程中思政元素不容易"接地气"的问题，本文分别从校史文化、校企实习项目、本校科研项目、本校高年级课程、本校公开毕业论文等多个维度详细阐述了制药工程专业"有机化学"课程的课程思政校本资源案例。校本资源案例具有本校特异性，更加贴近学生实际，容易引起学生共鸣，且对学生未来规划具有指导意义。

关键词：有机化学；校本资源；课程思政

立德树人是教育的根本任务。2020年，教育部《高等学校课程思政建设指导纲要》提出全面推进高校课程思政建设，要求抓好课程建设"主战场"。"课程门门有思政"是落实立德树人根本任务的具体举措。课程思政与思政课程同向同行，既育人又育才，从而形成"三全育人"的协同效应。北京石油化工学院（以下简称北石化）制定了《关于推进"课程思政"建设的实施意见》《课程思政建设实施细则》等文件，全面落实课程思政建设且成效显著。[❶]

---

[*] 刘姗姗，女，理学博士，北京石油化工学院新材料与化工学院副教授，主要研究方向为功能配合物。林世静，女，理学博士，北京石油化工学院新材料与化工学院副教授，主要研究方向为环境科学。佟拉嘎，男，工学博士，北京石油化工学院新材料与化工学院副教授，主要研究方向为材料学。

[❶] 北石化思政教育这五年｜顶层设计系统谋划，全面推进课程思政建设［EB/OL］.（2024-04-10）［2025-02-20］. https://www.bipt.edu.cn/zyxw/023fda27328e458cb374c33df521b1a4.htm.

有机化学课程为北石化第四批立项的"课程思政"示范课建设项目。该课程为制药工程专业大二学生所学的一门专业基础课，80学时/5学分，主要围绕不同官能团有机化合物的分类、命名、制备、结构、化学性质及其相关转化规律等方面内容展开。本课程的两个课程目标分别对应基础知识及合成能力，同时根据课程特点将课程思政目标融入课程目标，包含"发展审美能力、遵纪守法、环保、健康生活和安全生产等理念，形成正确的人生观、价值观和大局观，提升职业自豪感和社会责任感；建立科学思维、创新理念和科技兴国的思想，增强文化自信、爱国情怀等"。近年来本课程开展了多类课程思政案例建设，其中结合北石化特色开展沉浸式课程思政是本课程建设的重点内容。本文围绕如何利用校本资源来开展课程思政建设分类介绍详细案例。

一、有机化学课程思政建设的总体情况及痛点问题

近年来，"有机化学"课程不同章节均融入了课程思政元素，案例资源丰富。通过多媒体、云班课等载体为学生提供案例资料，如融入点中关于屠呦呦、黄鸣龙等科学家的研究工作经历，帮助学生树立严谨的科学态度，培养学生的科技强国意识、增强文化自信、爱国情怀；通过"反应停""抗癌药物紫杉醇合成"等案例分享，以图片进行视觉刺激，强化学生的职业责任感；通过"酒驾""反式脂肪酸""蓝环章鱼"等案例，提高学生遵纪守法、健康生活的意识等。在实施过程中，除了融入贴近学生日常生活的案例，课程思政如何更"接地气"是笔者一直在思考的问题。深挖校本资源，以北石化的真实案例作为课程思政建设的重要载体，可以引起学生的共鸣，从而潜移默化地影响学生。

二、校本资源驱动的有机化学课程思政建设思路

北石化为一所地方应用型大学，从学校的名称可以看出其行业背景与石油化工密切相关。基于此，从校史中汲取与有机化学课程的相关案例，帮助学生以主人翁的视角了解我们从哪里来；从近年来学科专业转型发展情况，帮助学生分析我们要到哪里去。除此之外，课程中融入高年级学生实习过程中的真实案例、学校教师的科研案例、毕业论文中的合成案例等，以身边的

事和人不断影响着学生，树立前行的榜样，增强了课程思政教育的针对性和实效性，提高了课程思政教育的感染力和吸引力。

三、校本资源驱动的有机化学课程思政教学实施案例

（一）基于校史文化的实施案例

学生虽然常穿梭于主楼不同教室上课，但其少知道学校主楼又名"乙烯楼"以及其背后的故事。《有机化学》第三章"烯烃与炔烃"的重点知识就包含乙烯的结构及其化学性质。首先，俯瞰学校清源校区，从视觉上学生可以清楚地看出主楼的乙烯分子结构模型；紧接着，引导学生思考为什么学校的主楼是以乙烯分子结构模型建造的，带领学生回顾北石化建校之初的故事。"石化工业之母"乙烯及其下游产品是国家经济发展、人民衣食住行等的基础材料。20世纪六七十年代，我国乙烯的产量远远落后于美国，严重制约了国家经济发展；经过重重坎坷，1976年燕山石化（位于房山区）建成了国内首套30万吨乙烯生产线并投产成功，是我国现代工业发展史上具有里程碑意义的事件。❶ 1978年，北石化应运而生。90年代，北石化由房山迁址到大兴办学。由此，学生坐在"乙烯"分子中上课，以主人翁的身份沉浸式地感受学校主楼以乙烯分子模型建造的背景意义。此外，回顾我国工业落后情形及经历的困难坎坷，激发学生的科技兴国理想和社会责任感。回顾校史可以更好地帮助学生展望未来。对标北京市发展，学校近年来实施学科专业转型，由传统化工转型为医药化工等领域。本门课程授课对象为制药工程专业，引导学生调研北京市在医药领域的布局与发展，介绍高年级学生实习单位及就业去向，可以帮助学生规划未来发展方向。课后，鼓励学生参观校史馆以及"奋进之路：新时代首善之区工程师摇篮建设主题展览"。该基于校史的案例，不仅可以引导学生思考"我们从哪里来，我们要到哪里去"，更重要的是在这一过程中，可以润物无声地激发学生的使命感、专业认同感、社会责任感。

---

❶ 许帆婷，赵书萱. 燕山石化红色教育基地：做党和人民的好企业［J］. 中国石化，2021（12）：27-29.

（二）基于校企实习项目的实施案例

在学习第九章醇及第十章环氧化合物章节内容时，两类化合物的制备是必须掌握的内容。在工业制备中，环氧化合物可由乙烯氧化获得，进而水解制备乙二醇。两部分内容分别在两个章节，可结合北石化高年级学生参加的校企实习项目，充分调研并回顾该反应的发展过程。其中，该反应所需的银催化剂至关重要。引导学生调研自主研发银催化剂的研究历程以及投产案例[1]，帮助学生总结国产银催化剂的研发、创新和应用。在该案例调研过程中，结合实际情况强化学生对国产自主研发的重要认识，强化学生科学思维、创新理念和科技兴国的思想。同时，在生产环节，融入不同类型化合物的安全注意事项，强化学生安全生产意识和职业责任感。该部分内容与学校学生实际实习项目有关，极大地提升了学生的关注度和代入感。

（三）基于北石化科研项目的实施案例

第十一章醛酮化学性质中亲核加成反应是重点。该部分根据亲核原子分为典型的氧、氮、碳、硫等几类。在氮原子作为亲核原子的醛酮亲核加成反应学习中，巧妙地引入作者的科研课题，将学生视野直接由文字描述拉到了实验室的真实操作。醛酮与伯胺反应可制备席夫碱化合物，该类化合物结构丰富，为多类型的性构关系研究奠定了良好的模型基础。作者在不同类型席夫碱与稀土配位形成稀土配合物的反应介绍中融入亲核加成反应，再通过单晶结构分析及动态结构图向学生直观展示分子的结构及组成。[2] 此外，在醛的制备部分，引入学校课题组有关烯烃羰基合成反应及研究生毕业论文等。在科学研究成果分享过程中，帮助学生建立科学思维和创新理念。课后，鼓励学生进入教师科研实验室，激发学生的探索欲望。

---

[1] 林雯. 环氧乙烷银催化剂技术进展 [J]. 石油化工，2019，48（7）：736-740.
[2] YANG H, LIU S S, MENG Y S, et al. Four Mononuclear Dysprosium Complexes with Neutral Schiff-base Ligands: Syntheses, Crystal Structures and Slow Magnetic Relaxation Behavior [J]. Dalton Transactions, 2022, 51: 1415.

(四）基于学校高年级课程的实施案例

针对制药工程专业学生的学科知识体系特点，设置多例化学药物分子合成的案例。为更好地建立起专业基础课与专业课程之间的关系，激发学生职业自豪感和社会责任感，将真实分子的合成案例应用到有机化学学习阶段，如制药工程专业实验阶段即将学习的阿司匹林的合成与定性鉴别实验。课程中从阿司匹林的研发过程、合成路线、反应机理等角度依次分析，将古人智慧与现代药物研发联系起来，加强学生对制药领域的认知。此外，联系北石化转型发展的实际情况，向学生分析首都十大高精尖产业及生物医药健康产业布局，增强学生的专业自信。

（五）基于学校公开毕业论文的实施案例

制药工程专业学生毕业论文在企业完成，实行"真题真做"。根据已毕业学生图书馆公开毕业论文信息，检索发现约50例有关有机合成的毕业论文，主要包含药物中间体、衍生物、药物分子合成等方面，如药物合成中的Wittig反应、酯化反应、还原反应、溴代反应、格氏试剂反应、Suzuki反应、催化加氢反应等。鼓励修读课程学生查阅并分析论文中的合成案例。该类案例不仅帮助学生拉近有机化学与真实药物研发的距离，还提高了学生分析问题和解决问题的能力。论文的合成路线优化成果关系到生产中的安全与经济效益等，不但培养学生科学思维，也帮助学生树立绿色化学的理念。

四、结　语

本文详细阐述利用校本资源开展有机化学课程思政教育的案例建设，从校史回顾到学校转型发展、从实习项目到科研项目、从高年级课程到毕业论文等，不仅贴近学生实际，容易引起学生共鸣，也为学生进一步的学习及职业规划提供指导，突出了本课程中课程思政建设的针对性和独特性。《教育强国建设规划纲要（2024—2035年）》为我们更好地落实立德树人根本任务指出了努力方向。接下来，继续从提高教师育人能力、多课程协同育人与实践育人资源等方面开展课程思政建设，发挥好有机化学课程育人作用和引领示范作用。

"大思政课"视域下经济法课程教学改革路径研究[*]

孙 源[**]

内容提要：本文深入探讨在"大思政课"背景下经济法课程教学改革的重要性、面临的困境及相应对策。首先阐述课程思政建设在高校落实立德树人任务中的关键作用，以及经济法课程在培养学生公民责任、法治意识等方面的优势与意义。接着分析当前经济法课程思政建设存在的问题，如思政内容与课程内容相脱节、缺少新技术赋能、评价体系单一及跨学科支撑机制缺位等。最后提出构建"三维渗透"教学框架、开发"问题链"教学法和建立动态评估机制等改革策略，以实现知识传授与价值引领的有机统一，培养学生的法律素养和综合素养，为法治社会建设提供有力支持。

关键词：经济法；"大思政课"；课程思政

在"大思政课"背景下，课程思政建设作为普通高等院校经管类专业落实立德树人根本任务的关键举措，在课程教育改革中具有非常重要的意义。其中，经济法课程思政建设的优化和完善更是迫在眉睫。《教育强国建设规划纲要（2024—2035年）》明确指出，要"加强和改进新时代学校思想政治教育"，将思想政治教育贯穿各学科体系、教学体系、教材体系、管理体系。基于此，经济法作为高等院校经管类专业的基础课和必修课，因其具有很强的

---

[*] 本文系北京石油化工学院"课程思政"示范项目（项目编号：ZD20200402）的研究成果。
[**] 孙源，女，博士，北京石油化工学院经济管理学院工商管理系讲师，主要研究方向为组织理论和企业社会责任。

针对性、综合性和应用性，所以，这门课程要实现的目标不仅局限于为学生讲授专业的法律知识和技能，更要培养学生的公民责任、职业道德、公平正义、诚实守信和社会责任感。

经济法课程"大思政课"建设在普通高等院校的教学改革中处于无可替代的关键核心地位。一方面，在学习和成长过程中，普通高校经济管理类专业的学生因受各种现实因素的影响，在学习和实践过程中，他们对经济法课程思政有着较为迫切的需求。经济法课程思政的理论和内容，可以为在校大学生提供培养正确价值观、提升法律素养、增强社会责任感、提高综合素质和引导职业发展的教育。普通高校经管类学生毕业后，需具备扎实专业素养、高度社会责任感、良好职业道德、创新精神与家国情怀，以适应社会需求，服务经济发展，推动社会进步。另一方面，经济法课程的特殊性在于它兼具法律规范与经济管理知识，既传授专业法律法规，又融入丰富的思政元素。在经济法课堂上，通过案例分析、模拟法庭等实践教学培养学生的专业技能，使学生掌握法律分析、合规操作和经济管理能力。同时，强调社会主义核心价值观、职业道德与社会责任，帮助学生树立正确思想道德，培养家国情怀，使学生在专业素养与价值观念上全面发展，更好地服务社会。

这就要求本科院校经管专业在经济法"大思政课"的实践当中，不能过度依赖传统的课程思政内容的植入和方法的应用，还必须与时俱进，顺应时代发展，将课程思政的实践不断优化，形成动态化、创新化、连续化的过程，基于"五育并举"和"三全育人"的理念和手段，根据课程性质、课程内容和价值理念进行思政教学设计，实现课程的培养目标。

一、经济法课程思政建设的困境分析

经济法课程在法律规范与经济管理知识方面，与思想政治教育核心理念存在高度契合的天然优势，同时能够培养学生的法治观念、社会责任感和职业道德。但在教学实践中，经济法课程思政的落实、实践和优化过程中仍面临诸多困难。例如，经济法课程在传授法律知识时，虽然强调法律是维护社会公平正义的重要工具，也要求学生具备法治信仰和正义精神，这与思政课程的培养目标相一致，但在具体教学过程中，思政元素与理论知识的融合困难重重。再如，习近平法治思想既是思想政治教育的重要内容，也是法学类课程的核心内容，但在经济法课程教学中，如何将这些思政元素有机融入法学专业知识讲解，仍是一个亟待解决的问题。具体来说，在经济法课程教学实践中，存在如下困境。

（一）思政内容与课程内容相脱节

在经济法的教学实践过程中，一个突出的问题是经济法课程的专业内容与课程思政内容之间存在明显的脱节现象。尽管许多高校教师已经在经济法课程中积极探索如何开展课程思政，但真正能够构建出系统性、可借鉴、可推广的思政案例并不多。大多数情况下，课程思政的融入是零散的、孤立的，缺乏深度与系统性。这种教学模式往往表现为简单地将思政教育资源生硬地加入专业课程中，导致专业课理论知识学习与课程思政教学形成了"两张皮"的局面。

这种脱节现象造成学生在学习过程中往往只关注法律条文本身，而忽视其中蕴含的思政理念和思政精神，导致对思政内容的理解浮于表面，难以内化于心。在面对实际问题时，学生无法将所学的思政知识与法律实践相结合，难以运用思政理念去分析和解决问题，从而影响了其综合素质的提升和未来的职业发展。

（二）缺少新技术的赋能和应用

在经济法课程教学中，教师对新技术的应用往往简单地局限在使用数字课程资源和数字平台来分享基于文字和图片的课程资源和课程材料。资源应用种类非常单一，缺乏多样性和创新性。其所使用的数字课程资源由于时效性的局限，往往很难及时更新。例如，在一些经济法法律法规更新后，教学资源中的教学案例等的更新却未能跟进，导致学生接触到的思政知识和思政案例相对滞后，无法与当前社会经济发展的实际情况紧密结合。在经济法课程教学中，电子课程资源未能充分激发学生的学习动力。学生在使用这些资源时，往往缺乏主动性和积极性，无法将思政元素与专业知识有机结合，难以实现思政教育与专业教育的深度融合。

(三) 评价体系的二元割裂

在当前的经济法课程教学评价体系中，核心指标依然是学生对知识点的掌握程度。这种评价方式侧重于考查学生对经济法条文、原理等知识的背诵和理解，通过考试成绩来衡量学生的学习成果。然而，这种单一的评价模式存在明显的不足，缺乏对价值观内化效果的有效测量工具。价值观内化是指学生在学习过程中，将经济法所蕴含的公平、正义、诚信等价值观念融入自身的价值体系中，并在实践中自觉践行。这种内化过程难以用传统的考试方式来衡量，需要更加科学、可操作化的评价工具来评估学生在价值观方面的收获。

教师在教学过程中也面临"重知识考核轻价值评价"的制度约束。学校和教育管理部门往往更关注学生的考试成绩，将知识考核作为衡量教学质量的主要标准。这使得教师在教学中不得不将重点放在知识传授和应试技巧上，而对课程思政的投入相对较少。课程思政是指将思想政治教育融入专业课程教学中，通过专业课程来实现价值引领。在经济法课程中，课程思政可以引导学生树立正确的法治观念、职业道德和社会责任感。然而，由于缺乏有效的评价机制，教师在课程思政方面的努力难以转化为显性的教学成果，无法得到充分的认可和激励。这种制度约束不仅限制了教师的教学创新，也不利于学生综合素质的全面发展。

(四) 跨学科支撑机制缺位

经济法课程思政的实施需要法学、马克思主义理论、教育学等多学科的协同合作。这种跨学科的融合能够从不同角度挖掘和整合思政元素，使学生在学习经济法专业知识的同时，能够深刻理解其中蕴含的价值观，如公平、正义、诚信等，从而实现知识传授与价值引领的有机结合。然而，目前高校普遍缺乏跨院系协作平台，不同学科的教师之间沟通交流不畅，难以形成有效的合作机制。

在这种情况下，思政教师与专业教师往往各自为战。思政教师专注于思想政治教育的理论与方法，而经济法专业教师则侧重于经济法知识的传授。两者之间缺乏深度的交流与协作，导致课程思政的实施难以达到理想的效果。

这种现状使得"知识—价值"双螺旋教学模式难以形成。该模式强调知识传授与价值引领的同步推进，通过知识学习引导学生树立正确的价值观，同时以价值观为导向深化对知识的理解。但在缺乏跨学科合作的情况下，这种教学模式的实施受到严重限制，影响了学生综合素养的提升。

二、"大思政课"视域下经济法课程教学改革的对策

（一）构建"三维渗透"教学框架

在"大思政课"视域下，经济法课程教学改革可以通过以下方式在知识维度、能力维度和价值维度实现递进式融合。

（1）知识维度（法律原理）。首先，教师应深入挖掘经济法课程中的思政元素，如在讲解消费者权益保护法时，强调对消费者权益保护背后的法治精神和公民责任。将社会主义核心价值观中的"法治"理念与法律原理相结合，使学生在理解法律条文的同时，树立正确的法治观念。其次，通过案例教学，引入与思政相关的实际案例，如企业反不正当竞争的案例，引导学生分析法律原理在实际中的应用，同时培养学生的社会责任感。

（2）能力维度（合规分析）。在教学过程中，教师可以设计模拟法庭、案例分析等实践活动，让学生在实践中锻炼合规分析能力。通过分析具体案例，学生不仅能够掌握法律知识，还能学会如何在实际情境中运用法律进行合规分析。同时，教师可以引导学生讨论案例中的道德和伦理问题，培养学生的思辨能力和社会责任感。

（3）价值维度（社会主义市场伦理）。在价值维度上，教师应将社会主义核心价值观贯穿整个教学过程。例如，在讲解市场竞争制度时，强调公平竞争的重要性，引导学生树立诚信、公正的市场伦理观念。通过专题讨论和案例分析，让学生深入思考在社会主义市场经济中，企业应如何践行社会责任，如何在追求经济效益的同时兼顾社会效益。此外，教师可以结合当前社会热点问题，如企业社会责任、消费者权益保护等，引导学生运用社会主义

核心价值观进行判断和分析,增强学生在法治领域的综合素养。[1]

(二) 开发"问题链"教学法

在经济法教学实践过程中,开发并完整运用"问题链"教学方法,从知识建构的递进性、法律思维的连续性和法律实务能力的贯通性等维度帮助学生不断搭建并完善完整的学习链条,有效实现从法律认知到法律适用的能力跃升。

(1) 构建经济法阶梯式学习框架。开发完整的阶梯式学习框架,帮助学生搭建并实践从基础层到进阶层再到综合层的全阶梯学习框架。对于基础层的知识能力搭建,侧重于设计基础概念、基本法理和法条的讲解以及辨识类问题,例如在《公司法》的讲解中,为学生辨析法人、法定代表人、股东和实际控制人等基本概念。对于进阶层的知识能力搭建,要引导学生将理论知识和生活实践当中的真实场景相结合,设置法律适用分析问题,例如在学习《反垄断法》相关理论和法条后,引导学生思考并分析如"某电商平台'二选一'政策应适用《反垄断法》哪类规制条款"等问题。对于综合层的知识能力搭建,是对学生学习能力的最高层次要求,在教学实践中,帮助学生创设复杂情境决策问题,引导学生跨知识模块、跨专业课程甚至跨学科全面、系统地分析问题。例如,在学习《消费者权益保护法》时,创设诸如"结合数字经济的特点,如何完善现行消费者权益保护法律体系",引导学生结合管理学、经济学的专业知识,系统分析类似问题。

(2) 嵌入经济法动态案例演进系统。在教学实践中,将教学案例从单一法律事实拓展到复合法律关系,形成系统的"切片式"研究案例库,并根据外部环境变化,不断更新案例切片。例如在进行合同法的教学案例设计时,可以从合同违约这一单一法律事实逐步拓展到商事合同中的格式条款争议这一复合法律关系。同时,依据经济法课程中相关法律法规会根据市场经济发展需要,不断更新和完善的立法特点,引入"立法演进对比组"。通过梳理新旧法条,例如《公司法》修订前后相关法条的变化,引导学生深入剖析和思考,为什么我们的立法会有这样的变化,产生变化的必要性和先进性体现在

---

[1] 梁宇. 新时代背景下"经济法"课程思政教学改革路径研究 [J]. 大学,2024 (26):144.

哪里，帮助学生形成历史维度的思维链，更好地理解和学习相关理论知识。

（三）建立动态评估机制

在"大思政课"视域下，经济法课程教学改革采用学习档案袋、价值观量表等多维度评价工具，能有效量化思政教育成效。

学习档案袋能记录学生整个学习过程中的表现，包括课堂讨论、案例分析、小组作业等。在经济法课程中，教师可以要求学生在档案袋中收集与思政相关的学习资料，如撰写关于公平竞争、诚信守法等主题的心得体会、案例分析报告等。通过对这些资料的整理和分析，教师可以全面了解学生在知识、能力、价值观念等方面的进步，而不仅仅是通过考试成绩来衡量。通过设计针对经济法课程的思政价值观量表，如罗克奇价值观调查表，能够量化学生在学习过程中的价值观变化。在课程开始和结束时分别进行测量，可以直观地看到学生在公平、正义、诚信等价值观上的转变和内化程度，从而评估思政教育的实际效果。

这些评价工具的使用，为教师提供了丰富的数据支持，使思政教育成效的评估更加科学、全面。教师可以根据这些量化结果，及时调整教学策略，进一步优化课程思政的实施，帮助学生在学习专业知识的同时，树立正确的价值观和社会责任感。

三、结 语

在"大思政课"背景下，课程教学改革正成为教育领域的核心任务。经济法作为一门关键课程，其教学改革的核心目标之一，是在传授法律知识的同时，充分挖掘并融入思政元素，实现知识传授与价值引领的有机统一。经济法课程蕴含着丰富的思政教育资源，这些资源有助于引导普通高校学生树立公平正义、诚实守信的价值观，培养他们敬业、守法、创新等职业道德，为学生未来的职业发展和人格塑造奠定坚实基础。

然而，在经济法课程教学实践中，仍然存在一些亟待解决的问题。例如，思政内容与课程内容相脱节、教学手段落后、评价指标单一，以及跨学科支撑机制缺位等。为解决这些问题，教师需要变革教与学的观念和手段。具体而言，教师可以构建"三维渗透"教学框架，从知识、能力和价值三个维度实现递进式融合；开发"问题链"等教学方法，激发学生的思考和参与度；并建立动态评估机制，采用学习档案袋、价值观量表等工具，全面量化思政教育成效。通过这些改革措施，不仅能培养学生的基本法律素养和解决问题的能力，还能塑造他们正确的人生观、价值观和世界观，实现对学生的全方位、立体化培养。

"课程思政"视域下有氧健身跑课程的教学设计与实践探索

吴爱华[*]

内容提要：在大学进行课程思政教学改革，落实党的教育方针和立德树人根本任务的背景下，有氧健身跑课程打破传统体育课以身体练习为主的局限性，利用云班课等教学平台和KEEP、咪咕善跑等运动App软件，将课堂教学、线上自学、课外锻炼、协会活动、校内外竞赛相结合，将"育德"与"育体"相结合，在提升学生耐力素质，改善学生体质健康状况的同时，以"润物细无声"的方式，让思政教育贯穿课程始终。

关键词：课程思政；体育课；教学；有氧健身跑课程

一、引　言

立德树人是教育事业发展必须始终牢牢抓住的灵魂。2016年习近平总书记在全国高校思想政治工作会议上，对"课程思政"这一概念进行了重点强调与阐释，要求充分利用"课堂教学"这个主渠道，使各类课程与思想政治理论课同向同行，将思想政治教育内容融入各个学科的教育教学活动，形成协同效应，推动实现全员、全程、全方位育人。

党的十九届四中全会审议通过的《中共中央关于坚持和完善中国特色社

---

[*] 吴爱华，女，硕士，北京石油化工学院体育部讲师，主要研究方向为高校体育教学、群体竞赛与课余训练。

会主义制度 推进国家治理体系和治理能力现代化若干重大问题的决定》指出：要完善立德树人体制机制，深化教育领域综合改革，培养德智体美劳全面发展的社会主义建设者和接班人。

2020年5月发布的《高等学校课程思政建设指导纲要》指出，课程思政建设就是要寓价值观引导于知识传授和能力培养之中，帮助学生塑造正确的世界观、人生观、价值观，这是人才培养的应有之义和必备内容。

随着课程思政理念的逐步推广和深化，我国高等教育正在经历一场深刻的变革。传统的以知识传授为主的教学模式正在向以价值引领为核心的教学模式转变。体育课程，作为高校教育不可或缺的组成部分，应积极探索与思政教育的有机融合。大学体育教师更应与时俱进，在体育课程中融入思想政治教育元素，创新教学设计方法，提升体育教学的质量，实现以"以体思政""以体育人"。

有氧健身跑课程是北京石油化工学院的一门体育选修课，开课9年来深受学生喜爱，本文总结提炼了近年来在教学中落实课程思政的策略与实践，与诸君共勉。

二、有氧健身跑课程的特点及思政契合点

随着马拉松热潮在中国的兴起，健身跑在各大高校也日渐普及。跑步以其特有的文化底蕴和运动方式受到大学生的喜爱。北京石油化工学院于2015年开设了"有氧健身跑"体育选修课程。课程教学目标是通过了解跑步、练习跑步进而享受跑步带来的乐趣、增强学生体质、促进学生健全人格的发展，通过参与长跑、马拉松等训练和比赛，培养学生不畏艰苦、永不放弃、挑战自我、挑战极限、顽强拼搏的心理素质和超强的精神意志品质。

作为一门体育选修课，课程具有极强的实践性。学生通过亲身参与运动，反复练习，从而掌握跑步技巧、提升体能，并理解运动对于身体健康的重要性。这种实践性不仅使得学习过程更加生动有趣，也让学生能够在实际运动中感受到挑战极限与超越自我带来的愉悦体验。

课程的参与度非常高。课堂教学中学生需要进行大量的互动与合作。这种高参与度的学习方式不仅有助于提高学生的社交能力，还能培养他们的团

队协作精神。在跑步过程中,学生们一起相互鼓励、支持,共同完成课程目标,这种共同奋斗的经历能够加深他们之间的友谊,增强集体荣誉感。

也正是因为课程具有广泛参与性且具有挑战性,所以更易于融入思政内容,展现了显著的思政教育融合优势。以目标导向教学法为例,教师可通过梯度化跑步任务的系统性设计(如阶段性配速提升计划),在运动技能习得过程中同步实现意志品质的定向培养。同时,教师还可以结合有氧健身跑所倡导的健康生活方式,引导学生树立正确的健康观念,养成良好的生活习惯。这些思政内容的融入,不仅丰富了有氧健身跑课程的内涵,也使得体育教学成为立德树人的重要阵地。

三、落实课程思政的教学探索

(一)有氧健身跑课程中蕴含的思政元素

要将思想政治教育融入有氧健身跑课程教学,将"育德"与"育体"相结合,将显性教育与隐性教育相统一,实现对学生身体、心理以及思想道德品质等综合素质的同步培养,促进学生综合素质全面发展,提升课程教学的质量,需要明晰课程特点,准确把握有氧健身跑课程的育德目标,为课程立德树魂,充分挖掘课程和教学方式中蕴含的思政元素。

1. 树立远大人生理想,培养大学生的家国情怀和爱国主义精神

学习跑步文化,尤其是奥运会上刘翔、苏炳添等中国优秀运动员的成长历程,加深对跑步运动的历史与发展、精神内涵的理解和认知,从而增强民族认同感、自豪感,培养爱国主义精神;了解新中国体育的发展,树立中国特色社会主义道路自信、理论自信、制度自信、文化自信;了解一些伟人、名人的体育经历,树立为家乡、为民族、为国家不懈奋斗的人生理想,从而更好地实现个人价值和社会价值。

2. 完善人格,培养大学生自强不息、拼搏进取、敢于挑战的精神

任何一项体育运动都具有一定的挑战性,跑步,尤其是长跑,更需要参与者具有不放弃、不服输的韧劲与敢于挑战的勇气。有氧健身跑不仅能锻炼体魄,更有助于完善人格。在奔跑中学生更自然顺畅地升华热爱生活,积极、

健康、奋进的精神状态;在奔跑中同学之间相互鼓励、扶持与帮助,唤醒协作友爱,互助共同进步的精神;当跑步遭遇伤痛、瓶颈期、比赛失败和挫折时,可以培养学生越挫越勇、决不放弃、战胜自我的豁达心境,实现真正意义上的身心健康。

3. 增强大学生的规则意识和协作精神

跑步不仅是一种锻炼身体的手段,也是社交的平台。无论是在课堂练习、课外锻炼还是在比赛中,学生能获得更多在现实中与同伴进行交往的机会,感受互助共赢带来的愉悦感。跑道上大家热身训练,结伴比赛,互相鼓励,结伴前行,一同克服困难完成既定目标,将促使学生在"无意识"状态下自然完成对他人的理解和信任,增强人际交往、沟通交流等能力,相较于传统、单纯的德育理论知识教育实效性相对更强。对个人而言,能力有强弱,完赛有先后,但为队友加油,为团队喝彩,相互激励不抛下任何一名队友,帮助学生完成对"集体"二字的实践性体悟。这种感受依托单一说教已很难奏效,只有在训练和参赛的实践中学生才能真正感受到互助互爱的温暖,体悟到集体利益高于一切的真正内涵。

(二) 有氧健身跑课程思政的教学设计

在深入分析课程蕴含的思政元素的基础上,结合课程内容、时事政治等进行了融入设计,做到课课有思政,处处有体现,并通过课堂表现和课外锻炼作业进行了评价。其中2023年秋季学期进行了以下的课程思政设计:第一次云班课发布头脑风暴,讨论体育带给我什么;第二次课的准备活动练习中,融入身心皆具柔韧性的内容,一方面启迪学生思索心理韧劲,另一方面也促使其更关注身体柔韧性的发展,从而认真对待练习动作,不敷衍了事;第三次课讨论如何选择跑鞋,通过对跑鞋的选择引发学生思考在跑步过程中是一味追求装备,还是以练为主;第四次课设计热身游戏障碍接力热身跑,鼓励学生跨越障碍奔跑向前,勇于战胜困难,培养学生的团队精神;第五次课布置课后作业:观看介绍基普乔格的视频并谈谈在基普乔格身上学到了什么;第六次课结合中国航天员成功返回,了解航天员如何在太空健身,向航天员致敬,感受祖国的强大,增强民族自豪感;第七次课布置作业:发现体育中的美，要求学生用文字或者摄影的方式，寻找并记录体育运动中的美，体育与美育融合。

（三）课程思政的方法和与途径

1. 利用"互联网+"的优势为学生提供丰富的理论学习内容

通过新媒体、新技术、移动网络等现代技术手段让体育文化发展、思想价值观念的传播更加多元化。在体育理论教学内容的选择上融入体育强国专题、健康中国专题、奥运会专题、名人健身专题、各项体育赛事或正向价值的体育活动等内容，培养学生家国情怀，增强民族认同感，坚定文化自信。

比如2021年和2022年分别结合东京奥运会、北京冬奥会，为学生介绍奥运历史上那些挑战人类极限的优秀运动员的奋斗经历，理解更快更高更强与重在参与之间的关系，并将之投射在自己的学习和生活中，懂得人生的真谛不在于征服，而在于自我努力及奋斗有方。

2023年结合神舟十六号航天飞船返航，让学生了解航天员在太空进行体育锻炼的情况，在认识到体育锻炼的重要意义同时，为祖国航天事业的发展而自豪，鼓励学生向航天员学习，树立崇高理想坚定信念，为中华民族伟大复兴而奋斗。

2. 课堂教学手段多样化，显隐结合，润物无声

所谓"教学有法，又无定法，贵在得法"，在课堂教学中，根据学生特点、教学目标和教学中的诸多因素，摸索切实可行的教学方法和手段，使课程基本内容的教学与思政教育相融合❶，实现显隐结合，润物无声。

将体育课程中蕴含的体育精神、道德品质、团队协作、公平正义、积极乐观等理念通过体育课的实践性、具体化和潜移默化的特点表现出来，具体体现在翻转课堂、探究式学习、合作学习等教学手段的运用和间歇训练法、竞赛训练法、分组训练法等有氧跑训练方法的运用中。同时，增加课堂互动内容，交流跑步心得体会、参赛收获等，使学生在同伴和集体的感染下，体悟人生的价值和意义，体会坚持运动带来的愉悦感、幸福感，增强自信和

---

❶ 黄攀. "课程思政"融入高校体育课程教学的途径分析［J］. 当代体育科技，2022，12（12）：171.

活力。

以学习跑前热身为例，采用小组合作学习的教学方法，要求学生在课前预习的基础上，以小组为单位创编一套适用于跑步的热身操，并进行展示。学生学习新内容的参与性、积极性、主动性、创造性都得到了提高，同时培养了沟通能力和团队合作精神。

针对选修这门课程的男生比较多，而大部分男生柔韧素质较差的现状，在组织学生进行柔韧素质练习中，结合中华优秀传统文化进行教学。不仅讲解提高柔韧性对跑步的益处，同时以身心皆具"柔韧性"为主题，结合中华优秀传统文化中"以柔克刚、以刚蓄柔、刚柔并济、不折不崩"的哲理表达，启迪学生思索心理韧劲。每个人在成长过程中都难免会遇到挫折，受挫时心理承受能力在某种程度上可以看作"心理柔韧性"。只要我们拥有"韧"的精神，就一定会在学习、工作、锻炼和生活中取得更大的成就！

3. 形成课内外的联动机制，加强学生课外锻炼的管理和指导

仅仅依靠一周一次的课堂教学，学生的耐力素质难以得到明显提升，需要加强学生课外锻炼的管理和指导。因此，在开设课程的基础上，成立了爱跑协会这一体育社团，充分发挥社团的力量，组织、指导学生进行课余锻炼和参与校内外竞赛与志愿服务工作。

爱跑协会成立后，定期组织学生参与校内外长跑赛事活动，传统赛事包括石化欢乐跑、鹫峰登山赛、高校百英里接力赛、冬季校园长跑等。爱跑协会为选课的学生提供了展示能力和成绩的平台，学生在组织课外锻炼，参与跑步赛事的过程中，学以致用，感受到了挑战极限、战胜自我的乐趣，收获了跑步的益处，养成坚持跑步锻炼的习惯。2023年组织30名学生参加了大兴半程马拉松志愿服务活动，完成了4000余份参赛包的发放工作，践行了奉献、友爱、互助、进步的志愿精神。

4. 完善课程评价体系，注重过程性评价与终结性评价相结合

课程考核方式采用过程评价与终结性评价相结合的考核方式，过程性评价包括出勤、在线学习、课堂表现、平时作业等。总评成绩包括"课堂表现（满分10分）+在线学习（满分10分）+锻炼作业（满分20分）+理论考试（满分10分）+5000米（满分50分）"。为了更好地记录学生在学习过程中

的表现，通过云班课 App 记录学生的出勤、在线学习、完成作业、参与课堂活动、随堂考试等情况，使过程评价得以量化，同时老师能够实时掌握学生的学习状况，及时进行辅导。

通过 8 周的课程学习，选课前分别处于低、中、高不同能力水平的学生，都取得了相应的收获：大体重的学生减脂减重；跑步零基础的学生可以完成 5 公里；有一定基础的学生成绩提高，创造个人 PB；学生们不仅能够坚持跑步锻炼，还能积极参与社团活动。2021 年至今，有 20 余名学生坚持跑步并完成了半程马拉松的挑战。

四、结　论

有氧健身跑课程是一门以实践为主，具有鲜明体育学科特征的"技能性"课程。在"课程思政"视域下，根据长距离跑的特点，在教学过程中选取对应的育人内容，使专业的技术技能与课程思政有机融合，将身体练习与道德培养相结合，取得了理想的教学效果。不仅发展了学生的耐力素质，让学生掌握伴随一生的跑步运动技能，帮助学生养成终身体育锻炼的习惯，更助力学生成长为具有强健体魄、健全人格、社会责任、家国情怀的新时代大学生。

大学体育是学校体育的最后一站，也是大学生由学校体育向终身体育转变的关键期。在体育教学工作中，教师应不断深入探索思政资源，探索体育课程与思政教育融合发展的有效途径，无论是教学目标的制定、教学方法的选择还是教学内容的设计，都应以学科特点和学生思想现状作为依据，寻找适宜的切入点，促进体育课程教学与思想政治教育融合发展，互相促进，相得益彰，从而产生更强大的思想效应，实现高等学校人才培养目标，为国家培养德智体美劳全面发展的社会主义建设者和接班人。

"大思政课"建设协同创新成果集

高校身体素质课实施课程思政的实践探析[*]

董 煜[**]

内容提要：身体素质课程，是以田径运动的走、跑、跳、投及球类、团队拓展等项目为基础，通过技术的讲解、示范和练习，使学生掌握正确提高身体素质的动作要领及训练方法等内容。本文通过挖掘和利用课程中所蕴含的思政元素，在教学目标、教学方法以及教学评价等环节中，从不同方面进行思想政治教育的融入，将知识传授与价值引导有机结合。探索课程思政融入高校身体素质课程的路径，为高校身体素质课程思政建设提供一些参考。

关键词：课程思政；高校；素质课程

一、前 言

2020年5月教育部发布的《高等学校课程思政建设指导纲要》明确指出，课程思政建设要在所有高校、所有学科专业全面推进，并强调要根据不同学科专业的特色和优势，科学设计课程思政教学体系，分类推进课程思政建设。这一规范性文件从战略高度对当前推进课程思政建设进行了整体设计和全面部署，为新时代提升课程思政育人效能提供了具体标准和价值遵循。[❶]

---

[*] 本文系2022年北京石油化工学院体育教育改革与研究重点项目（项目编号：ZDKCSZ202209002）的研究成果，发表于《时代教育》2024年第8期，收入本书时有修改。

[**] 董煜，女，教育学硕士，北京石油化工学院体育部讲师，主要研究方向为体育教育训练学。

[❶] 吴寒斌，高虹. 课程思政教学设计的文化理念与基本原则［J］. 黑龙江高教研究，2020, 38 (10)：152-155.

高校体育公共课程作为为数不多的公共必修课，自觉担负起培养德智体美劳全面发展的社会主义建设者和接班人的教育使命。

身体素质课是北京石油化工学院针对一年级学生身体素质的现状开设的体育必修课。近年来大学生整体身体素质水平呈下降趋势，为了有计划、有步骤地提高入校学生的基础身体素质，专门为入学新生开设该课程。该课程结合田径运动的走、跑、跳、投及球类、团队拓展等项目与技术进行深入浅出的讲解、示范和练习，使学生掌握正确提高身体素质的动作要领、训练方法，领略体育的魅力。作为以素质练习为主的课程，要从"强'技'健体"转向"以体'育'人"，充分挖掘课程中的思政元素，将其体现在教学大纲、教学日历和教案上，建立起相对完备的教学内容体系。

二、研究方法

（一）文献资料法

利用中国知网等数据库中资源，查阅国内相关文献资料，收集与课程思政有关的文章，分析当前高校体育课程中思政融入的研究现状，为本文撰写奠定理论基础。

（二）问卷调查法

针对教学过程中，学生的反馈信息进行及时收集整理，课上向学生发放问卷调查，发放共计 123 份，其中有效问卷 119 份。

（三）数理统计法

对所收集的数据利用 Excel 和 SPSS 统计软件对获得数据进行整理分析，为研究提供进一步依据。

三、研究结果与分析

(一)身体素质课程开展课程思政的优势

1. 课程目标的一致性

素质课程教学目标共有四个维度,分别是运动参与激发、运动技能提升、身体健康促进、心理健康和社会适应促进(见图3-3),其中心理健康和社会适应促进目标中,包含多种思政元素,如团队协作、勇敢顽强等。可以说本课程的目标与思政课的目标有高度的一致性,这为课程思政项目的开展提供了有利条件。

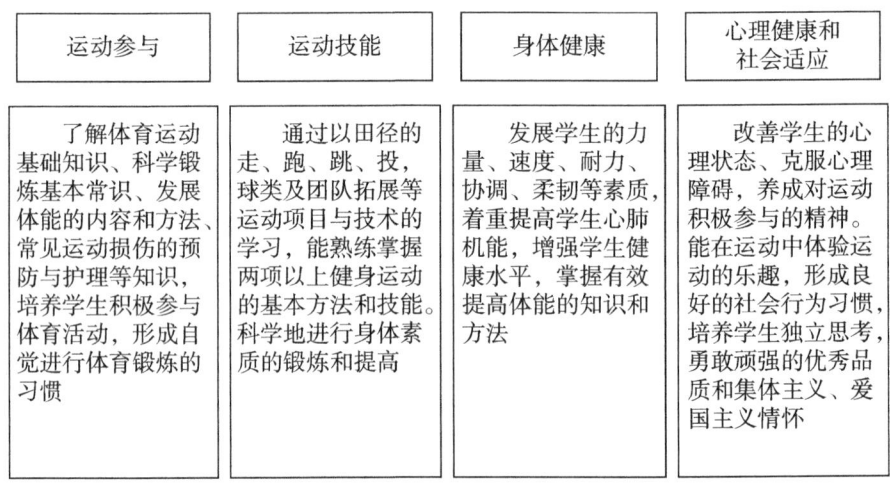

图3-3 身体素质课程教学目标

2. 课程内容的可操作性

身体素质课程内容由五方面组成,包括理论知识部分、身体素质项目动作技术学习、练习手段及方法介绍、团队拓展活动、泛学其他运动项目及规则介绍,其中前四个方面教学内容均可以作为思政教育的载体,通过教师对活动的总结,引导和帮助学生在运动后进行更深层次的思考,树立独立思考的能力。

3. 教学方式的特殊性

在道德观和价值观的传播方式中,"体验"模式有其独特的优势,亲身参与,比单纯的理论教学更容易内化,体育课作为一门实践类课程,学生有较强的参与性,素质课作为体育课之一,同样具备知识传播的具体化、潜移默化的特点,在课堂上,将学生所展现的竞争精神、规则意识、责任感等及时总结引导,可以有事半功倍的效果,将个体内在的思想转化为自身行为规范。

(二) 课程思政元素的挖掘与融入点

1. 身体素质课程思政育人目标

(1) 培养爱国情怀,增强文化自信。通过对体育历史和文化的学习,让学生体验到新中国体育发展中的中国体育精神的传承,使学生形成强烈的民族荣誉感,厚植爱国主义情怀,弘扬体育文化,彰显文化自信。

(2) 培养坚强意志,增强拼搏精神。帮助学生克服在运动参与过程中生理上疲劳和心理上斗争,使学生拥有勇于挑战自我、坚持不懈、战胜困难的意志品质。养成对运动参与积极乐观的学习态度,能在运动中体验运动的乐趣和成功的感觉。

(3) 培养规则意识,增强纪律观念。通过课上的比赛和良性竞争,引导学生树立遵守规矩和正当竞争的意识,帮助学生从容适应社会规则要求,使学生形成自觉树立公平竞争的意识和观念。

(4) 培养团队意识,增强集体观念。通过参与集体拓展类活动,帮助学生建立团队意识和集体观念,在相互合作间亲近和睦,与人为善,进一步增强社会适应能力。

2. 课程思政融入点

根据课程教学内容,从三个方面将课程思政元素融入其中,分别是理论知识部分、身体素质练习部分和团队拓展活动部分。每个方面根据不同的教学内容进行思政内容的融入,在这里各列举了一个内容(见表3-7、表3-8和表3-9)。

表 3-7 理论知识部分融入思政内容示例

教学内容	思政内容	组织实施
梳理新中国体育史，观看夺冠视频	引导学生感受中国从体育大国向体育强国的迈进，增强民族自豪感	采用线上线下相结合的方式进行教学，利用蓝墨云班课等现代化教学辅助手段，将课程知识以短视频、图片和文字等形式发布，有针对性地指导学生进行在线学习，同时结合线下课上教学内容，有计划地穿插理论知识内容，组织学生讨论分享，教师进行总结提炼

表 3-8 身体素质练习部分融入思政内容示例

教学内容	思政内容	组织实施
心肺耐力练习	引导学生战胜畏难情绪，通过自身努力勇于克服困难，增强自信	讲解示范正确的跑步技术，帮助学生掌握跑步基础知识，组织学生进行耐力跑练习，提高心肺耐力。通过深入浅出的讲解和循序渐进的练习，循循善诱地帮助学生完成耐力跑练习。及时疏导学生在练习过程中由于身体负荷加大所带来的不良情绪，在练习结束后进行总结提炼，让学生感受到战胜自我的喜悦感。将素质练习与思政元素有机结合，设计相关内容主题跑，在练习的同时感受主题教育，春风化雨，润物无声

表 3-9 团队拓展活动部分融入思政内容示例

教学内容	思政内容	组织实施
同心鼓	引导学生严格遵守规则，学会与人合作，理解合作的重要性，认识到合作与成功的关系	介绍活动规则，安排分组进行练习，设置最低纪录，要求学生在练习过程中思考如何获得更好的成绩。教师在学生练习过程中不断提醒和鼓励，活动结束后进行总结概括，帮助学生感悟团队协作的成长过程

3. 教学评价方式

身体素质课程评价由三个方面组成，包括平时成绩、理论考试以及身体素质考核项目。

平时成绩，主要由学生课堂表现、学生线上学习情况和学生平时参与运动统计三部分组成,考查学生出勤、参与运动积极性、学习态度情况以及课程中所展现出的意志品质等内容;理论考试,主要考查学生理论知识的掌握程度,以及利用基本原理分析问题的能力;身体素质考核,主要考查学生各项身体素质水平。

在教学评价的设计中,根据课程教学目标,构建课内外相结合的考核评价方式,将线上与线下、定性与定量、过程性与结果性评价相结合,多方位评价方式有助于更好地培养学生多方面的能力。尤其是课堂表现中包含课程思政内容评价,分为教师评价和学生自评,教师根据学生课上表现使用量表进行打分,学生根据自我感受进行自我评价,为课程思政融入课程探寻有效评价方法。

(三)学生思想政治自我评价结果分析

在课程结束后,学生将自己在思政方面的感受进行反馈,通过填写问卷和撰写感受的方式,分别从增强爱国意识与文化自信、拥有坚强意志与拼搏精神和增强规则意识与团队协作三个方面进行自我评价,问卷结果显示,这三方面学生选择非常同意和同意的人数均达到90%以上,说明学生比较认可通过课程学习,更加热爱自己的祖国,为我国体育运动取得的成绩而自豪;可以在课上学习过程中,克服肌肉酸痛、呼吸困难等生理困难,坚持完成练习;能够在团队活动中遵守规则,与他人很好地沟通、协调、协作(见图3-4)。

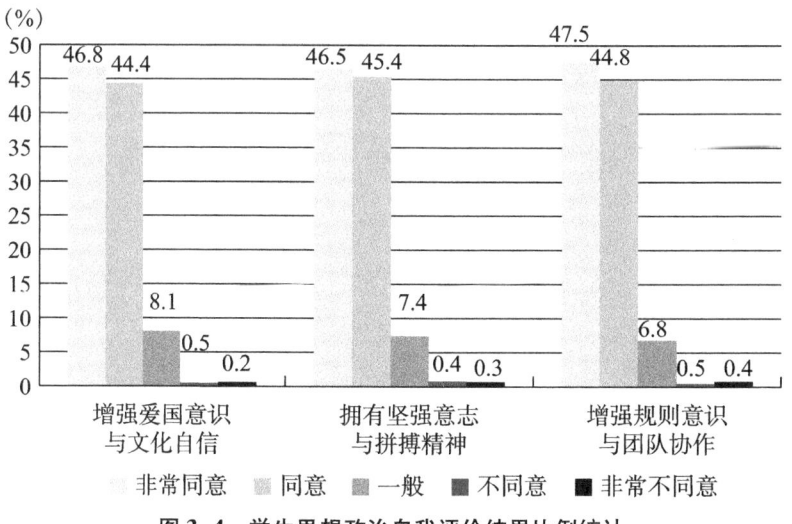

图3-4 学生思想政治自我评价结果比例统计

四、结　语

随着体育教学领域对课程思政探索的不断深化,当前的研究趋势正在从整体的理论设计逐渐渗透到不同项目的体育课中,不仅有武术、排球和乒乓球等具有中国特色项目课程,其他运动项目课程的研究也开始逐渐兴起。身体素质课程,作为大学一年级学生的体育必修课,在强身健体的同时更要发挥育人功能。本研究剖析了身体素质课程中融入课程思政的三大优势:课程目标的一致性确保了教育方向的精准定位;教学内容的可操作性使思政教育与学生体能锻炼紧密结合;教学方式的特殊性则让思政教育以更加生动、直观的形式深入人心。进一步地从教学目标、内容及评价方式三个维度,深入探讨了思政元素融入的具体路径,旨在实现体育与思政的有机融合。广泛收集学生的反馈信息,不仅是对教学效果的直接检验,更是优化教学策略、提升教育质量的重要依据。结果显示,通过逐步渗透、潜移默化的方式,思政教育已深深根植于学生心中,取得了较好的学习成效。这一实践探索,无疑为体育课程思政化的发展提供了宝贵的经验与启示。

第四篇　大中小学思政教育一体化建设

善用"大思政课"弘扬民族品牌[*]

曹正宝　刘杏玲　李　娜[**]

内容提要：本文以北京市大兴区第二中学为研究对象，基于学校成为北京市基础教育党建研究重大课题实验校的背景，探讨如何善用"大思政课"弘扬民族品牌。通过以"大思政课"为载体深化民族品牌文化内涵、以社会实践为纽带推动实践育人、以文化自信为内核赋能国际传播、以制度保障为支撑构建长效育人机制等多种途径，激发中学生的民族认同与创新活力，为民族品牌发展提供支持，助力实现"中国制造"向"中国品牌"的转变以及中国式现代化建设。

关键词："大思政课"；民族品牌；实践育人；文化自信

弘扬民族品牌，需要将思想政治教育与民族品牌的培育、传播深度融合，通过课程设计、社会实践、资源整合等方式，强化中学生的文化自信与民族认同，为民族品牌的创新发展注入精神动力。习近平总书记在总结思想政治

---

[*] 本文系2024年北京市党建研究重大课题"党建引领'大思政课'综合改革实施策略研究"（项目编号：JCJYDJ2024004）的研究成果。

[**] 曹正宝，男，本科，北京市大兴区第二中学，副高级教师，主要研究方向为思政教育。刘杏玲，女，硕士，北京市大兴区第二中学，一级教师，主要研究方向为思政教育。李娜，女，硕士，北京市大兴区第二中学，副高级教师，主要研究方向为党建研究。

理论课建设经验的基础上，提出"大思政课"的概念，并强调"我们要善用之"❶。2024年北京市大兴区第二中学（以下简称"大兴二中"）成为北京市基础教育党建研究重大课题"党建引领'大思政课'综合改革实施策略研究"的实验校，在"大思政课"建设中深入探索，本文在此背景下谈谈弘扬民族品牌的具体路径和实践方向。

一、以"大思政课"为载体，深化民族品牌的文化内涵

（一）融入课堂教学，挖掘品牌精神价值

在思政课程中嵌入民族品牌的发展史、文化内核及时代意义，引导学生理解民族品牌与国家发展、文化传承的紧密联系，实现知识传授与价值引领的有机统一。高中思想政治必修二第三课第一框《贯彻新发展理念》的教学中，嵌入中华老字号"北冰洋"的案例。让学生梳理北冰洋的品牌发展史：北冰洋前身为始建于1936年的北平制冰厂；1949年收归国有；1951年"北冰洋"商标及雪山白熊图案正式注册；1985年北京市北冰洋食品公司成立；1988年北冰洋产值超1亿元人民币，进入快速发展期；1994年伴随着招商引资大潮，公司与外资企业百事合作，北冰洋品牌逐渐淡出大众视野；2007年经过多次谈判，中方成功收回北冰洋；2011年北京大兴工厂正式投产，凭借着对品质的坚持和对传统口味的传承，再次赢得消费者的喜爱，销售额逐年增长，不断开拓市场。这样设计的目的就是让学生在梳理"北冰洋"发展史的过程中，感受中华民族坚韧不拔、勇于创新的精神。在面对外资竞争时不退缩，而是通过技术创新、产品升级重新崛起。它让我们看到，民族品牌有着深厚的根基和顽强的生命力，是国家经济发展和文化传承的重要力量，激发着我们的民族自豪感和文化自信。

（二）创新教学形式，增强品牌传播感染力

运用新媒体技术，如短视频、虚拟现实（VR）等，展示民族品牌背后的

---

❶ "大思政课"出自习近平总书记2021年3月6日看望参加全国政协十三届四次会议的医药卫生界、教育界委员时的讲话。习近平总书记明确指出："'大思政课'我们要善用之，一定要跟现实结合起来。"这一讲话标志着"大思政课"概念的正式形成。

故事。在"贯彻新发展理念"的教学中,利用现代网络技术直接打开"北冰洋"产品直播间:探秘北冰洋工厂,见证传统与现代的交融。通过直播的方式带领大家探秘调配、灌装、包装等环节,感受北冰洋汽水在传承传统工艺的同时,积极拥抱现代科技,不断创新发展。这种融合不仅赋予了产品新的生命力,也让我们感受到了民族品牌的独特魅力和深厚底蕴,让学生们在心中涌起了一股浓浓的文化自豪感。总之,通过线上线下结合的网络思政课程,已实现"沉浸式"教学覆盖,为民族品牌教育提供借鉴。

二、以社会实践为纽带,推动民族品牌的实践育人

(一)搭建实践平台,深化品牌体验

在开展"大思政课"的背景下,组织学生深入民族品牌企业、老字号工坊开展调研,参与品牌创新设计或营销策划。大兴二中组织学生参观北冰洋生产线,了解从原料调配、灌装到包装的全过程,感受传统工艺与现代科技的融合,挖掘产品品质优势。通过与企业管理层、市场部、研发部负责人交流,了解品牌定位、发展战略。在超市、便利店、餐厅等地,针对不同年龄段消费者发放问卷,了解消费者对北冰洋品牌的认知、购买意愿、改进建议。设计小组依据调研结果,保留北极熊、经典配色等元素,设计出系列包装,如生肖纪念瓶、城市特色瓶,增强视觉吸引力。提出与热门动漫、影视 IP 联名,开发限量版产品,借助 IP 热度吸引年轻消费者,提升品牌时尚感。结合消费者口味偏好,建议研发低糖、无糖、复合型口味汽水,满足健康需求,开发季节性限定口味,如春日樱花味、金秋桂花味。还有学生提出通过小红书和抖音等短视频进行宣传。此类实践思政课程不仅提升了学生综合能力,更强化了其服务传承民族文化品牌的使命感。

(二)联动社会资源,建设民族品牌教育生态圈

在当下经济与文化多元发展的时代,深度整合政府、企业、社会组织三方力量,共同打造一个生机勃勃且具有深远影响力的民族品牌教育生态圈。企业在民族品牌教育中扮演着不可或缺的角色,为民族品牌教育搭建起沟通

与合作的桥梁。大兴二中邀请民族品牌创始人、非遗传承人担任思政课兼职导师，传播传承民族品牌的文化价值。这些民族品牌创始人凭借坚定的信念、卓越的智慧以及不懈的努力，在激烈的市场竞争中闯出一片天地，他们的创业历程充满了艰辛与传奇色彩。当他们走进校园，走上思政课的讲台，将自己的亲身经历与家国情怀分享给学生时，学生们能够深刻感受到民族品牌背后所蕴含的深厚文化底蕴与民族精神。这种真实的故事与情感的传递，远比单纯的理论教学更具感染力与说服力，能够有效增强思政教学的现实感召力，激发学生对民族品牌的热爱与对传统文化的传承意识，培养学生的社会责任感与家国情怀。这一教育生态圈的构建，能为民族品牌的传承与创新注入源源不断的活力，也能为人才培养提供全新的实践与教育模式。

三、以文化自信为内核，赋能民族品牌的国际传播

（一）讲好中国品牌故事，塑造全球话语权

在"大思政课"中融入国际视野，引导学生用外语、跨文化视角传播民族品牌。例如，在思政课中引用《黑神话：悟空》单机动作角色扮演游戏，由学生探讨此游戏一经发售，就彻底"破圈"的原因。让学生深刻地体会到游戏之所以"圈粉"无数是因为高度复刻了独乐寺观音阁、大足石刻千手观音等诸多文化遗产，里面的角色设计、场景搭建以及故事叙述，都深深植根于中国的优秀传统文化。《黑神话：悟空》的成功，正是文化自信在数字时代的一次华丽展现。然而这款游戏由于文化差异加之很多人对原著不够熟悉，外国玩家对部分游戏剧情感到困惑不解。我们应该怎么办？以此激发学生讲好中国品牌故事的热情。例如，有的学生建议针对不同国家、不同民族的特点，用其他国家人民听得懂的"声音"改编中国文化原著，推动中国文化"出海"。同时，可结合共建"一带一路"的契机，设计跨国品牌合作调研课题，提升学生的话语体系全球胜任力。

（二）弘扬红色基因，激发品牌创新动力

挖掘民族品牌中的红色元素，如"振兴东北老工业基地"背景下的国企

转型案例,或"乡村振兴"中地域品牌的崛起故事,将其作为思政课素材。大兴二中在教学过程中挖掘了大兴本地很多素材。例如,在《推动高质量》发展一课中,利用"庞各庄西瓜"资源。大兴区因地制宜做精"土特产",首次推出西瓜"溯源码",助力"大兴西瓜"品牌建设和地标保护;发布全国首个西瓜产业指数——"中国西瓜产业·大兴指数",打造产业"风向标";建立西瓜"产地直采、冷链物流、30 分钟送达"供应体系,在各大电商平台设立直营店 36 家,年销售额达 5 亿元。让学生们深切地感受乡村振兴战略实施以来人们生活水平的不断提高,强化学生对"中国式现代化"实践路径的理解,激发学生品牌创新、为家乡贡献一分力量的热情和动力。

四、以制度保障为支撑,构建长效育人机制

(一) 完善课程体系与师资建设

根据教育部要求制定社会实践大课堂教学计划,安排一定课时用于学生社会实践体验教学活动,推动思政课教学与学生社会实践、志愿服务等活动有机结合,增强学生直接体验和切身感悟。在大兴区教育工作委员会的领导下,深入调研和广泛走访的基础上,开发了大兴机场、一轻集团、北京同仁堂知嘛健康零号店等 13 家本地特色思政课实践教学基地。❶ 同时遴选一批先进典型,由共建高校聘任为思政课"特聘教师"和"特聘教授",赴实践教学基地,参与思政课教学教研活动。大兴二中根据中小学思政课必修课主要内容,结合本区本校实际,分课程分章节分批围绕实践基地编写实践教学教案,录制示范课程。推动学校建立"民族品牌与思政教育"交叉学科方向,培养兼具品牌管理与思政素养的复合型教师队伍,吸纳企业精英、文化学者加入思政课教师团队,形成多元化的教学力量,夯实思政课程资源。

(二) 强化政策支持与资源整合

建议教育部门将民族品牌教育纳入"大思政课"建设专项。这一举措能

---

❶ 大兴区"大思政课"实践教学基地建设指的是 2023 年在中共大兴区教育委员会的领导下,结合大兴区本地教育资源,动员组织本地高校、中小学思政教师与本地企事业单位合作,共建 13 处思政教育实践基地,为创新开展"大思政课"教育奠定基础。

够使民族品牌教育与思政教育深度融合，借助"大思政课"的丰富内涵与广阔平台，将民族品牌的发展历程、文化底蕴以及创新精神融入学生的思想教育体系，培养学生对民族品牌的认同感和热爱之情。同时，鼓励校企共建实践基地，为民族品牌教育提供坚实的实践支撑。企业可以为学生提供真实的实践场景和项目，助力学生将所学知识转化为实际能力，同时也为民族品牌的发展培养更多具有创新意识和实践能力的优秀人才，形成学校、企业、学生与民族品牌多方共赢的良好局面。

"大思政课"与民族品牌传承教育的结合，既是文化自信的生动实践，也是培育时代新人的创新举措。通过课程创新、实践赋能、国际传播和制度保障，可有效激发青年一代的民族认同与创新活力，为民族品牌的可持续发展提供人才支撑和精神动力，推动实现"中国制造"向"中国品牌"的跃升，助力中国式现代化以及中华民族伟大复兴伟业的早日实现。

以高质量党建引领中小学校高质量发展[*]

许甜甜[**]

内容提要：以高质量党建引领和保障中小学校高质量发展，是坚持学校社会主义办学方向，落实学校立德树人根本任务的必然选择。本文从高质量党建引领中小学校高质量发展的趋势、重要性以及策略三个维度展开，特别着重在策略方面，从探索高质量党建与学校高质量发展的内在逻辑关系、行动路径、实践策略等方面进行阐述。

关键词：高质量党建；高质量发展；策略

习近平总书记在党的二十大报告中指出："高质量发展是全面建设社会主义现代化国家的首要任务。"2022年1月26日，中共中央办公厅印发的《关于建立中小学校党组织领导的校长负责制的意见（试行）》指出，要发挥中小学校党组织领导作用，坚持和加强党对中小学校的全面领导。2022年6月，北京市委全面深化改革委员会审议通过《北京市关于建立中小学校党组织领导的校长负责制的实施方案（试行）》及5份配套文件，标志着北京市探索

---

[*] 本文系2024年北京市党建研究重大课题"党建引领'思政课'综合改革实施策略研究"（项目编号：JCJYDJ2024004）的研究成果。

[**] 许甜甜，女，哲学硕士，北京市大兴区第二小学，一级教师，主要研究方向为党建研究。

形成了加强党对中小学校全面领导的"1+5"制度体系❶。加强党对教育工作的全面领导是办好教育的根本保证。建立中小学校党组织领导的校长负责制，是坚持为党育人、为国育才，保证党的教育方针和党中央决策部署在中小学校得到贯彻落实的必然要求。以高质量党建引领和保障中小学校高质量发展，回答好"培养什么人、怎样培养人、为谁培养人"这个教育的根本问题，是建设教育强国的核心课题，也是坚持党的全面领导，充分发挥党组织在学校工作中的领导作用，坚持学校社会主义办学方向，落实学校立德树人根本任务的必然选择。

一、以高质量党建引领中小学校高质量发展的趋势

目前，关于以高质量党建引领中小学校高质量发展的趋势主要集中在理论研究与路径研究两个方面。

一是从"为什么"的角度探究高质量党建引领学校高质量发展的必要性与重要价值。从中共中央办公厅印发的《关于建立中小学校党组织领导的校长负责制的意见（试行）》要求出发，阐明党组织统一领导中小学校的各项工作、以党建引领学校高质量发展的定位与价值；从党建与学校教育教学存在的严重脱节、党员教师先锋模范作用不足、党建成果对于教育教学的指导性与可操作性不强等问题出发，凸显以高质量党建引领学校高质量发展的必要性。

二是从"怎么办"的视角探寻以高质量党建引领学校高质量发展的可行性路径。其一，综合性研究。从破解学校党建与业务工作"油水分离"难题实现"深度融合"视角出发，从将党风建设与师风建设相结合、教学改革与党建同向发展、教学评估与党建同一标准等方面研究如何推动党建与业务工作融合，从而实现以高质量党建引领学校高质量发展。其二，具体性研究。聚焦党建引领下的师资队伍建设、教师教育高质量提高、共青团的建设等具

---

❶ "1+5"制度体系是指《北京市关于建立中小学校党组织领导的校长负责制的实施方案（试行）》以及《北京市中小学校党组织会议讨论决定事项清单示范文本（试行）》《北京市中小学校党组织书记和校长职责示范文本（试行）》《北京市中小学校党组织会议和校长办公会议议事规则示范文本（试行）》《北京市中小学校章程党组织建设内容示范文本（试行）》《北京市中小学校党建工作要点提示》这五份配套文件。

体方面，探讨促进学校高质量发展问题。

总的来看，对以高质量党建引领学校高质量发展方面研究取得了系列研究成果。不过，现阶段的研究仍有可补充之处。其一，高质量党建与学校高质量发展是怎样的内在逻辑关系，这是探讨如何以高质量党建引领学校高质量发展的理论基础与逻辑前提，该部分的研究还比较欠缺，有待丰富；其二，学校这一特殊领域的高质量党建有其特殊性，而对学校高质量党建及学校高质量发展的内涵及其体现的研究仍待丰富；其三，围绕高质量党建与学校高质量发展内在逻辑而开展的实践策略研究较为匮乏，需要更进一步的深度探究，以实现学校党建工作与业务工作的实质融合。

就未来的趋势来看，以实现学校党建工作与业务工作的实质融合为立足点，以实现高质量党建引领中小学校高质量发展为目标，以将党的思想转化为学校的育人思想和育人理念，将党的教育方针和政策落实到学校工作的全过程、全方面为主线，从根本上纵深推进学校党建工作与学校教育教学工作有机融合、结合。

二、以高质量党建引领中小学校高质量发展的重要性

（一）理论层面

一是基于"融合"的视角，探究高质量党建与学校高质量发展的内在逻辑关系，进一步丰富以高质量党建引领学校高质量发展的理论意涵。

二是理论与实践相结合，以科学方法论开展调查研究，探究以高质量党建引领学校高质量发展的引领机制和实践策略的创新理路，推动研究向纵深发展。

（二）实践层面

一是有利于学校党组织将党的教育方针、政策和重大决策部署贯彻落实到学校教育教学工作的各个环节，保证基础教育始终坚持正确的政治方向。

二是基于高质量党建与学校高质量发展的内在逻辑与一般规律，提出系统性、针对性的引领机制和实践策略，为以高质量党建引领学校高质量发展

的具体实践提供借鉴。

三、以高质量党建引领中小学校高质量发展的策略

（一）探索高质量党建与学校高质量发展的内在逻辑关系

一是学校高质量党建的内涵意蕴与时代表征。学校高质量党建主要涵盖高质量的政治建设、思想建设、组织建设、作风建设、纪律建设、制度建设等方面。

二是学校高质量发展的内涵意蕴与时代表征。学校高质量发展本质上就是学校全面落实立德树人根本任务，深入实现"五育并举"，培养德智体美劳全面发展的社会主义建设者和接班人。学校高质量发展涵盖高质量教师党员队伍建设、课程思政引领的高质量课程体系建设、高质量管理体系建设、高质量学校文化体系建设等方面。

三是学校高质量党建与学校高质量发展的内在逻辑。总体而言，高质量党建为学校高质量发展提供政治支撑和思想保障。具体来说，高质量党的思想建设有利于推动学校高质量课程建设、育人文化建设；高质量党的组织建设有利于推动学校高质量教师党员队伍建设；高质量党的制度建设有利于推动学校高质量教学管理制度体系建设。

（二）探索以高质量党建引领学校高质量发展的行动路径

一是进一步梳理、明确实践推进的政策逻辑。通过实证研究，通过文献分析法、政策分析法等，对国家为推动高质量党建引领中小学校高质量发展而出台的政策文本、指导意见等进行分析，说明顶层设计对推动高质量党建引领学校高质量发展的立场、观点和方法，明确国家层面的总体观点和制度性安排。

二是归纳机制建构和策略实施的一般原则。通过案例研究，以目的性抽样选取合适案例作为研究对象，分析其中的体制安排和实践策略，概括归纳出机制建构和策略实施的一般原则，探究具体情境下的规范方式。

（三）探索以高质量党建引领学校高质量发展的实践策略

一是以高质量党建引领学校育人目标和方向的实践机制研究。用党的政治理论和思想理论引领和指导学校各项工作，围绕为党育人、为国育才的中心任务，组织好学校各项具体工作。一方面，通过不断加强学校党的政治建设，为学校高度重视"大思政课"建设提供政治支撑，也为"大思政课"育人内容、活动和评价提供政治方向和定位；另一方面，通过不断提高全体教师对党的理论和教育思想的领会和理解，为学校课程体系、内容体系、实践体系的构建提供思想保障。

二是以高质量党建引领学校育人体系的深化。通过学校党建，提升学校课程建设的思想政治高度和站位，突出课程中的意识形态教育自觉，引领和驱动学校思政课和课程思政建设；通过党的组织建设和制度建设，突出党员教师在教书育人工作中的先锋模范作用，强化教师党员的政治意识，发挥学校制度育人作用，推进学校评价制度改革，构建制度育人良好生态；同时，党的组织文化建设与学校文化建设有机结合，形成积极、正向、主流的校园文化特质，明确学校育人文化价值方向，培育形成有利于"大思政课"有效实施的校风、师风和学风。

三是以高质量党建引领学校育人模式的创新。通过发挥党组织在学校育人体系中的主导作用，不断优化学校课程建设内容、强化机制创新，探索党建与学校高质量发展有机结合的新路径，构建并创新形成学校高度重视，学校课程教材体系不断完善，师资队伍能力和水平不断提高，课堂教学与社会现实有机结合，学校第二课堂生动开展，课程思政与思政课程同向同行，育人效果入脑入心的学校育人体系。

以高质量党建引领中小学校高质量发展，对于我国教育事业的蓬勃发展和社会主义现代化建设具有不可估量的重要意义。尽管当前在这一领域已经取得了一定的研究成果，但随着教育形势的不断变化和发展，仍存在诸多可拓展和深化的空间。通过本研究的内容与创新点，期望能为该领域的理论与实践发展注入新的活力，为推动中小学校在党的坚强领导下实现更高质量、更可持续的发展贡献一分力量。

"多点联动"助推党团队一体化课程思政的实践研究

王炳玉　郭芮菁　张亚南**

内容提要：全面推进课程思政是落实立德树人根本任务的战略举措，通过结合学校实际情况，秉持百年文化，将"启善求真，志在青云"优良办学传统与新时代国家发展要求紧密结合，加强党对思政、德育工作的全面领导，以为党育人、为国育才为目标，以"多点联动"的三级课堂为途径，打造"立志"微课堂，聚焦学校党团队一体化课程思政建设；融通学科小课堂，让党团队一体化课程思政有链接；融汇社会大课堂，让党团队一体化课程思政有延展，构建"三全"育人格局，帮助学生"扣好人生第一粒扣子"，培养他们的家国情怀。

关键词：课程思政；党团队一体化；家国情怀

课程思政是指构建全员、全程、全方位育人格局的形式，将各类课程与思想政治理论课同向同行，形成协同效应，把立德树人作为教育的根本任务，让各类课程都具备育人、育德、育心的功能的一种综合教育理念。如何让学校课程成为实践立德树人的有力载体，实现党团队一体化育人，北京市大兴

---

* 本文系2024年北京市党建研究重大课题"党建引领'大思政课'综合改革实施策略研究"（项目编号：JCJYDJ2024004）的研究成果。

** 王炳玉，女，本科，北京市大兴区青云店镇第一中心小学，高级教师，负责学校全面工作。郭芮菁，女，本科，北京市大兴区青云店镇第一中心小学，一级教师，大兴区道德与法治学科带头人，负责学校德育工作。张亚南，女，硕士，北京市大兴区青云店镇第一中心小学，一级教师，大兴区书法学科骨干教师，负责少先队工作。

区青云店镇第一中心小学(以下简称"学校")积极探索党团队一体化课程思政育人途径,学校"立志"课程将思想政治教育融入教育教学全过程,打造"多点联动"的三级课堂,立足党、团、队的先锋性和进步性,打通育人链条,潜移默化引导青云学子树立正确的世界观、人生观和价值观,增强学生社会责任感和民族认同感,"润物细无声"地实现思想政治教育目标。

一、加强党的全面领导,让课程思政有方向

习近平总书记强调指出,思政课是落实立德树人根本任务的关键课程。学校在"启善求真,志在青云"办学理念的引领下,始终坚持人人都是思政教师的原则,依托"五育并举"工程,切实加强党对思政、德育工作的全面领导。牢牢把握"永远跟党走,做党的好孩子"这条红色教育主线,将"党组织全面领导德育工作""强化学生爱党爱国教育""学习四史""时政资源进课堂"等内容纳入德育工作计划。根据不同主题月中的节日特色,确定活动主题,如在开学典礼、建队日、科技节、英语节、读书节等活动中,党支部书记都要在会上作讲话,对全校师生进行思想引领,传达党的声音,让学生听从党的号召,从小知党爱党,跟党走。

与此同时,学校党组织加强思政教师队伍建设,学校德育主管副校长及德育主任均为道德与法治学科教师。针对学科特点,每学期以学科教研为契机,组织全体道德与法治教师开展教研活动,利用学科优势,提升育人功能,持续推进习近平新时代中国特色社会主义思想进课堂、进课程、进培训、进活动。党支部书记带队深入思政课堂,鼓励教师改革教学内容、改进教学方法、改善教学手段,及时跟进社会发展进程,将党和国家重大实践和理论创新成果引入课堂,密切联系社会生活和学生生活实际,用富有时代气息的鲜活内容,增强思想政治教育的时效性、生动性、新颖性,打造有现实关怀和人文温度的课堂。全方位凝聚思政、德育工作的合力,切实加强党对思政、德育工作的领导,把握育人方向。

二、融合"立志"微讲堂,让课程思政有焦点

历史是最好的教科书,"立志"微讲堂坚持"守正创新",找好发力点组

建宣讲团，打造行走的思政课，用少先队员、团员以及党员代表打好组合拳，用童言童语讲好"三史"微课，让党团队一体化课程思政聚焦"三史"，夯基培根，筑牢思想之基。

（一）发挥宣讲作用，传承红色基因

学校聚焦少先队员、团员和青年党员三个群体，发挥有思想、有见解和热情的党员、团员骨干教师以及周边优秀的社区党员、家长党员组成"立志宣讲团"，从儿童的角度出发，利用每周一升旗以及国庆节、建党日等重要时间节点为少年儿童提供党史、团史、队史以及最新的时事热点等内容，并利用学校微信公众号、红领巾广播等打造"数字+行走"的宣讲课，让学生现场学、云端学、互动学；利用翻转课堂、队课等活动引导少年儿童从倾听者变成讲述者，让"三史"学习入脑入心；利用校园辩论赛、模拟法庭、两会小主播等多种特色活动引导青少年进行角色转换，让课程思政有时代味，帮助少年儿童深入理解马克思主义中国化，传播正能量，将自己的小梦想融入祖国复兴的大梦想，在红色历程、红色故事中传承红色基因。

（二）筑牢历史核心，培养情感认同

为进一步落实课程思政，学校以"三史"为核心，加强学生社会主义核心价值观的教育融入，以党支部和思政教师为核心，开发"立志"微课程，推陈出新分阶段细化课程思政内容。通过研讨、学习、备课、磨课，打造以"立志"为核心的十位英雄、先锋人物故事微讲堂，突破时空局限，紧扣关键节点，在微课程中引导每一名青云学子通过一位人物故事了解一段历史，学习一种精神，从入队、入团到入党，帮助他们走好人生"三部曲"。

三、融通学科小课堂，让课程思政有链接

党团队一体化课程思政是帮助青少年"系好人生第一粒扣子"的重要途径[1]，在教育教学中，学校深入挖掘每门课程中蕴含的思政元素，将红色基因

---

[1] 黄曼君，冯碧燕. 党团队一体化，打造传承红色基因全链条［J］. 中国德育，2022（2）：75.

融通到每一堂课中,通过打破学科壁垒、跨学段的纵向融合和跨学科的横向交叉,将散落在学科中的红色文化有机结合,打造"立体"思政新思路,让课程思政有效链接"课堂",启善求真,启智润心。

(一)打破学科壁垒,横向融合红色文化连"点"成"线"

各个学科蕴含了丰富的红色教育素材,学校以项目化学习为抓手打破学科壁垒,将分散在各学科中的红色文化之"点"串联成党团队一体化红色线,在实践中拓宽学生红色思维。如在四年级以项目"红色精神我传承"开展音乐、美术、语文、科学等学科活动,将探索家乡红色故事、红色故事宣讲、经典歌曲我传唱等活动穿插在教育教学和学生生活中,既调动了学习的积极性,还在各种丰富多彩的活动中唤醒少年儿童的爱国情怀,赓续红色基因。

(二)跨学段贯通,纵向整合红色文化连"线"成"面"

为进一步优化整合学校课程思政育人工作,在实践中不断探索党团队一体化课程思政模式的创新。例如,"学段衔接一体"通过尝试一到六年级的纵向贯通培养,分学段开展特色主题思政课程,打破育人链条的难点,将一根根红色文化线编织成"面",贯穿学生六年的成长中(见表4-1),体现课程思政的整体性和连贯性。

表4-1 学校开设党团队一体化课程思政主线

课程思政内容	学段开展项目	实施途径
理想信念之线	低年级段:榜样的力量;百年追梦,强国有我 中年级段:旅读北京,礼赞百年 高年级段:共学党史,同开幸福之门	课程育人 文化育人 活动育人 实践育人 协同育人
社会主义核心价值观之线	全学段:百年追梦,强国有我;操场上的思政课;和平教育	
中华优秀传统文化之线	低年级段:云上课堂:我和博物馆的约定; 中年级段:博物馆研学课程; 高年级段:志愿守护非遗文化,传承家乡千年文脉	
生态文明教育之线	全学段:绿色大兴,牵手自然	
心理健康教育之线	全学段:绘本育心,幸福成长	

(三) 横纵交叉，构建立体红色文化连"面"成"体"

学校积极挖掘周边 5 公里资源，探索课程思政协同育人模式，通过家校社联动打开新格局，坚持"走出去"和"引进来"原则，定期邀请校外党政领导、优秀模范等进入校园开展交流宣讲等活动；定期组织学生到周边爱国主义教育活动基地活动，使思政教育由平面变得立体、多元。

四、融汇社会大课堂，让课程思政有延展

习近平总书记指出："思政课不仅应该在课堂上讲，也应该在社会生活中来讲。"[1] 学校课程思政将"学科小课堂"和"社会大课堂"融会在一起，多措并举汇集力量，打造社会化青少年成长圈，通过组建类型丰富的导师团队、构建多样化的基地群、组建层层递进的课程群，让学校党团队一体化课程思政有延伸，共同把牢少年儿童成长之舵。

（一）点亮信仰，组建红领巾成长导师群

内养外联，充分发挥辅导员这一队伍在课程思政中的作用，充分挖掘校外优秀的社区党员工作者、传统工艺传承人、各界"楷模"等榜样先锋担任学校各中队校外辅导员，共同擦亮学生红色信仰。目前学校组建了"40+"校外辅导员导师群，涉及消防员、警察、武警战士、非遗传承者、五一劳动奖章获得者、大兴区志愿标兵等多个群体，在各中队帮助每一名少先队员点亮理想信念，坚定永远跟党走的信心和决心。

（二）多策并用，打造红领巾活动基地群

以学校为中心，打造 5 公里内红领巾活动基地群，有效扩大校外少先队组织覆盖面，引导少年儿童在家门口参加丰富多彩的校外实践活动，推动少先队活动的社会化水平，形成以中队为单位"自主设计、自主实施、自主反

---

[1] 杜尚泽."大思政课"我们要善用之（微镜头·习近平总书记两会"下团组"·两会现场观察）[N]. 人民日报，2021-03-07（1）.

思"的活动流程，每年3月以雷锋月为契机，学校英雄中队走进敬老院、烈士陵园、社区活动中心开展形式多样的特色活动，让每一名队员在力所能及的范围内参与到社区、社会活动中，为建设美丽、文明社会贡献自己的力量。

（三）推陈出新，组建红领巾发展课程群

"少先队活动"学科作为课程思政的重要途径，结合红领巾成长基地，整合各级各类资源，形成彰显红色教育、劳动教育、志愿教育等主线的实践课程，不断拓宽少先队员学习视野，丰富少先队员活动体验，以"立志少年"为评价总目标，细化评价过程和评价准则，推动课程群的开展。

在实践中，学校坚持多点联动，以点成线、以线成面、以面带体的党团队一体化课程思政育人理念，建构"微—小—大"三级课堂，是新时代课程思政建设的有效举措，确保办学方向更加鲜明，让每一名少年儿童在学习、体验中坚定文化自信，传承红色基因，立下为民族复兴的志向。

依托大兴区域资源 开展特色实践课程 厚植家国情怀[*]

王 倩 王 晓[**]

内容提要：思想政治理论课是落实立德树人根本任务的关键课程，承担着铸魂育人的重大使命。思政课要"活起来"，就要和现实社会结合起来，不能只对着文件、课本进行宣读。要让学生走出学校，走进社会实践课堂，引导学生在实践中反思，在做中学，在学中做。笔者和学生一起充分利用大兴本土资源，整合资源中的思政元素，进行了"我和大兴合张影""相约大兴永定河""家的旅行 国的振兴——探北京大兴国际机场"3个实践活动，融合形成"家国情怀"系列课程。

关键词：区域资源；实践活动；家国情怀

习近平总书记指出："'大思政课'我们要善用之，一定要跟现实结合起来，上思政课不能拿着文件宣读，没有生命、干巴巴的"，"思政课不仅应该在课堂上讲，也应该在生活中来讲"。[❶] 这些理论为新时代的思政课发展方向提出指引，"思政课"不可以千篇一律、干巴巴地把理论知识教给学生，也不能一味地灌输一些"死知识"，仅仅停留在课堂上，思政课应在生活中讲，离

---

[*] 本文系2024年北京市党建研究重大课题"党建引领'大思政课'综合改革实施策略研究"（项目编号：JCJYDJ2024004）的研究成果。
[**] 王倩，女，哲学硕士，首都师范大学附属中学大兴南校区道德与法治教师。王晓，女，首都师范大学附属中学大兴南校区校长。
[❶] 杜尚泽.'大思政课'我们要善用之（微镜头·习近平总书记两会"下团组"·两会现场观察）[N].人民日报，2021-03-07（1）.

不开社会大课堂,应让思政课成为移动的课堂,让学生在实实在在的生活中学深悟透,在实践大课堂中感受时代的温度、体悟家国情怀、激发爱国情感。

作为初中道德与法治教师,笔者和学生一起开发了"家国情怀"的特色实践课程,进行了一系列的综合实践活动,该主题的综合实践教学跨学科整合道德与法治、地理、历史、心理等学科;以实践活动为载体,让学生亲近社会,加强学科教学与学生现实生活的联系,培育学生的"家国情怀"。

"家国情怀"系列综合实践课程,以区域资源为依托,让学生在实践中感受在党的领导下,家乡发生的变化,感受祖国的强大,分为"我和大兴合张影""相约大兴永定河""家的旅行 国的振兴——探北京大兴国际机场"3个系列实践活动(见图4-1),该系列的"家国情怀"主题系列综合实践活动,从学生身边的乡土资源和真实生活的需要出发,从生活情境中发现问题,转化为活动主题,培养学生的综合素质。

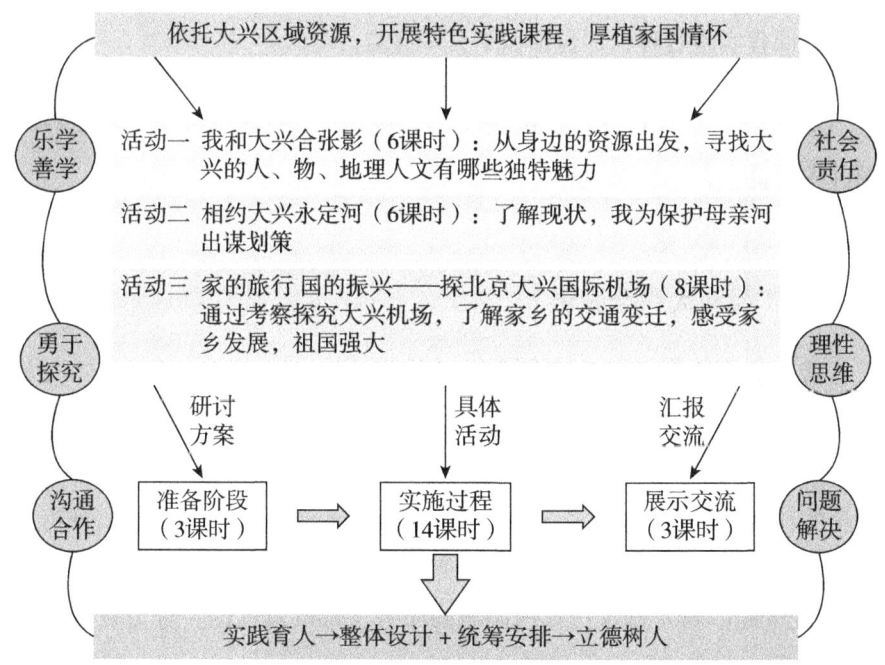

图4-1 课程主题和各个课时联系

围绕课程主题,笔者和学生一起设计并实施了三个活动。

活动一:"我和大兴合张影":从身边的资源出发,寻找大兴的人、物、地理人文有哪些独特魅力。

活动二:"相约大兴永定河":了解现状,我为保护母亲河出谋划策。

活动三:"家的旅行 国的振兴——探北京大兴国际机场":通过考察探究大兴机场,了解家乡的交通变迁,感受家乡发展,祖国强大。

每一个活动分成三个阶段。整体来说包括:准备阶段,研讨方案;实施阶段,具体活动的展开;展示交流阶段,进行汇报交流。本次主题实践活动,意在提升学生的乐学善学、勇于探究、沟通合作、问题解决、理性思维、社会责任的核心素养。在活动中,以实践育人为理念指导活动的整体设计,统筹安排,以立德树人为根本任务。

本课程根据《中小学综合实践活动课程指导纲要》的要求,从学生的家乡大兴的资源出发,从对家乡发展的切身感受和运用所学知识综合解决问题的发展需要出发,从生活情境中发现问题,转化为家国情怀的活动主题,通过社会服务、设计制作、考察探究、职业体验来达到实践育人、立德树人的目标。在课程实施过程中,包括以下几个亮点。

一、选取大兴的乡土资源,开展综合实践活动,厚植学生的家国情怀

(一)"我和大兴合张影"

在活动中,学生对当地民俗专家进行采访,了解"大兴"名字的由来;知道从北京市的整体规划看,大兴的规划是怎样的,回顾历史,展望未来,深入了解家乡大兴。同时在大兴念坛公园对游客进行随机采访,了解大兴百姓眼里的"大兴"。去永定河绿色港湾调研,采集土壤,通过实验,分析永定河流域附近的土壤特点。探访北京大兴国际机场,绘制大兴机场的平面图、LOGO、纪念章。参加魏善庄玫瑰园志愿服务,奉献自己的一分力量,为家乡大兴做贡献。

(二)"相约大兴永定河"

在活动中,学生拍摄采访视频,了解关于永定河的故事;绘制永定河流

域图，认识永定河流的概况；合作探究分析永定河断流的自然原因、人为原因；通过生活调查，统计自己家里一天用水的情况，分析哪些方面可以节约用水，并指出节约办法，拍摄节水视频；分小组进行水的净化实验：蒸馏法、实验室过滤法、自制过滤器，感受水净化的不易；增强节水意识，绘制保护永定河手抄报，进行节水、保护家乡环境的宣传。

（三）"家的旅行 国的振兴——探北京大兴国际机场"

探访大兴国际机场，在大兴机场发现那些与众不同的亮点；学生分小组汇报展示，并绘制大兴机场每层的平面图和设计机场徽章；了解机场建设者的故事，说出自己的职业规划、努力方向，为建设美丽大兴奉献自己的力量。

课程涉及的大兴念坛公园、永定河绿色港湾、大兴国际机场等区域地点，都是来自大兴本土的资源。思政课要坚持理论与实践的相统一、相贯通，要让学生走出校门、走进社会，紧扣地方和学校的特色、紧跟时代发展的步伐。综合实践中，学生选取家乡的乡土资源，进行调查和研究，学生有亲近感，更能激发学生爱党、爱家乡、爱祖国的热情。

二、多学科知识、多种研究方法的综合运用

本次实践活动，从选题到问题探究和解决，学生综合运用多学科知识背景，解决问题和收集资料。例如，活动二"相约大兴永定河"中重点关注的研究性学习方法有四种：（1）文献研究法：收集资料，了解永定河的位置及基本状况。整理资料，探究分析永定河断流的自然原因、人为原因。（2）调查研究法。问卷调查，采访大兴人对永定河的印象。生活调查，从一日用水着手，用数据说话，了解自己家一天的用水情况，深刻体会用水行为中一些浪费现象的危害，培养节水习惯和意识。（3）实验研究法。运用蒸馏法、实验室过滤法、自制过滤器的方法，分小组进行水的净化实验，分析实验结果的优缺点，感受水污染再治理难度之大。（4）行动研究法。制作节水视频，绘制保护永定河手抄报，用实际行动节水和进行节水宣传。

"大思政课"的"大"表现在教学内容的大范围。思政课的教学内容不局限于思想政治教育专业这一领域，"大思政课"充分挖掘语文、历史、地理

学等蕴含的思想政治教育资源以及各学科带有思政观点的学科知识理论，融合了其他学科的观点、方法、思维等，发挥"大思政课"影响人、培养人、塑造人的强大功能。

整个课程活动，学生参与了视频的拍摄、剪辑、制作，利用自己学到的多媒体技术进行制作。同时学生分析土样，探究土壤的湿度、形成原因；通过蒸馏法、实验室过滤法、自制过滤器的实验方法进行水的净化；还有的学生自己创作诗歌、绘制平面图、徽章等，这些运用到了多种技能。

三、学生自主探究、解决问题的能力充分发挥，提高了学生的综合素质

"大思政课"不是"没有生命、干巴巴的"，应该给学生积极向上的助力，使学生成为课堂的主角，增强学生的参与度、获得感。思政课要充分发挥教师的主导性以及学生的主体性作用，激发学生主动参与的积极性，师生之间、学生之间有效互动，形成对思政课教学内容的真正认同。本课程中教师注重培养学生的探究式学习方法，鼓励学生积极主动探究问题。在实践活动中，学生的自主性充分发挥，学生自主拍摄照片、自主进行分组调研和展示，充分体现了学生的主体性地位。在学生进行实践活动的过程中，走进生活、切实进行调查研究，培养收集、整理资料的能力。

四、用活思政资源，挖掘本地教育基地的思政元素

活动一"我和大兴合张影"，是实践活动的"起始篇"，基于学生身边的家乡资源，选取学生熟知的大兴念坛公园、大兴永定河、大兴魏善庄爱情海玫瑰园、大兴机场等地点，不断探索，形成合影。在此基础上，进一步探究，于是来到活动二"相约大兴永定河"，作为承合篇，对家乡的永定河进一步探究；活动三"家的旅行 国的振兴——探北京大兴国际机场"，作为提升篇，选定子课题大兴机场，探究家乡的交通变迁，感受家乡变化、祖国强大，涵养家国情怀（见图4-2）。

在三个实践活动展开的过程中，选定的大兴念坛公园、大兴永定河、大兴机场等教育基地，都是大兴本地比较有特色的地点，学生参与实践教学活

动，如参观学习、实地调研、志愿服务等，使学生在亲身实践中感受思政元素的魅力，增强思政教育的感染力和实效性。

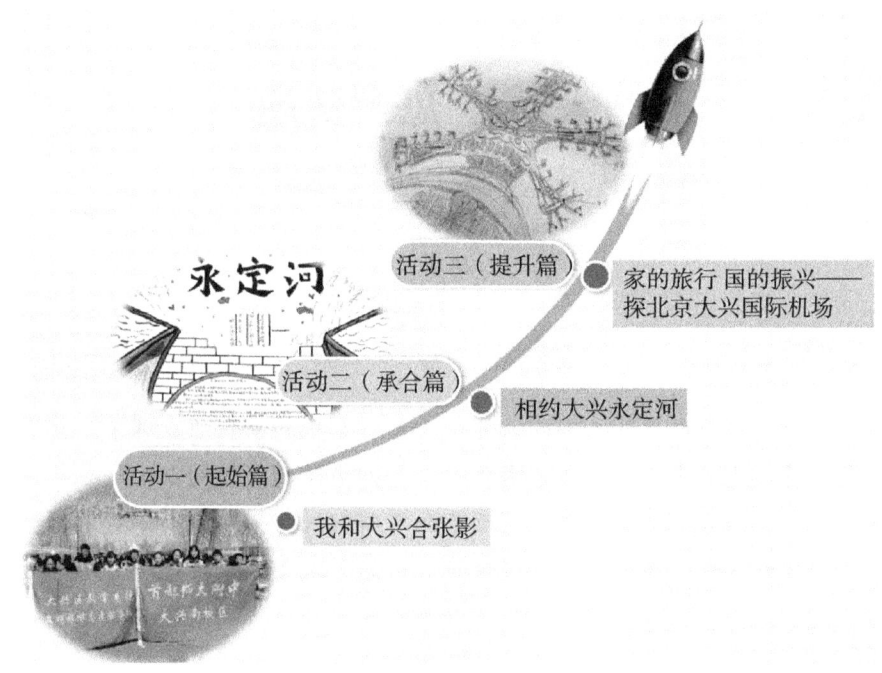

图4-2　实践活动之间关系

在这些思政资源中充分挖掘可用的思政元素，需要将思政教育与学科教学有机结合，可以让学生运用学过的知识解决问题。其中，笔者使用到的一种策略就是问题探究方法，启发学生思考，运用所学解答疑惑。例如，在活动三"家的旅行 国的振兴——探北京大兴国际机场"的实践活动中，有这样几个问题的探究：（1）结合家乡的出行方式的演变，你认为产生这个变化的原因是什么？（2）北京之前已经有几个机场，为什么又要在大兴建一个新机场？（3）从家出发去机场有哪些交通路线或者方式？（4）探访机场，你在大兴机场发现了哪些与众不同的亮点？（5）结合自己的参观和同学的介绍，新机场最吸引你的地方有哪些？（6）大兴机场建成后，大兴机场的临空经济区、自贸区的有关进展是怎样的？（7）通过分享家乡蓝图和讲述的故事，你受到的启发是什么？请说一说你打算为爱祖国、建家乡做些什么？学生在一步步探索中感受家乡的变化、祖国的强大，涵养家国情怀。

艺术润心 思政铸魂
——美术视角下的思政教育*

赵婷婷**

内容提要：美术教育与思政教育都是教育领域的重要组成部分。美术教育注重培养学生的审美能力和艺术核心素养，思政教育则侧重于培养学生的道德品质和社会责任感。随着教育改革的不断深入，如何将小学美术教育与思政教育有效融合，成为一个值得探讨的课题。本文旨在探讨小学美术教育与思政教育的融合路径，通过分析美术教育和思政教育的内涵和目标，结合课程设计及实践活动提出具体有效的方法和策略，以促进学生的全面发展和价值观培养。

关键词：美术教育；思政教育；融合路径

一、美术教育与思政教育的内涵和目标

（一）美术教育的内涵和目标

美术教育是通过艺术课程和艺术实践，培养学生的审美能力、创造力和艺术素养的过程。其目标是培养学生的审美情趣、艺术表达能力和艺术鉴赏

---

* 本文系 2024 年北京市党建研究重大课题"党建引领'大思政课'综合改革实施策略研究"（项目编号：JCJYDJ2024004）的研究成果。

** 赵婷婷，女，文学硕士，北京石油化工学院附属小学副校长，高级教师，主要研究方向为小学美术。

能力，提高他们的综合素养和创新能力。

（二）思政教育的内涵和目标

思政教育是培养学生思想道德品质、政治素养和培育社会主义核心价值观的过程。其目标是培养学生正确的世界观、人生观和价值观，厚植爱国情怀，提高他们的社会责任感和社会适应能力。

二、美术教育与思政教育的内在联系

美术教育与思政教育的融合是新时代教育发展的新模式，《关于全面加强和改进新时代学校美育工作的意见》中指出，"美是纯洁道德、丰富精神的重要源泉"[1]，因此美术教育与思政教育之间具有紧密的内在联系。

以小学美术教育为例，美术教育侧重动之以情，通过造型表现、设计应用、欣赏评述及综合探索等艺术领域的学习，引导学生发现美、欣赏美、创造美，从而提升审美能力，培养学生的艺术核心素养。学习过程中，引导学生关注社会、关注生活，去发现和记录日常中的美好事物，感受道德行为中的美，从中汲取创作灵感，提升学生思想道德水平，建立积极的道德情感。思政教育则侧重晓之以理，在传播理论知识与道德观念中引导学生树立正确的社会主义核心价值观，如爱国、诚信、友善等，而这些价值观在美术教育的课程目标中均有体现。以美辅德是美术教育的核心观念，美术教育与思政教育在内容和目标上具有一定的重合性。

三、美术教育与思政教育融合的实践路径

（一）挖掘教材，在课程中融入思政教育

课堂是学校教育教学的主阵地，要落实"思想政治工作贯穿教育教学全

---

[1] 中共中央办公厅 国务院办公厅印发《关于全面加强和改进新时代学校体育工作的意见》《关于全面加强和改进新时代学校美育工作的意见》[EB/OL].［2025-02-12］. https://www.gov.cn/gongbao/content/2020/content_5554511.htm.

过程"[1]的理念，应充分利用课堂这一主渠道，将思政教育元素融入美术教育课程。如美术课上造型表现领域《运动场上》一课引导学生回忆校园运动会，感受不服输的精神，再聚焦到奥运会，感受为国争光的体育精神，让学生在创作中从直观感知引向主观体悟层面，从而感受中华民族的精神力量；在设计应用领域，如《汽车的联想》《有趣的仿生设计》等，向学生输入环保和可持续发展的理念，引导学生关注社会热点，并表达对社会问题的思考和关注，鼓励他们通过设计来解决发展中遇到的问题，进而培养社会责任感；在欣赏评述领域，有很多古今中外不同时代、不同形式的艺术作品，这些作品不仅反映了艺术家的思想，还反映了时代文化，学生在对作品进行鉴赏时，不仅要了解时代背景，还要挖掘思政元素，如徐启雄在1984年创作的中国画《决战之前》，是20世纪80年代中国女排夺冠后的艺术创作，通过中国女排在决战前聚首、抚掌、互勉的一瞬，表现出女排必胜的信念，让学生在鉴赏中汲取丰富的思政力量，从而激发他们的爱国热情；综合探索领域，如走进颐和园、故宫等课程，学生通过探索传统建筑元素及古代遗存的艺术作品，感受我国古代人民的智慧与勤劳，了解历朝历代的繁荣昌盛，从美术作品中传承优秀的道德品质和价值观念，加深学生对思政知识的理解和认同，更加坚定文化自信。

（二）依托活动，在实践中融合思政教育

美术教育与思政教育的融合不应只发生于课堂教学，还要强化学生课外活动体验，以第二课堂的形式，促使学生在丰富的实践活动中领悟思政精神内涵，实现审美水平的显著提升。

1. 主题教育融合，强化思想淬炼

以节日为契机，确定每月主题教育，通过艺术作品创作浸润思政教育，从而达到身心俱健的全面发展。如学校3月安全教育、4月健康教育、5月劳动教育、9月传统文化教育、10月爱国主义教育、11月礼仪教育等，学生通过"五个一"，即绘制一张手抄报、制作一件手工、拍摄一段视频、书写一幅

---

[1] 习近平：把思想政治工作贯穿教育教学全过程［EB/OL］. (2016-12-08) ［2025-02-12］. http://www.xinhuanet.com/politics/2016-12/08/c_1120082577.htm?src=ilaw.

作品、阅读一本书籍，每月通过班级文化墙将物化成果外显，学校还利用多种平台对艺术作品进行宣传报道。系列主题教育是学生"沉浸式"体验创作的过程，既提升了学生的审美能力，引导学生树立正确的思想意识，又增强了他们的社会责任感和爱国情怀。

2. 社会课堂融合，拓宽思政渠道

学校借助多方特色文化资源，引导学生在实践中体验美术教育与思政的融合，实现"艺术小课堂"与"社会大课堂"的同频共振。如校内开展的"绘国粹""影视节""科技节"等活动，将社会资源引进学校，学生通过绘制京剧脸谱、拍摄"中华美德少年行"故事宣讲、设计制作环保节能科技作品等，引导学生在以美学形式创作艺术作品时，感悟历史文化、社会发展背后的深层含义；学校还组织各年级学生走出校园，走进各类劳动艺术基地和传统文化场馆，在参观体验、研学实践中认识、理解民族文化，学生通过绘制传统民间艺术、感受民俗活动，让思政教育在艺术滋养中生动展现，使学生更加了解和热爱自己的文化根脉，激发爱祖国、爱家乡的情感；学校还牵手大学、社区开展了以美化环境为主题的党团队一体化志愿活动，师生们一起构思、共同畅想，用画笔在校园绘制了"共绘初心 礼赞祖国"的百米画廊，表达了对祖国的热爱和对党的信仰，美化校园的同时推动了学校美术教育与思政教育的深度融合，以实践形式厚植学生家国情怀。

（三）多元方法，在评价中融合思政教育

美术教育的教学方式是多元的，如项目式教学，以小组形式布置探究任务，培养学生自主探究和团队合作学习的能力；多媒体教学，利用投影、视频音频等科技手段打破时间、空间局限，带学生云游博物馆、艺术馆，丰富教学内容激发学习兴趣；社会实践教学，带学生走出教室，走进校园、社区、美术馆，开展写生、志愿、交流等公益活动，将书本知识与实际生活相联系，让学生从活动中理解艺术来源于生活又服务于生活的意义，增强学生的社会责任感和使命感。

在评价方式上，教师要综合考虑学生的艺术表现和思想品德表现，围绕课程教学目标：知识与技能、过程与方法、情感态度价值观来制定综合性评

价标准，跟进教学开展自评、互评、师评。评价过程中应注重学生的思考和创造，鼓励学生表达自己的观点和想法，以促进学生的全面发展、提高教师的教学水平、推进美术课程的发展。

四、美术教育与思政教育融合的意义

（一）培养学生的审美情趣和创造力

美术教育与思政教育融合，可以通过艺术教育和实践活动，培养学生的审美情趣和创造力。艺术作品可以唤起学生对美的感知和理解，激发他们的创造力和想象力。

（二）培养学生的社会责任感和价值观

美术教育与思政教育融合，可以通过艺术实践和思辨性的讨论，引导学生思考社会问题和价值观念。艺术作品可以反映社会现实和人类命运，引发学生对社会责任和公共利益的思考。

"美术教育可以促进人性获得完善的思想"❶，因此美术教育与思政教育的融合是当下有益的教育实践，通过对课程内容、实践活动及教学方法融合路径的研究，可以实现两者的有效结合，我们要在艺术教育中有效地融入思政教育内容，以促进美术教育内涵的提升，同时也要充分发掘和拓展思政教育形式，提升教育成效。

---

❶ 弗里德里希·席勒. 审美教育书简［M］. 冯至，范大灿，译. 北京：北京大学出版社，1985：12.

第五篇　学海探赜

坚持人民立场，在中国式现代化进程中推进民主政治建设[*]

吴爱萍[**]

内容提要：坚持人民立场深入推进社会主义民主政治建设，对于我国实现第二个百年奋斗目标和全面建成社会主义现代化强国，具有广泛而深远的重要意义。全过程人民民主是中国式现代化进程中民主政治发展的创新成果，深入推进全过程人民民主必须坚持人民立场，以人民利益为出发点和落脚点，找准深入推进全过程人民民主的根本点、切入点、关键点和着力点，不断丰富和拓展全过程人民民主的生动实践。

关键词：人民立场；中国式现代化；民主政治建设；实践进路

习近平总书记指出，"人民民主是一种全过程的民主"，强调全党要"践行以人民为中心的发展思想，发展全过程人民民主"。❶继党的十九届六中全会明确提出"积极发展全过程人民民主"后，党的二十大对此作出进一步的战略部署，要求必须"坚持走中国特色社会主义政治发展道路，全面发展全过程人民民主"❷。

作为中国社会主义民主政治发展的新样态，全过程人民民主是新时代中

---

[*] 本文原发表于《经济社会体制比较》2024年第4期，收入本书时有修改。
[**] 吴爱萍，女，法学博士，北京石油化工学院马克思主义学院教授，主要研究方向为马克思主义中国化。
❶ 习近平. 习近平谈治国理政：第四卷［M］. 北京：外文出版社，2021：9.
❷ 习近平. 高举中国特色社会主义伟大旗帜 为全面建设社会主义现代化国家而努力奋斗——在中国共产党第二十次全国代表大会上的报告［M］. 北京：人民出版社，2022：9.

国共产党人与时俱进推进社会主义民主政治建设的最新理论概括。这一重大理论创新成果总结了我国社会主义民主政治建设的经验,为新时代社会主义民主政治建设指明了发展方向。在全面建设社会主义现代化国家的关键时期,坚持人民立场深入推进社会主义民主政治建设,充分发挥社会主义民主政治效能,广泛凝聚实现中国式现代化之磅礴伟力,是新时代社会主义民主政治建设的根本要求,对于我国实现第二个百年奋斗目标、全面建成社会主义现代化强国具有重要意义。

一、坚持人民立场是社会主义民主政治建设的价值基点

民主是人类政治文明的价值追求,也是中国共产党人的价值追求。列宁曾明确指出:"没有民主,就不可能有社会主义。"[1] 实现和保障人民当家作主是社会主义民主政治建设的关键所在,也是社会主义民主政治建设的本质和核心。中国共产党以全心全意为人民服务和实现中华民族伟大复兴为己任,为最广大人民的根本利益代言,把实现和保障人民当家作主作为一切工作的出发点和落脚点。《中国的民主》白皮书指出:"中国共产党一经诞生,就把为中国人民谋幸福、为中华民族谋复兴确立为自己的初心和使命,为实现人民当家作主进行了不懈探索和奋斗。"[2] 基于中国民主政治发展的视角,党的百年历史就是一部党带领人民争取民主、发展民主的不懈奋斗史,坚持人民立场建设社会主义民主政治乃是中国共产党人矢志不渝的奋斗目标。

虽然在不同历史时期中国共产党人民主政治建设的目标任务和侧重点不同,但贯穿其中的人民立场始终未变。新民主主义革命时期,如何争取人民民主是中国共产党人面临的巨大挑战,中国共产党人为此进行了前赴后继的艰苦卓绝斗争并创造性地设计了"三三制"等具有中国特色的民主制度,找到了跳出"其兴也勃焉,其亡也忽焉"这一治乱兴衰历史周期律的正确道路。新中国的成立,实现了从专制政治向人民民主的伟大飞跃;在社会主义革命和建设时期,中国共产党人在人民当家作主的经济和制度基础上构建起更为有效的民主政治机制,民主的话语表达也实现了从价值理念向人民代表大会

---

[1] 中共中央编译局. 列宁选集:第二卷 [M]. 北京:人民出版社,2012:782.
[2] 中华人民共和国国务院新闻办公室. 中国的民主 [M]. 北京:人民出版社,2021:1.

制度、民主集中制等国家制度体系的革命性转变；进入改革开放和社会主义现代化建设时期，中国共产党人与时俱进不断发展完善社会主义民主政治，人民民主的政治制度保障和社会物质基础更加坚实，人民的自由、权利和福祉不断增加，有力推动了新时期中国特色社会主义民主政治建设。

在党的十八大以来的社会主义民主政治实践中，在探索新时代中国民主政治发展之路的深刻思考中，以习近平同志为核心的党中央顺应新时代历史发展潮流，更加突出以人民为中心的根本立场，回应人民对美好生活的关切。在深刻把握我国社会主要矛盾变化的基础上，积极发展全过程人民民主，要求"把人民当家作主具体地、现实地体现到党治国理政的政策措施上来，具体地、现实地体现到党和国家机关各个方面各个层级工作上来，具体地、现实地体现到实现人民对美好生活向往的工作上来"❶，这是新时代中国共产党人秉承人民立场、坚守初心使命的具体体现，是对以人民民主推动中国式现代化、实现中华民族伟大复兴历史趋势的深刻把握，是对新时代我国民主政治发展提出的新要求，为我们深入推进社会主义民主政治建设和实现最广泛的人民民主确立了正确方向。

二、全过程人民民主是新时代中国民主政治建设发展的新形态

全过程人民民主在中国式现代化实践中形成并不断发展，是马克思主义民主政治理论在新时代的概念表达，是中国民主政治建设发展的新形态。党的十八大以来，新时代中国共产党人坚持人民立场不断推进社会主义民主政治建设，从价值理念到制度形态、从制度体系到治理机制，探索出极具中国特色的新型民主形态，不断深化对中国民主政治发展规律的认识，反映出我们党对社会主义民主政治文明发展趋势的深刻体认。

适应中国式现代化发展要求，为实现和维护好人民的民主权益，新时代人民民主的内涵和外延日益丰富和不断拓展。全过程人民民主不仅主体覆盖面广，而且辅之以全方位的制度保障和全链条运行机制，"所有的重大立法决策都是依照程序、经过民主酝酿，通过科学决策、民主决策产生的"❷。全过

---

❶ 习近平. 习近平谈治国理政：第四卷 [M]. 北京：外文出版社，2021：261.
❷ 习近平的小康情怀 [M]. 北京：人民出版社，新华出版社，2022：452.

程人民民主实现了民主之选举和协商，以及决策、管理和监督的相互贯通，体现出中国社会主义民主政治发展的鲜明特色，彰显了中国社会主义民主政治的制度优势和创新品格。

反观西方之选举制民主，作为基于竞争性选举建立的制度安排，因其在实践中过分强调民主的程序而偏移了民主的实质，导致民主的运转脱离了民众的现实需要而逐渐异化为一种维护既得利益的权力斗争工具。美国政治学者在评价西方之选举制民主时认为："虽然选举是公民控制政府官员的重要手段，但却是刀刃颇不锋利的控制工具。对个人或对公民集团来说，最重要的政治活动可能在两次选举之间的时期进行。"❶ 与西方之选举制民主形成鲜明对比的是，形成于新时代中国式现代化实践的全过程人民民主则将人民立场的价值内核融入现代民主政治的发展理念，其追求的是真正的、绝大多数人的当家作主，体现了民主的价值理性和工具理性的辩证统一，防止"形式上有权、实际上无权"现象的出现。

作为人民当家作主的民主政治文明新形态，无论是在理论建构，还是在实践优势上，全过程人民民主都显示出对西方选举制民主的超越。在将马克思主义民主政治理论与中华优秀传统文化有机结合的基础上，全过程人民民主吸收了西方政治文明的有益成果，克服了西方选举制民主的内在痼疾，把选举民主和协商民主有机结合，把决策民主、管理民主、监督民主相互贯通，擘画了民主主体多元、民主形式丰富和民主环节完整的政治文明新图景。正如《中国的民主》白皮书指出的，"党和国家要做什么、如何做、做得怎么样，人民参与贯穿始终"❷，形成了决策前、决策中、决策后的完整链条，构建了一个相互衔接、全面覆盖、有机互动、环环相扣的民主运行系统，保障了人民民主的广泛、真实和管用，推动了人民民主在实质意义上的实现。同时，作为新时代民主政治文明发展的新形态，全过程人民民主也为人类民主事业发展提供了全新选择，贡献了中国智慧。

---

❶ 秦德君. 论"全过程民主"的人民民主特质［EB/OL］.（2020-10-21）［2025-02-21］. https://baijiahao.baidu.com/s?id=1681127070255739771&wfr=spider&for=pc.

❷ 中华人民共和国国务院新闻办公室. 中国的民主［M］. 北京：人民出版社，2021：40.

三、坚持人民立场发展全过程人民民主是中国式现代化建设的应有之义

党的十八大以来,新时代中国共产党人积极推进和高度重视社会主义民主政治建设,强调"没有民主就没有社会主义,就没有社会主义的现代化,就没有中华民族伟大复兴"❶。坚持人民立场发展全过程人民民主内蕴于中国式现代化建设中,推进中国式现代化建设必然要求坚持人民立场发展全过程人民民主,其缘于中国式现代化是中国共产党领导的社会主义现代化,是保障人民当家作主的现代化,是不断满足人民美好生活需要的现代化。

(一)坚持人民立场发展全过程人民民主彰显中国式现代化建设的目标任务

作为中国式现代化的政治之维,坚持人民立场发展全过程人民民主是新时代中国式现代化奋斗目标在政治文明领域的集中体现,也是当前时期摆在我们面前的一项紧迫任务。中国式现代化离不开民主政治的现代化,是全方位的现代化。邓小平同志曾指出:"我们进行社会主义现代化建设,是要在经济上赶上发达的资本主义国家,在政治上创造比资本主义国家的民主更高更切实的民主。"❷ 与时俱进不断满足人民群众在民主政治方面的美好生活需要,才是真正意义上的现代化。

坚持人民立场发展全过程人民民主,能够有效促进社会生产力的解放和发展,推动中国式现代化的高质量发展,从而确保最广大人民共享中国式现代化的发展成果,促进人民美好生活的实现。没有全过程人民民主的发展,也就无法保障民众在国家、社会事业发展中充分发挥主人翁作用,也就无法保障将人民当家作主贯穿于国家和社会生活的各个方面,也就无法实现完整的、真正意义上的现代化。

---

❶ 习近平. 习近平谈治国理政:第四卷 [M]. 北京:外文出版社,2022:259.
❷ 邓小平. 邓小平文选:第二卷 [M]. 北京:人民出版社,1994:322.

（二）坚持人民立场发展全过程人民民主筑牢中国式现代化建设的制度保障

推进和实现中国式现代化建设目标，离不开人民当家作主的制度保障。因为只有制度化、程序化和法治化的民主，才是真正把握人民愿望和尊重人民创造、真正保障人民当家作主的民主。民主政治是现代化的产物，反过来对现代化发展亦有重要推动作用，全过程人民民主在体现中国式民主的"人民性"内涵的同时，也为中国式现代化建设提供了中国式民主的"全过程"坚实制度保障。

作为新时代中国民主的新形态，全过程人民民主体现出鲜明的中国特色和显著的制度优势。全过程人民民主把人民当家作主融入社会主义民主政治建设的顶层设计和政策举措中，将民主参与贯穿全过程人民民主的始终，通过民主程序的"全过程"保驾护航为助力中国式现代化发展提供关键制度保障。只有坚持发展和不断完善全过程人民民主的制度体系，才能真正保障人民当家作主。

（三）坚持人民立场发展全过程人民民主汇聚中国式现代化建设的奋进伟力

实现中国式现代化，必须紧紧依靠人民，团结人民，发挥人民主体创造精神，把解决人民群众最关心、最直接、最现实的问题摆在最重要的位置。只有这样才能汇聚起中国式现代化的磅礴力量，在政治上创造有利于现代化建设的有利局面，即"又有集中又有民主，又有纪律又有自由，又有统一意志、又有个人心情舒畅，生动活泼，那样一种政治局面"[1]。坚持人民立场发展全过程人民民主，是确保中国式现代化建设拥有生生不息力量源泉的重要保障，是巩固人民当家作主权利、激发人民历史主动精神的迫切需要，是新时代中国共产党人坚持发展为了人民、不断满足人民美好生活需要的政治自觉。

作为一种政治安排，倾听民声、汇聚民意和回应民众诉求是社会主义民

---

[1] 毛泽东. 毛泽东文集：第八卷［M］. 北京：人民出版社，1999：293.

主的重要功能之一。因为民主"不是用来做摆设的,而是要用来解决人民要解决的问题的"❶。人民作为推动历史发展的实践主体和价值主体,不仅是中国民主政治之根基,也是中国式现代化建设的主要依靠力量。只有发展全过程人民民主,才能充分调动广大人民群众的首创精神,才能最大限度激发人民投身经济社会发展的主动性和积极性,才能凝聚起最广大人民群众的智慧,为中国式现代化建设汇聚奋进伟力。

四、人民立场视域下深入推进全过程人民民主的实践进路

党的十八大以来全过程人民民主的发展令人瞩目,在坚守科学社会主义基本原则基础上,新时代中国共产党人守正创新、坚定不移推进社会主义民主政治建设,切实保障人民当家作主落到实处。这一时期,一方面,我们党对发展全过程人民民主的认识更加深刻,对民主政治发展规律的把握更加科学。全过程人民民主理念更加深入人心,人民民主的内涵愈加丰富,人民当家作主的制度保障和物质基础更加坚实;另一方面,我们党发展全过程人民民主的路径更加清晰,全过程人民民主实践进一步丰富拓展。选举民主和协商民主相辅相成、扎实推进,城乡基层民主创新形式、有序发展。民主渠道不断拓宽,人民政治参与更加广泛,社会治理效能不断提升,中国特色社会主义政治制度优势充分彰显,社会主义民主政治展现出勃勃生机。但与此同时,客观而言,与中国式现代化在民主政治方面的发展要求相比,与人民群众对美好生活的新期待相比,现阶段全过程人民民主的制度化和规范化程度还需提升,民主机制运行的"技术性"供给还不充分,不同场域人民民主实践的发展还不均衡等,这些问题在一定程度上影响了全过程人民民主实践效能的发挥。

新时代,在中国式现代化进程中,深入推进全过程人民民主,必须始终坚持人民立场,找准深入推进全过程人民民主的根本点、切入点、着力点和发力点,构建更加完善的立体化和系统化的实践路径,切实提升全过程人民民主的治理效能,从而为全面建成社会主义现代化强国提供强有力政治保障。

---

❶ 中共中央文献研究室. 习近平关于社会主义政治建设论述摘编[M]. 北京:中央文献出版社,2017:70.

（一）坚持党的全面领导是深入推进全过程人民民主的根本点

党的领导是全过程人民民主的根本特征。在党的二十大报告提出的"六个必须坚持"中，最重要的就是坚持党的领导。中国共产党是中国式现代化建设事业的领导核心，坚强有力的集中统一领导是中国民主政治发展的根本保证，也是深入推进新时代中国式民主政治理论和实践创新的根本遵循。

坚持党的全面领导推进全过程人民民主，必须增强党的政治功能，提升党的组织力，提升党践行人民立场的能力。中国革命和建设的具体实践有力证明，党能够发挥总揽全局、协调各方的重要作用，确保人民民主的正确方向和民主参与的规范秩序，将分散的民主意见合理有序地集中起来，在坚决维护全体人民共同利益的原则基础上，迅速协调、快速优化并高效整合各方面的资源和力量，将人民的普遍化利益诉求和提出的好方法好举措及时转换成权威的公共政策并加以贯彻落实，为全链条、全方位、全覆盖保证人民当家作主提供根本保证，引领新时代人民民主的高质量发展。

（二）完善人民当家作主制度安排是深入推进全过程人民民主的切入点

制度建设是民主政治发展的基石。作为政治形态的民主须通过一定的制度呈现并通过系列制度安排形成一定的制度体系，如何在"全过程"的起点、终点以及中间阶段做到有规可守、有章可循，系统完整成熟的制度安排是人民当家作主的强有力保障。

坚持以制度建设推进全过程人民民主，关键在于建立健全和完善契合全过程人民民主理念和目标的全方位的制度安排。坚持"从群众中来，到群众中去"，广泛听取群众意见建议，确保民主政治制度的设计从运行之初就充分汇聚民智、体现民意；同时还要完善保障人民当家作主的法律制度建设。不仅要通过法治的形式把全过程人民民主的制度程序固定下来，还要适应网络信息时代的特点，建立健全网络空间人民民主制度建设，在公共信息公开、个人数字身份保护、传统媒介和政务新媒体优势互补等方面做好统筹谋划及各民主环节的协同协进，为全过程人民民主实践提供全方位法治保障。

(三) 优化人民当家作主制度运行是深入推进全过程人民民主的关键点

制度的生命力重在执行。新时代深入推进全过程人民民主的纵深发展，必须完善畅通有效的民主运行机制，确保人民作为民主之主体始终参与国家各层级民主政治的实践环节，确保党和国家在决策、执行、监督落实各个环节都能听到来自人民的声音，以更好保障人民当家作主权利落到实处。

深入推进全过程人民民主，首先必须建立健全人民参与全过程人民民主的具体运行机制。明确民主参与过程中人民的参与权、参与程序和规则要求，同时要定期征求群众意见建议，确保人民的民主参与始终在有序轨道上发挥建设性作用。因为"在人民内部各方面广泛商量的过程，就是发扬民主、集思广益的过程，就是统一思想、凝聚共识的过程，就是科学决策、民主决策的过程，就是实现人民当家作主的过程"[1]。其次必须强化技术支撑，构建网络空间人民民主运行机制。充分利用大数据等现代科技手段，精准、及时、全面掌握满足人民群众的民主诉求，推动全过程人民民主的发展，拓展民众参与民主政治生活的时间和空间，弥补传统民主运行机制存在的不足，进一步增强民众参与的政治影响力。最后还要鼓励和支持基层民主形式创新。党的十八大以来的实践表明，基层民主创新不仅满足了人民民主参与的需求，解决了民众的实际问题，而且为更高层面的制度安排提供了实践经验和理论准备。

(四) 提升人民当家作主制度效果是深入推进全过程人民民主的着力点

全过程人民民主好不好，还要看其实践效能的发挥。人民是全过程人民民主最广泛、最深厚的社会基础，提升人民当家作主制度效果，必须激发人民当家作主的内生动力，在选举、协商、决策、管理和监督等民主政治运行的各个环节，最大限度调动民众参与人民民主的积极性、主动性和创造性。

一要加强舆论宣传，培育人民参与意识，深化人民对自身在中国式现代化建设中主体地位和主体作用的认识，激发人民主体力量，将人民的"主人翁"意识转化为"人人有责、人人尽责"的自觉行动，使人民真正成为全过

---

[1] 习近平. 习近平谈治国理政：第二卷 [M]. 北京：外文出版社，2017：293.

程人民民主的参与者、推动者；二要根据网络信息时代的特点和不同群体的参与习惯，运用现代信息技术丰富拓展人民民主参与的渠道和形式，提升全过程人民民主各个环节的参与效率，扩大民众有序参与的覆盖面和纵深度，增强人民参与民主政治生活的获得感和成就感；三要整合引导人民群众日益多元的治理需求和利益诉求，广泛运用专题审议、执法检查、专题询问、代表建议办理等多种监督工具，让人民全过程、全方位、全链条参与监督，有效推进全过程人民民主的实施，推进党和国家政治、经济和社会生活的民主化，推进党和国家治理体系的现代化。

农村一二三产业融合促进乡村振兴的支持政策研究[*]

曹 群 张思英 刘曾凡[**]

内容提要：农村一二三产业融合发展实践与政策为农业农村现代化和农村居民持续增收提供了有利契机，对促进乡村振兴具有重要作用。农村产业融合发展有正外部性效应，能形成规模经济和范围经济，促进休闲农业与乡村旅游等新业态快速发展。如何科学制定促进农村一二三产业融合发展的政策，更好发挥其对促进乡村振兴的作用，是需要深入探究的理论与现实问题。系统动力学有助于探索与揭示问题产生的潜在机制并寻求解决问题的关键策略，为政策模拟提供了思路与支持。本文运用系统动力学方法研究以农村产业融合支持政策促进乡村振兴问题，从支持休闲农业与乡村旅游发展、大力发展农业生产性服务业、以优化结构为主导促进农村电子商务发展和拓展政策性农业保险范围等方面提出了对策建议。

关键词：产业融合；乡村振兴；产业政策；系统动力学

一、引言与文献回顾

全面推进乡村振兴战略是脱贫攻坚目标任务如期完成后解决好"三农"

---

[*] 本文原发表于《商业研究》2022年第4期，收入本书时有修改。
[**] 曹群，女，管理学博士，北京石油化工学院马克思主义学院教授，主要研究方向为马克思主义中国化。张思英，女，经济学博士，哈尔滨商业大学经济学院教授，主要研究方向为统计经济学。刘曾凡，女，经济学硕士，哈尔滨商业大学经济学院副教授，研究方向为产业经济学。

问题的一项重大任务,是加快农业农村现代化的重要途径。实施乡村振兴战略是一项复杂系统工程,实现"产业兴旺、生态宜居、乡风文明、治理有效、生活富裕"总要求,基础在产业兴旺,前提是因地制宜培育壮大乡村特色产业并构建起现代乡村产业体系。当前,我国农业产业发展面临着全要素生产率仍需提升、农产品供给结构不合理、流通体系效率不高以及现代农业全产业链标准体系不健全等问题,制约了乡村产业和农业现代化发展。然而,自2015年中央一号文件首次从国家政策层面提出推进农村一二三产业融合发展以来,相关指导意见、发展规划和工作方案等支持政策陆续颁布,较好地促进了我国农村一二三产业融合发展,为农业现代化和乡村振兴提供了有力支撑。特别是,农村电子商务、休闲农业与乡村旅游等新业态的快速发展,为推进乡村振兴战略提供了有利契机。根据《中国乡村旅游发展报告》的统计,2012—2018年,我国休闲农业和乡村旅游接待人次由7.2亿增加至28.2亿,年均增长25.6%,占国内旅游的比重由24.3%提高至50.9%;2013—2018年,我国农村网络零售额从1350亿元增加至13700亿元,年均增长59.0%,占农村零售额的比重由4.2%增加到24.8%,占全国网上零售额的比重由7.3%增加至15.2%;农村产业融合新业态表现出较好发展态势。在政策激励、产业演变和基层实践等多因素作用下,农村产业融合发展起步较快,如何以此为契机,进一步优化政策供给,引领发挥多因素作用促进乡村振兴,是需要深入探究的问题,对此,国内学者也开展了诸多研究。

第一,农村一二三产业融合发展与乡村振兴的关系是辩证的。农村一二三产业融合是农业农村发展的又一次历史性变革,可以为乡村振兴战略实施提供有力支撑。农村一二三产业融合发展既是实施乡村振兴战略的重要举措和内容,也是主要路径和手段。[1]乡村振兴基础在产业兴旺,而产业兴旺出路在乡村产业融合发展[2],把产业兴旺作为乡村振兴的重点,关键是走产业融合之路[3]。乡村振兴战略着重解决乡村发展不平衡、不充分、不同步问题,农村

---

[1] 陈文胜.怎样理解"乡村振兴战略"[J].农村工作通讯,2017(21):16-17.
[2] 汪恭礼.乡村振兴战略视角下的农村三次产业融合发展探析[J].河北大学学报(哲学社会科学版),2018,43(6):118-127.
[3] 陈兆清,徐昕.乡村振兴背景下发展农村经济的探索与建议:基于产业融合视角的分析[J].安徽农学通报,2019,25(5):1-4,19.

一二三产业融合发展可解决乡村发展不充分问题，因此要把产业融合作为乡村振兴的重要抓手。两者的价值逻辑关联在于农村农业发展、国家战略和国际经验三个维度上的价值取向趋同，发展目标也具有内在统一性，多利益主体联结分享发展红利是两者协同的动力，科技创新推动绿色发展则是两者协同的引擎。农村一二三产业融合度不高是当前我国农业发展面临的新问题，制约了乡村振兴战略推进。此外，乡村振兴战略也为农村一二三产业融合指明了方向和目标。

第二，农村一二三产业融合发展是推进乡村振兴战略的重要途径。一是突破了农业发展中"乡村的产业就是农业、农业的功能就是提供农产品"的传统思维模式，促使农业产业链分工更细化，吸引劳动力回流而避免农村空心化，为乡村产业兴旺提供支撑。❶ 二是推进农业产业发展方式发生转变。借助二、三产业发展优势补充农业发展短板，推进农业现代化。❷ 用现代服务业引领农业延伸产业链、打造供应链、提升价值链，促使乡村产业多元化、综合化发展，特别是通过人才融合推进农村产业融合，有利于创新农业发展理念，催生新业态新模式，将新发展理念贯彻到乡村振兴战略中。❸ 农村产业间融合渗透、交叉重组，促进资源、要素、技术和市场需求等在农村整合重组。三是催生经济效应带动乡村振兴。通过优化升级农村产业结构和创新农业新业态新模式等产生宏观经济效应，通过改进农业企业组织结构、促进农民增收以及改善农业生态环境等产生微观经济效应，通过创造新供给形成加法效应、创造新业态形成乘法效应，这些经济效应能够拓展农业多功能性、适应消费需求升级趋势，提高农业资源配置效率，进而推动乡村振兴。

第三，农村一二三产业融合发展促进乡村振兴的作用机制。一是市场机制。农村产业融合能够提高城乡市场交易活力，加快城乡要素双向流动，促进物质资本、人力资本及服务体系的一体化配置，并优化农村经营体系和提高农业经营比较收益，进而推动乡村振兴。❹ 二是价值链提升机制。农村产业

---

❶ 李国祥. 产业融合发展是乡村振兴的重要路径 [N]. 上海证券报，2017-11-28 (12).
❷ 臧学英，王坤岩. 实施乡村振兴战略 加快农村"三产"融合 [J]. 产业创新研究，2018 (10)：26-30.
❸ 姜长云. 关于实施乡村振兴战略的若干重大战略问题探讨 [J]. 经济纵横，2019 (1)：10-18.
❹ 罗必良. 明确发展思路，实施乡村振兴战略 [J]. 南方经济，2017 (10)：8-11.

融合不仅可以延长农业产业链与价值链，而且可以重构并升级农业价值链，推动农业农村现代化、拓宽农民增收渠道、实现农村自我发展❶，是乡村振兴的必然选择❷。从横向农业多功能性和纵向协作紧密程度两个维度看，农村一二三产业融合发展促进价值增值的路径有三个方向，横向上拓展农业功能可以带来经济价值和形象价值，纵向上加深协作紧密程度可以带来经济价值和素质价值，兼顾两个维度能够实现最大限度的价值增值，价值增值的机制主要是积累优质资源、提升关键能力和改进组织管理。

第四，农村一二三产业融合发展促进乡村振兴需采取差异化策略。产业分割造成的农业多功能性缺失是导致乡村衰落的主要原因，以田园综合体等建设模式加速产业融合，能够有效推动乡村振兴。与日本、韩国、欧盟等国家和地区的乡村产业发展相比，我国可以大力培植多产业融合的乡村特色产业。❸要推进以流通业为核心的农业及其关联产业发展，健全农民参与分享的机制❹，壮大农村优势产业，加快推进农产品精深加工、实施农产品品牌培育工程以及推进乡村休闲旅游产业发展❺，乡村旅游作为农村产业融合的产物，与实施乡村振兴战略的要求有较好的耦合性❻。此外，还要建立健全利益联结机制，培育多元化农村产业融合主体、完善多渠道农村产业融合服务❼，优化融合发展制度环境❽。

综上所述，当前国内学者关于农村一二三产业融合与乡村振兴的研究主要集中于两者关系的探讨，更多的是农村一二三产业融合对乡村振兴的作用

---

❶ 胡石其，熊磊. 价值链视角下农村产业融合发展的路径找寻[J]. 湘潭大学学报（哲学社会科学版），2018，42（5）：71-75，86.

❷ 刘国斌，李博. 农村一二三产业融合发展研究：理论基础、现实依据、作用机制及实现路径[J]. 治理现代化研究，2019（4）：39-46.

❸ 冯勇，刘志颐，吴瑞成. 乡村振兴国际经验比较与启示：以日本、韩国、欧盟为例[J]. 世界农业，2019（1）：80-85，98.

❹ 朱文博，陈永福，司伟. 基于农业及其关联产业演变规律的乡村振兴与农村一二三产业融合发展路径探讨[J]. 经济问题探索，2018（8）：171-181.

❺ 钟钰. 实施乡村振兴战略的科学内涵与实现路径[J]. 新疆师范大学学报（哲学社会科学版），2018，39（5）：71-76，2.

❻ 蔡克信，杨红，马作珍莫. 乡村旅游：实现乡村振兴战略的一种路径选择[J]. 农村经济，2018（9）：22-27.

❼ 胡石其，熊磊. 价值链视角下农村产业融合发展的路径找寻[J]. 湘潭大学学报（哲学社会科学版），2018，42（5）：71-75，86.

❽ 马义华，曾洪萍. 推进乡村振兴的科学内涵和战略重点[J]. 农村经济，2018（6）：11-16.

路径、作用机制及促进措施，分析方法以理论分析、案例分析、定量测度及回归分析等为主，在深入分析作用机理、拓展研究方法等方面还需要做更多的研究工作。本文从政策有效性和优先选择视角，聚焦如何通过推进农村一二三产业融合发展加快促进乡村振兴，运用系统动力学方法仿真模拟不同支持政策的作用效果，得出当前促进乡村振兴应采取的产业融合政策和关键策略。

二、理论分析与研究假说

农村一二三产业融合发展能够促进乡村振兴，主要源于且不限于由农村产业融合带来的正外部性效应、农业规模经济和范围经济。

第一，农村产业融合发展使农业生产具有正外部性。农村一二三产业融合发展以农业为基础，是第二产业和第三产业对农业的"反哺"支撑，因而在很大程度上，能够保留并发挥农业的外部性作用。农业生产的外部性表现为，既可以通过组织农业生产提供农产品，又可以形成农业景观，还可以保障国家的粮食安全，进而维护社会的安全与稳定；既有利于保持生物的多样性，也有利于保护水土和自然环境；这些外部性作用主要表现为农业的多功能性。要充分发挥农业外部性对乡村振兴的作用，就要运用市场营销等理论和方法对农产品销售、农业景观经济价值、农业多功能的市场价值等进行挖掘和开发。

假说1：积极发展休闲农业与乡村旅游、农村电子商务等新业态能够有效促进农村产业融合发展并带动乡村振兴。

第二，农业规模经济。在劳动和资本边际报酬递减规律作用下，在保持技术水平不变的条件下，农户持续提高生产经营效益较难实现；在长期内，受边际技术替代率递减规律的影响，同样产量的农产品生产，劳动和资本相互替代的作用是不断减小的，即增加资本投入能够替代劳动的数量是递减的（劳动对资本的替代也相同），这不利于资本的投入。然而，对于农业而言，要改善这一状况，就要适当扩大农业的生产经营规模，实现规模经济。推进农村一二三产业融合发展，有助于农业生产企业等融合主体通过优化生产要素组合和扩大规模来实现规模经济。一方面，有助于实现内部规模经济，即农村一二三产业融合发展带来技术进步，可以改变农业生产要素之间组合的比例，有利于促进企业或融合主体有效地扩展农业经营规模，如农业先进机械的采用改变劳动和土地的配比，使得企业或融合主体扩大土地经营规模获益增加。另一方面，有助于实现外部规模经济，即农村一二三产业融合发展促进了整个行业的规模扩大，降低了企业或融合主体获取生产服务的成本费用，如融合发展加速了耕作、灌溉等农业生产性服务业的发展，促使服务价格整体下降，进而节约企业或农户等主体的生产成本。除农业规模经济以外，融合发展还有助于带来资源配置、技术进步和管理创新等经济效益。

假说2：大力发展农业生产性服务业有助于农业新业态培育并为乡村振兴提供有效支撑。

第三，农业范围经济。企业同时生产两种产品的费用低于分别生产每种产品所需成本的总和时，即存在范围经济。与规模经济不同，范围经济不是因为扩大生产规模而获益，而是因为增加生产产品的品种而获益。当一个地区集中了一个产业发展所需的生产要素、生产服务等供应者时，就会使本地区本产业具备比较竞争优势，形成范围经济。对此，有学者将范围经济区分为内部范围经济和外部范围经济，前者是指企业因生产产品品种的增加而带来长期平均成本下降，后者是指同一区域内由单个企业生产活动专业化和多个企业分工协作组成区域生产系统，企业在这一系统内通过分工协作、有效沟通而节约了成本。农村一二三产业融合发展的过程，其实也是生产要素和生产服务向农村区域或农业经济集中的过程，有助于形成农村区域内的范围经济，为农户、企业以及其他融合主体创造良好的生产经营外部环境，有助于提高生产经营效益，实现收益或收入增加。

三、研究设计

运用"实验经济学"思想，依托系统动力学理论构建仿真模型，模拟不同政策因素变动对乡村振兴（本文主要分析乡村产业振兴）的影响差异。系统动力学主要研究系统反馈结构与行为，最初被应用于工业企业管理，近年来，其应用性不断增强，逐渐拓展到经济、社会等学科领域。构建系统动力学模型，可作为经济、社会等复杂系统的"实验室"，通过定性与定量分析相结合、系统综合推理等方法,进行学习与政策分析,其优势是基于非线性动力学理论分析复杂非线性系统的动态变化。系统动力学模型由变量、参数和函数关系三要素构成,构建模型,第一步是要明确问题并确定系统边界;第二步是要依据相关理论提出动态假说,据此绘制因果关系图和系统流图等;第三步是建立方程式,依据决策规则确定参数、行为关系和初始条件等;第四步是检验,包括量纲一致性检验、灵敏度测试及系统改进检验等;第五步是政策设计与评估。为保障系统动力学模型科学构建与有效运行,需要借助计算机语言或专业软件来实现,目前应用相对较多的是 Vensim 软件,它能够有效地模拟一个系统的运行并进行优化。

(一) 系统界定

农村一二三产业融合发展与农村居民生产生活、区域经济发展密切相关,在政策驱动下,有利于促进农业生产和农村发展的要素逐步向农业农村聚集,对提升农业产业竞争力、提高农业经营效益、促进农民增收和乡村振兴产生积极影响,形成相互作用、相互依靠的经济发展系统。参考国内学者相关研究思路❶,本文构建开放式的农村产业发展系统动力学模型,重点考察农村一二三产业融合发展对乡村振兴的作用。对系统进行界定,一方面,要考察休闲农业与乡村旅游、农村电子商务、农林牧渔服务业、绿色食品产业、农业保险和农林牧渔业发展等对促进农村一二三融合发展的影响;另一方面,在考察农村一二三产业融合对促进乡村振兴影响的同时,还要考察乡村振兴将通过增加投资等原因助力农村一二三产业融合发展,两者形成增强型反馈。

(二) 因果关系图及系统流图构建

通过界定农村产业融合系统,梳理系统内部因果关系,形成系统因果关系图(见图 5-1)。

---

❶ 黄丽娟,赵文德,窦子欣,等. 基于系统动力学的农村电商生态系统构建及仿真研究 [J]. 广州大学学报(社会科学版),2017,16 (8):33-42;孙继国,孙茂林. 金融服务乡村振兴的系统动力学仿真研究 [J]. 经济与管理评论,2020,36 (2):104-112。

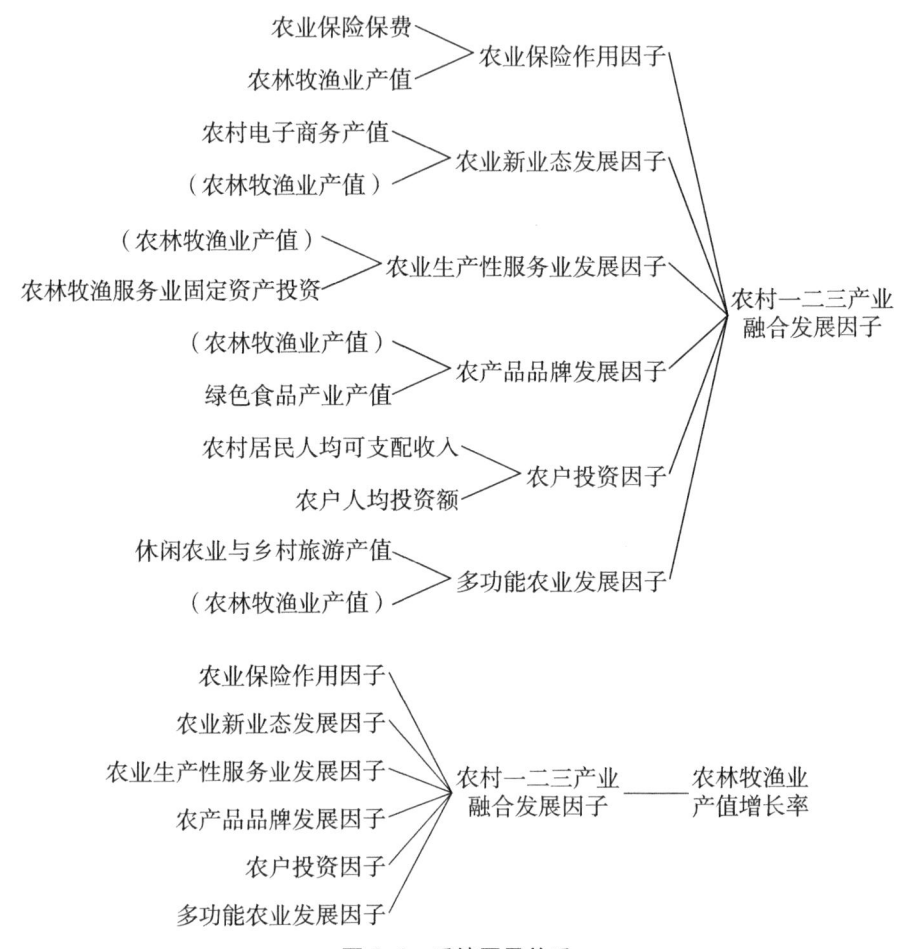

图 5-1 系统因果关系

进一步，运用系统动力学思想，构建开放式政策仿真模型。第一，对系统变量进行分类。一般而言，系统动力学模型的变量由状态变量、速率变量、辅助变量和常量等类型构成，状态变量是系统从初始时刻到特定时刻物质流动或信息流入积累的结果，速率变量是系统变化的速度或决策幅度，辅助变量是状态变量与速率变量间信息传递和转化的纽带，常量是固定不变的量。结合研究问题实际和模型构建目标，尽可能简化系统模型，将农林牧渔业产值、休闲农业与乡村旅游产值、农户固定资产投资、农村总人口、农村居民人均可支配收入、农业保险保费、农村电子商务产值、绿色食品产业产值和农林牧渔业固定资产投资等 9 个因素作为状态变量，将农林牧渔业增加值等 9

个指标作为速率变量,其余变量相应为辅助变量和常量。第二,依据因果关系图和系统变量的类型构建系统流图(见图5-2)。

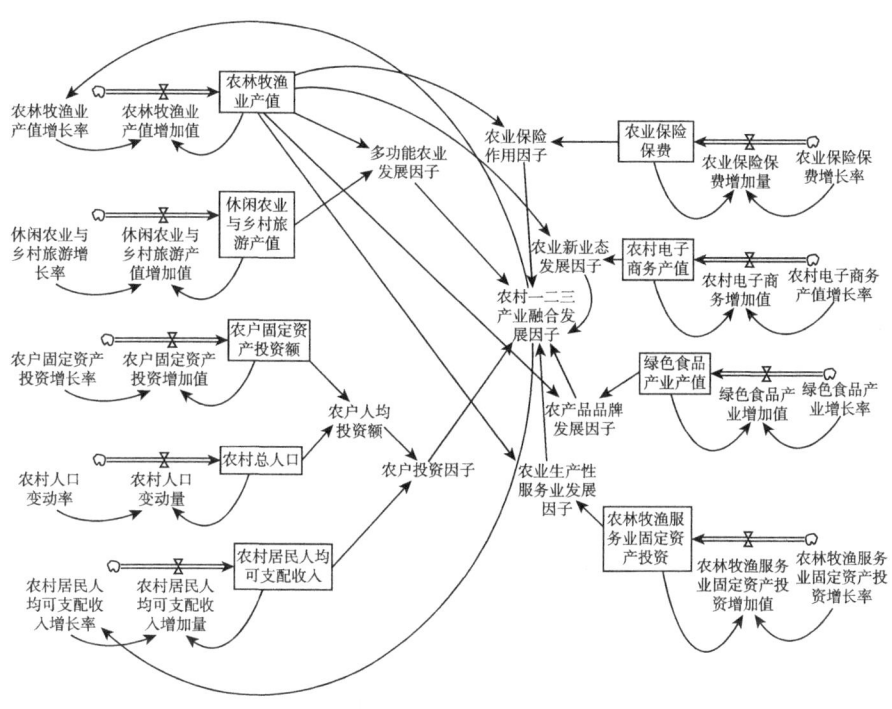

图5-2 系统流图

(三)模型的方程式设定

方程式设定是系统动力学模型构建的核心,是确保系统模型能够运行的基础,变量类型不同,方程式的设定规则也不同。通常,状态变量方程以积分形式表达,速率变量方程是某时刻状态变量、辅助变量和常量等的函数,辅助变量方程与速率变量方程类似,T方程(表函数)是以图形形式表示非线性函数,C方程是对常量的赋值。根据实际可得数据,时间跨度选择为2011—2018年,同时,为进行模拟、预测、仿真、比较,将模型时间跨度延长至2030年。依据系统动力学建模理论和方法,把农村产业融合系统模型的方程式设定如下:

休闲农业与乡村旅游产值 = INTEG(休闲农业与乡村旅游产值增加值,

2160）；休闲农业与乡村旅游产值增加值＝休闲农业与乡村旅游产值×休闲农业与乡村旅游增长率；休闲农业与乡村旅游增长率＝0.3；农业保险作用因子＝农业保险保费/农林牧渔业产值；农业保险保费＝INTEG（农业保险保费增加量，174.03）；农业保险保费增加量＝农业保险保费×农业保险保费增长率；农业保险保费增长率＝0.1855；农业新业态发展因子＝农村电子商务产值/农林牧渔业产值；农业生产性服务业发展因子＝农林牧渔服务业固定资产投资/农林牧渔业产值；农产品品牌发展因子＝绿色食品产业产值/农林牧渔业产值；农户人均投资额＝农户固定资产投资额/农村总人口；农户固定资产投资增加量＝农户固定资产投资增长率×农户固定资产投资额；农户固定资产投资增长率＝0.0143；农户固定资产投资额＝INTEG（农户固定资产投资增加量，9089.07）；农户投资因子＝农户人均投资额/农村居民人均可支配收入；农村一二三产业融合发展因子＝（农业保险作用因子＋农业生产性服务业发展因子＋农户投资因子＋多功能农业发展因子＋农业新业态发展因子＋农产品品牌发展因子）/6；农村人口变动率＝－0.0215；农村人口变动量＝农村人口变动率×农村总人口；农村居民人均可支配收入＝INTEG（农村居民人均可支配收入增加量，7393.9）；农村居民人均可支配收入增加量＝农村居民人均可支配收入×农村居民人均可支配收入增长率；农村居民人均可支配收入增长率＝0.1＋农村一二三产业融合发展因子×0.05（农村一二三产业融合发展因子对农民增收的影响系数通过回归分析得出）；农村总人口＝INTEG（农村人口变动量，6.5656）；农村电子商务产值＝INTEG（农村电子商务增加值，1000）；农村电子商务产值增长率＝0.25；农村电子商务增加值＝农村电子商务产值×农村电子商务产值增长率；农林牧渔业产值＝INTEG（农林牧渔业产值增加值，46122.6）；农林牧渔业产值增加值＝农林牧渔业产值×农林牧渔业产值增长率；农林牧渔业产值增长率＝0.056＋农村一二三产业融合发展因子×0.04（农村一二三产业融合发展因子对农林牧渔业产值的影响系数通过回归分析得出）；农林牧渔服务业固定资产投资＝INTEG（农林牧渔服务业固定资产投资增加值，1465.6）；农林牧渔服务业固定资产投资增加值＝农林牧渔服务业固定资产投资×农林牧渔服务业固定资产投资增长率；农林牧渔服务业固定资产投资增长率＝0.14；多功能农业发展因子＝休闲农业与乡村旅游产值/农林牧渔业产值；绿色食品产业产值＝INTEG（绿色食品产业增加值，3134.5）；绿色食品产业增加值=绿色食品产业增长率×绿色食品产业产值;绿色食品产业增长率=0.055。其中,INTEG 表示积分。

(四) 模型的检验

系统动力学模型是否有效,关键在于模型要尽可能地反映系统的实际,把握系统演化发展一般规律,能够对相关指标进行合理预测。为此,需要对模型的有效性进行检验。系统动力学模型的检验一般包括量纲一致性检验、合理性检验、有效性检验和稳定性检验。

第一,量纲一致性检验和模型合理性检验。Vensim PLE 软件自身带有这两项检验的功能,通过选择 Model>Check Model,系统将对模型的结构、反馈回路等进行检测,对存在的问题将给予提示,直到系统显示 "Model is OK" 时,才能完成模型合理性检验(也称模型语法检验);通过选择 Model>Units Check,系统将对模型内各指标的单位进行检验,特别是对具有因果关系的指标,要确保所有量纲都能做到前后一致。

第二,模型有效性检验。通过比较历史数据和模型模拟数据,来判断模型有效性。一般认为,模拟值与实际值的偏差在±5%以内时,模型是有效的。为此,本文主要选取农林牧渔业产值作为考察指标,比较其历史数据与模型的模拟数据,具体结果如表 5-1 所示。通过比较发现,农林牧渔业产值 2013 年和 2014 年预测值的偏误超过-5%,但都在-6%以内,整体预测结果相对可信,模型也是有效的。

表 5-1 农林牧渔业产值实际值与系统动力学模型预测值比较

年份	农林牧渔业产值		
	实际值(亿元)	预测值(亿元)	偏误(%)
2011	46122.60	46122.60	0.00
2012	50581.20	48705.50	-3.71
2013	54692.40	51433.00	-5.96
2014	57472.20	54313.20	-5.50
2015	59852.60	57354.80	-4.17

续表

年份	农林牧渔业产值		
	实际值（亿元）	预测值（亿元）	偏误（%）
2016	62451.00	60566.60	-3.02
2017	64660.00	63958.40	-1.09
2018	67558.70	67540.00	-0.03

数据来源：根据 Vensim PLE 软件仿真结果。

第三，模型的稳定性检验。系统动力学模型具有灵敏度测试功能，包括数值、行为和政策等方面的灵敏度，结合下一步政策仿真需要，选取农林牧渔业产值指标作为考察对象，通过调整相关指标的变动，观察其相应的变动情况，以此判断模型灵敏度，即模型的稳定性。具体结果可参见图3，根据图3可知，在其他条件不变时，按5%和10%的幅度，单独调整休闲农业与乡村旅游、农户投资、农业生产性服务业等指标的增长率，农林牧渔业产值有不同幅度变化。由此，也可判断模型具有一定灵敏度，是稳定的。

（五）仿真及结果分析

为探究农村一二三产业融合发展促进乡村振兴（以农林牧渔业产值表示）的相对有效策略，运用系统动力学模型进行政策模拟，即通过调整相关指标的变动，考察农林牧渔业产值如何在农村一二三产业融合发展因子的影响下而变动。在进行模拟时，保持其他指标不变，分别按5%和10%两个幅度，单独调整某一指标，从而观察农林牧渔业产值的变动趋势。模拟结果可见图5-3和表5-2。

根据政策模拟结果，可以得出：

第一，休闲农业与乡村旅游、农村电子商务、农业保险保费和农林牧渔服务业固定资产投资4个指标的增长对发挥农村一二三产业融合发展促进乡村振兴的作用有较显著影响。根据系统模拟，在同等条件下，这4个指标的增长给农林牧渔业产值带来的增长量要高于绿色食品产业、农户投资和农民可支配收入等指标。

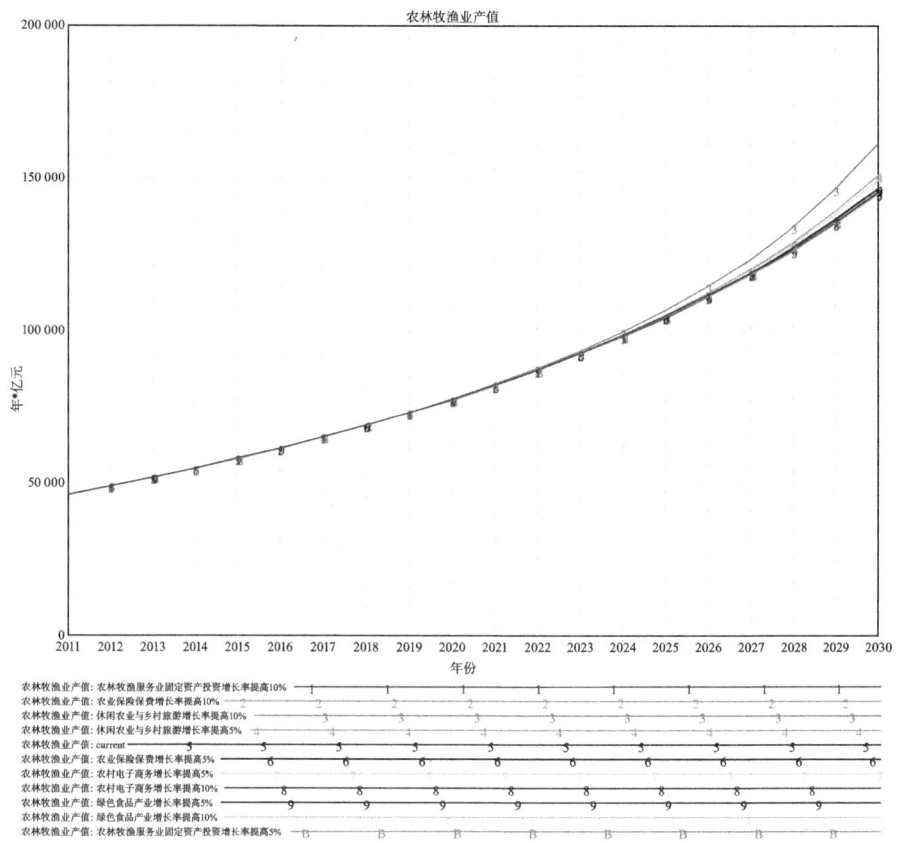

图 5-3 不同因素分别变动 5% 和 10% 对农林牧渔业产值的影响

表 5-2 部分指标增长 5% 和 10% 对农林牧渔业产值的影响及差异

单位：亿元

年份	10%				5%				10%与5%的差值			
	①	②	③	④	①	②	③	④	①	②	③	④
2011	46123	46123	46123	46123	46123	46123	46123	46123	0	0	0	0
2012	48816	48816	48816	48816	48816	48816	48816	48816	0	0	0	0
2013	51670	51669	51668	51671	51669	51669	51669	51669	1	0	0	2
2014	54697	54694	54691	54698	54694	54693	54692	54693	3	1	−1	5
2015	57910	57903	57896	57910	57902	57901	57898	57899	7	1	−3	11
2016	61325	61308	61297	61323	61309	61308	61301	61303	16	1	−5	20

续表

年份	10%				5%				10%与5%的差值			
	①	②	③	④	①	②	③	④	①	②	③	④
2017	64962	64927	64908	64950	64932	64929	64917	64918	30	−2	−9	32
2018	68843	68775	68747	68812	68789	68783	68762	68763	54	−8	−15	48
2019	72996	72874	72833	72927	72904	72893	72858	72858	92	−19	−25	70
2020	77456	77245	77190	77321	77304	77284	77229	77225	153	−39	−39	96
2021	82268	81915	81842	82021	82021	81989	81902	81892	247	−74	−60	129
2022	87488	86915	86820	87058	87097	87044	86910	86889	391	−129	−90	169
2023	93191	92282	92161	92472	92582	92496	92293	92254	609	−214	−132	218
2024	99476	98060	97908	98309	98539	98404	98100	98033	937	−344	−192	276
2025	106475	104301	104113	104623	105048	104837	104389	104277	1427	−536	−276	346
2026	114367	111069	110841	111482	112212	111889	111233	111055	2155	−820	−392	427
2027	123393	118443	118169	118967	120164	119674	118722	118444	3229	−1231	−553	523
2028	133886	126521	126193	127180	129078	128340	126968	126547	4808	−1819	−775	633
2029	146301	135422	135035	136246	139179	138079	136112	135484	7122	−2657	−1077	762
2030	161265	145296	144845	146320	150767	149139	146333	145411	10498	−3843	−1488	909

数据来源：根据 Vensim PLE 软件仿真结果。其中：①表示休闲农业与乡村旅游；②表示农村电子商务；③表示农业保险保费；④表示农林牧渔服务业固定资产投资。

第二，农林牧渔服务业固定资产投资随着增长幅度的提升，对发挥农村一二三产业融合发展促进乡村振兴的作用效果提升更显著。在5%的增长幅度下，休闲农业与乡村旅游增长带来的影响最显著，其次是农村电子商务、农业保险保费和农林牧渔服务业固定资产投资；在10%的增长幅度下，休闲农业与乡村旅游增长带来的影响仍最显著，其次是农林牧渔服务业固定资产投资、农村电子商务和农业保险保费。可见，随着增长幅度的提升，农林牧渔服务业固定资产投资给农林牧渔业产值增长带来的影响更显著。

第三，农村电子商务和农业保险保费要发挥对农村一二三产业融合发展的促进作用并带动乡村振兴，其增长速度应保持在合理区间。根据系统模拟，当增长率增加5%—10%时，这两个指标的增长尽管也促进了农林牧渔业产值的增长（与系统模拟值相比），但是增幅出现了下降趋势。农业保险保费虽然能够在一定程度上保障农业稳定发展，但是过多增长将给农业经营主体带来经营负担，不利于产业经营效率的提升。农村电子商务发展速度过快，之所以导致农林牧渔业产值增长量下降，一方面是因为模拟系统未将农村居民消费等因素纳入其中，另一方面是因为当前农村电子商务发展存在结构单一等问题，服务农业生产和经营的作用还需要进一步挖掘。

四、政策建议

（一）因地制宜制定支持乡村旅游发展政策

乡村旅游助推多功能农业发展有较大潜力，协同推进"产城融合"发展，应依托资源优势，把发展乡村旅游作为优先策略。一是坚持"因地制宜"原则。乡村旅游的特点是依靠独特的田园风光、农业文化、村落文化以及农家生活等吸引消费者，而不同地区具有不同特色，对满足消费者的多样化需求各有所长，所以发展乡村旅游必须坚持"因地制宜"。二是坚持区域联动。发展乡村旅游不仅要坚持"因地制宜"，还要坚持区域联动，地方政府在制定乡村旅游业发展规划时，应加强同区域内邻近地区的联动，共同规划开发农村旅游资源，避免重复建设、特色缺失。三是支持产业链延伸。乡村旅游消费是集休闲、观光、体验、文化以及教育等功能于一体的，要在加强乡村旅游环境建设的同时，配套建设农家乐、乡村民宿等支撑条件，还要注重开发乡村旅游产品，以此延伸乡村旅游产业链，提高多重经济效益。四是积极开展乡村旅游网络营销。充分利用平台经济，依托 App 开发和推广，开展乡村旅游线上营销，实现与线下营销相结合，拓宽旅游产品销售渠道。五是健全乡村旅游发展服务支撑体系。大力培养乡村旅游服务专业人才，对关人员进行技术技能培训，掌握先进旅游产业管理经验，完善乡村旅游服务内容，满足消费者多样化旅游需求。

（二）大力发展农业生产性服务业

这既是世界现代农业发展的基本规律，也是解决我国小农生产与农业现代化矛盾的关键。近年来，我国农业生产托管服务快速发展，体现了当前农业发展对农业生产性服务的旺盛需求。根据我国农业农村部的统计数据，2018年全国农业生产托管面积为13.84亿亩次，提供相应服务的组织有37万个，服务对象4630.17万个，其中小农户4194.37万户，占比91%。发展农业生产性服务业要坚持市场化导向，通过规模化、信息化、标准化发展提升专业化水平。一是遵循因地制宜、主体多元、服务多样、规范竞争的原则，坚持以产值占比明显提升、服务结构合理优化、全产业链覆盖等为目标，形成要素集聚、机制高效、体系完整的农业农村新业态发展格局。二是鼓励多主体开展农业生产性服务，我国当前具备加快发展农业生产性服务业的基础条件，包括已培育了大量的农业新型经营主体，农业机械和农产品加工、仓储设备完善，有大量从事农业科技推广服务的专业人员等，要在此基础上整合优化资源配置，鼓励引导农民合作社、龙头企业、农业产业化联合体等主体积极开展农业生产性服务经营。三是不断完善农业生产性服务供给结构，形成覆盖耕、种、防、收、烘干、加工、销售、流通等环节和全产业链的服务，满足不同主体的不同需求。四是完善优惠政策，在信贷和税费减免等方面给予农业生产性服务主体倾向性、激励性、差异性的优惠措施，引导社会资本进入农业生产性服务领域，特别是加大对农业物联网、农业大数据以及农业智能制造等领域的投资，引领我国农村一二三产业融合发展，引领新时代农业发展新潮流。

（三）以优化结构为主导促进农村电子商务发展

电子商务正在逐渐改变农村居民的生产生活习惯，影响消费行为和生产行为，对激发农村经济体潜在的消费需求、激活农业生产经营活力具有重要作用，据统计，2014—2018年，我国农村网络零售额由1800亿元增加到13700亿元，年均增长66.1%，充分体现出农村电子商务发展的巨大潜力。更好发挥农村电子商务发展促进农村一二三产业融合发展的作用，并推动乡村振兴，要以服务农业生产经营为导向，持续优化农村电子商务产业结构。一是大力支持发展平台经济。完善政策支持体系，引入国内知名电子商务平台入驻乡村，开展农业农村电子商务业务；支持以农业龙头企业为主导，依托农产品区域公用品牌，建立网上商城，联合开展网络营销。二是创新网络营销方式。鼓励引导融合主体自主加强对现代新型电商微商营销手段应用，加强农产品营销。重视并运用好自媒体平台，借助抖音、快手等平台，通过制作短视频、网络直播等方式开展农副产品和乡村旅游等营销。三是健全配送服务、质量安全监管和技能培训等支持。鼓励农户积极采用网络直销模式，鼓励新型农业经营主体与专业配送公司合作，开展农产品直销。加强农产品质量安全监管，鼓励基层多主体提供农产品质量追溯服务，探索推广农产品"一品一码"等技术。重点面向农户、家庭农场等主体，开展农产品电子商务相关技能培训。

（四）拓展政策性农业保险范围

农业保险是农业生产和农民增收的"助推器""稳定器"，推进农村一二三产业融合，促进乡村振兴，大力发展农业生产性服务业，需要充分发挥政策性农业保险的"保驾护航"作用。虽然近年来我国农业保险改革取得了一定成效，主要农作物保险保障水平已基本覆盖直接物化成本，各地也积极探索，创新农业保险形式，形成了包括收入型、价格型、"保险+期货"、"互联网+农业保险"等形式的农业保险，但是我国政策性农业保险还存在品种单一等问题。需要进一步加大农业保险产品开发力度，更好地支农惠农。一是完善农业保险政策，扩大农业大灾保险和"保险+期货"，对优势特色农产品保险实施以奖代补等支持政策，探索对农民部分收入损失进行赔偿的险种，在保障物化成本的基础上向农民提供多种保障额度选择。二是加大对农业保险的技术支持并优化服务，针对理赔定损难等问题，加强技术支持，提升农业损失鉴定能力，为拓展政策性保险险种创造有利条件，要注重运用大数据、云计算等新技术优化农业保险服务和销售渠道创新，鼓励为农村产业融合定制农业保险险种、提供个性化服务。三是引导农业经营主体加强农业保险损失控制功能，合理规避道德风险与逆向选择、农业风险的纯粹风险属性等制约。

中华优秀传统文化中的公益慈善思想略论[*]

初景波[**]

内容提要：中华优秀传统文化中的公益慈善思想极为宏富，本文仅以儒家、墨家、道教、佛家四者为主要对象，对其中的相关思想观念略作管窥。儒家主公义，墨家倡兼爱，道教与佛家则从宗教追求出发引人向善。各家之思想虽各有其统绪，但在倡导慈善、力行公益方面殊途同归。中华优秀传统文化是公益慈善的沃土，时至今日仍然有着不可估量的影响。对其大力阐扬是今天我们开展公益慈善教育、发展公益慈善事业的重要任务。

关键词：中华优秀传统文化；公益慈善

虽然作为概念的公益和慈善各有其内涵与外延，但二者有着极为密切的关联。公益表现于行为活动，慈善则是其内在的心理基础。内心慈善，而行公益。在此意义上，我们可以将二者相提并论。中华优秀传统文化中蕴藏着丰富深厚的公益慈善思想，在这些思想的影响下，激发出无数的善事义举。

一、儒家：公与义

儒家经典《礼记》中描述了大同社会的理想图景："大道之行也，天下为公。选贤与能，讲信修睦，故人不独亲其亲，不独子其子，使老有所终，壮

---

[*] 本文原发表于《公益时报》2023年12月26日，收入本书时有修改。
[**] 初景波，男，北京石油化工学院马克思主义学院讲师，博士，主要研究方向为中华优秀传统文化与德育。

有所用，少有所长，鳏寡孤独废疾者，皆有所养。男有分，女有归。货恶其弃于地也，不必藏于己；力恶其不出于身也，不必为己。是故谋闭而不兴，盗窃乱贼而不作，故外户而不闭，是谓大同。"❶这一理想深刻烙入中华民族的灵魂之中，同时也打下了公观念的深厚基础。既然"天下为公"是最高理想，那么秉公道、行公义，自然也就成为无上之功，这样的人就已经是孔子眼中的圣人。《论语·雍也》中记载："子贡曰：如有博施于民而能济众，何如？可谓仁乎？子曰：何事于仁？必也圣乎！尧舜其犹病诸。"❷博施济众就是典型的公益行为，孔子认为能这样做的人就是毫无疑问的圣人，这几乎已经是儒家对一个人的最高评价。

那么，人为什么能秉公道、行公义呢？儒家认为是人内在的道德情感使然，即"仁"。"仁"就是不忍人之心、恻隐之心，对他人天然地存有一份关爱、同情之心。这种关爱同类的心理情感很可能源于初民时代以来人类群居对抗自然所产生的共生意识，其存在越是依赖同类，自然也就更关爱同类，以至于积淀为一种本能，此即心理学所谓"种族保存"的本能，而儒家将其作为人之为人的道德本质。这种共生关系使一个人对他人的道德意识成为一种不可推卸的责任，儒家称为"义"，即道德义务。

段玉裁《说文解字注》及其所列举的多家之所以都将"义"解释为善，是因为义作为道德意志和规则意识，强烈地指向利他主义精神。在义面前，利他包括但并不是专指某个与自己有着特殊利益关系的他者，而是有着明显的"天下为公"色彩。儒家的义利之辨始终反复强调的就是这一点，就是利他的公众性、社会性，因而"义"的原则具有"公"的指向，这就是儒家意义上的"公义"。故受儒家思想影响的仁人志士，都心系天下、秉公行义、博施济众。

二、墨家：兼相爱，交相利

儒家虽强调公义，但同时也有爱有差等的理念，认为爱在实践层面有远近亲疏之分。同处先秦时代的墨子则极为反对这一点。墨子持有更为激进的

---

❶ 陈成国. 礼记校注［M］. 长沙：岳麓书社，2004：154.
❷ 杨伯峻. 论语译注［M］. 北京：中华书局，2006：72.

观点，他认为春秋时期各诸侯国之间争斗杀伐的祸乱之源正是在此。爱有差等容易造成误解，人们很难将爱向外推扩，爱己永无厌足，爱他人则无暇顾及，直至使人只知爱己而不知相爱："今诸侯独知爱其国，不爱人之国，是以不惮举其国以攻人之国。今家主独知爱其家，而不爱人之家，是以不惮举其家以篡人之家。今人独知爱其身，不爱人之身，是以不惮举其身以贼人之身。"❶（《兼爱中》）要解决这些问题，必须牢牢树立"兼相爱，交相利"的观念和信心，即将自己与他者等量齐观、平等对待，爱人如己，相爱相利。

墨家的事业就是以此为宗旨，力倡世人齐心协力，兴天下之利，除天下之害，使"饥者得食，寒者得衣，劳者得息，乱者得治"❷（《非命下》），这体现了平民主义的理想追求。为此，墨子号召人尽其才，共同为这个理想努力。"有力者疾以助人，有财者勉以分人，有道者劝以教人。"❸（《尚贤下》）这里显然有空想之成分，整个社会无法在这种模式下运转。但从公益慈善角度来看，墨家言行一致、率先垂范，为天下苍生摩顶放踵，甚至不惜牺牲生命，堪称中国古代践行公益之杰出楷模。

三、道家和道教：积善得道

道家将义行善举与修道、得道联系起来，以此导人向善。老子《道德经》说："天道无亲，常与善人。"❹（《第七十九章》）天道没有什么偏私，总是青睐善人。这就指出了一条为善得道之路。《道德经》从道的高度观万物之德，认为一切人、一切物均有其可取之处，因而主张善待一切人和物："是以圣人常善救人，故无弃人；常善救物，故无弃物。"❺（《第二十七章》）老子相信，以一般无二的善心诚意对待所有人，会引导出所有人的善心诚意："圣人无常心，以百姓心为心。善者吾善之，不善者吾亦善之，德善。信者吾信之，不信者吾亦信之，德信。"❻（《第四十九章》）在实践层面，《道德经》

---

❶ 孙诒让．墨子间诂［M］．北京：中华书局，2017：101．
❷ 孙诒让．墨子间诂［M］．北京：中华书局，2017：278．
❸ 孙诒让．墨子间诂［M］．北京：中华书局，2017：70．
❹ 陈鼓应．老子今注今译［M］．北京：商务印书馆，2003：341．
❺ 陈鼓应．老子今注今译［M］．北京：商务印书馆，2003：179．
❻ 陈鼓应．老子今注今译［M］．北京：商务印书馆，2003：253．

中告诫世人:"金玉满堂,莫之能守"❶(《第九章》)、"多藏必厚亡"❷(《第四十四章》)。因为道是促使一切流动起来从而达到平衡的,过度了必然走向损失,因此,"圣人不积,既以为人己愈有,既以与人己愈多"❸(《第八十一章》)。明哲睿智的人懂得这个道理,自然会去行公益慈善之事,去祸得福,何乐不为。

道教思想家葛洪在其著名作品《抱朴子》中也明确指出公益慈善是得道长生的必要条件:"欲求长生者,必欲积善立功,慈心于物。"❹(《抱朴子内篇·微旨》)道教文献《太上感应篇》《文昌帝君阴骘文》等都是著名的劝善书。如《文昌帝君阴骘文》就说:"救人之难,济人之急,悯人之孤,容人之过。广行阴骘,上格苍穹。人能如我存心,天必锡汝以福。"❺《元史·释老传·丘处机》中记载了丘处机以73岁高龄、历时多年西行雪山见成吉思汗,从而拯救万千生灵的壮举,这是道教公益慈善精神的典型体现。"太祖时方西征,日事攻战。处机每言,欲一天下者,必在乎不嗜杀人。及问为治之方,则对以敬天爱民为本。问长生久视之道,则告以清心寡欲为要。太祖深契其言,于是赐之虎符,副以玺书,不斥其名,惟曰'神仙'。"❻丘处机以不嗜杀人、敬天爱民、清心寡欲劝谏成吉思汗,赢得了成吉思汗的肯认和尊重。回到中原之后,丘处机"使其徒持牒招求于战伐之余。由是为人奴者得复为良,与滨死而得更生者,毋虑二三万人。中州人至今称道之"❼。

四、佛家:普度众生

佛家认为众生皆苦,因此要普度众生,使众生离苦得乐。普度众生的一个重要原因是出于慈悲心。《大智度论》云:"大慈与一切众生乐,大悲拔一切众生苦。大慈以喜乐因缘与众生,大悲以离苦因缘与众生。"《法华经》云:

---

❶ 陈鼓应. 老子今注今译[M]. 北京:商务印书馆,2003:105.
❷ 陈鼓应. 老子今注今译[M]. 北京:商务印书馆,2003:241.
❸ 陈鼓应. 老子今注今译[M]. 北京:商务印书馆,2003:349.
❹ 张松辉,译注. 抱朴子内篇[M]. 北京:中华书局,2011:207.
❺《文昌帝君阴骘文》(《阴骘文》)原文+译文[EB/OL]. (2022-09-16)[2025-02-20]. https://www.163.com/dy/article/HHCG1CTV0519AKDF.html.
❻ 宋濂,等. 元史[M]. 北京:中华书局,2000:3206.
❼ 宋濂,等. 元史[M]. 北京:中华书局,2000:3206.

"大慈大悲，常无懈怠，恒求善事，利益一切。"佛家高度评价能够发慈悲心去利乐有情众生的行为，认为这已经到了菩萨的境界。具体的方法主要是"四摄"与"六度"。"四摄"即引领众生离苦得乐的四种方式：布施、爱语、利行、同事。"六度"即救度众生及自己到得彼岸的六种方法：布施、持戒、忍辱、精进、禅定、智慧。佛家的慈悲拓宽了中华优秀传统文化中对公益慈善的理解。

普度众生的另一个重要原因是悲智双运、福慧双修的要求，也就是说修持佛法不仅需要般若智慧，还要广种福田，积善得福。在《佛说诸德福田经》中，释迦牟尼讲述了得福七法："一者兴立佛图僧房堂阁；二者果园浴池，树木清凉；三者常施医药，疗救众病；四者作坚牢船，济渡人民；五者安设桥梁，过渡羸弱；六者近道作井，渴乏得饮；七者造作圊厕，施便利处。"法藏在《梵网经菩萨戒本疏》卷五中也列举了一个关于八种福田的流传说法："一造旷路美井，二水路桥梁，三平治险路，四孝事父母，五供养沙门，六供养病人，七救济危厄，八设无遮大会。"种种福田归结起来，大部分都是今之所言公益慈善事业。

中华优秀传统文化中蕴藏着极为丰厚的公益慈善思想，种种善行义举彪炳史册、数不胜数，本文仅略作管窥。我们今天构建"两个结合"，追求共同富裕，铸牢中华民族共同体意识，实现中华民族伟大复兴，这些都要求我们必须对中华优秀传统文化中的公益慈善思想进行深入挖掘，使其焕发活力，将其发扬光大。

简论孔子的和谐伦理美学观

崔子修[*]

内容提要：孔子的美学思想散见于《论语》各篇章。然而，这并不意味着孔子的美学思想就是零乱、不成系统的。其实，追求善的和谐之理念贯穿于孔子美学中。同他的其他思想一样，孔子崇尚和谐的美学观对后世影响极其深远。本文试图以孔子的和谐理念为经脉，探讨孔子美学思想的内涵、理想境界及成因，进而揭示其本质。

关键词：孔子；和谐；伦理；美学

习近平总书记在庆祝中国共产党成立100周年大会上提出"两个结合"的重大论断，在党的二十大报告中又进一步系统阐述了"两个结合"。其中，创造性地提出"把马克思主义基本原理同中华优秀传统文化相结合"（简称"第二个结合"），是党百年来探索"从孔夫子到孙中山"的传统文化遗产的基础上，实现了马克思与孔夫子东西方两位圣人跨越时空正式"握手"。

本文以《论语》为文本依据，旨在从伦理角度出发简释孔子的美学思想，以期旧语得新解、求一孔之见，对传统文化的现代阐释有所增益。孔子是儒家学派中伦理美学思想的开创者与奠基人，其美学思想散见于《论语》各篇章。然而，这并不意味着孔子的美学思想就是零乱、不成系统的。其实，追求善的和谐之理念贯穿于孔子美学中。同他的其他思想一样，孔子崇尚和谐的美学观对后世影响极其深远。本文试图以孔子的和谐理念为经脉，探讨孔

---

[*] 崔子修，男，北京石油化工学院马克思主义学院教师，哲学博士，主要研究方向为应用伦理。

子美学思想的内涵、理想境界及成因，进而揭示其本质。

一

和谐的概念由来已久，并不是孔子首创，它是先秦美学发展的产物。早在《尚书》中就有所记载，表明远古时代就出现了"八音克谐""神人以和"的观念萌芽。春秋时期人们更是言必谈"和"。根据已有材料，人们对"和"字的使用涉及全方位的诠释，不仅涉及事物形式要件方面的和谐，而且包括人内在的生理、心理等诸因素的和谐。概而言之，对"和"的解读都指向一个明显趋同的方向，那就是相当重视和谐的审美活动在提升个人道德修为、促进政治秩序、增进社会平稳的重要意义，把自然形式之"和"、人的生理心理之"和"导向伦理政治之"和"。不过囿于社会发展的阶段局限性以及理论进化的自有脉络，此时的和谐理论在理论形态的完备性和系统的系统性方面都有不成熟的时代欠缺，因而此时和谐美理想的伦理化程度远没有后来的尤其是以儒家为代表的理论流派的自觉建构所显现的那样，达到明确规范和成熟准则的意义。

将这种伦理化倾向提升到规范、准则高度的工作则是在孔子的手中完成的。与他在哲学上"仁"与"礼"互释，孔子在美学上"和"与"礼"并称。"礼之用，和为贵，先王之道斯为美。"❶ 这句话有两层内涵：其一，"先王之道"即周礼所规定的一套典章文物、礼仪规范在实施过程中所表现出来的和谐就是美。其二，周礼之中本来就内蕴着和的精神，和是礼的实际运用和内在显现。所谓"礼"之用，"和"为贵。"礼"之为体，"和"之为用。"礼"与"和"的这种体用关系，决定了"和"必须受到"礼"的规范和调控。离"礼"谈"和"，为和而和，离"和"谈"礼"，为美而美是于理不通、于行不适、于制不妥的。"知和而和，不以礼节之，亦不可行也。"❷ 如此这般孔子把"和"与"仁""礼"结合起来，以哲学角度来诠释以仁释礼，以社会视野来观照以礼用和，从而为"和"的审美理想提供了深厚的哲学基础和厚重的社会逻辑，如此便把先秦以来和谐美理想的人伦色彩弘扬、镶嵌

---

❶ 杨伯峻. 论语译注 [M]. 北京：中华书局，2006：10.
❷ 杨伯峻. 论语译注 [M]. 北京：中华书局，2006：10.

和奠基在整个仁学的体系基础之上，由此发凡、阐释、提炼出一系列内容关联、逻辑严谨、现实入世的范畴、命题、原则，形成具有哲学深度、逻辑密度、现实广度和批判力度的较完备美学体系。

在实践活动方面，孔子提出了"五美"的标准，即"惠而不费，劳而不怨，欲而不贪，泰而不骄，威而不猛"❶的行为准则。在人的活动中谋求实践意识与客观条件、合目的性与合规律性的统一。

在个体人格方面，孔子提倡"文"与"质"，即外观仪容文饰与内在道德品质的和谐统一，既反对前者掩没后者的空虚浮华，又反对后者排斥前者的粗陋鄙野，主张"文质彬彬，然后君子"❷，铸成那种将现象与本质、形式与内容合理完满地集于一身的君子风范。

在心理结构方面，孔子反对理智和情感的分离乖张，主张情感与理智的和谐统一。类似戴着镣铐跳舞，力求用内化的理智、意志来制约人的原始情感、欲望，将情感和欲望放在理智和意志面前加以审视，发挥理智和欲望的规范、引导和调适作用。孔子把"从心所欲不逾矩"❸作为君子道德践履的理想进阶境地，将此自由境界视为经过"终日乾乾""朝乾夕惕"的终身修养才能达到的最高目标。"欲"和"矩"的统一遵循"和而不同"的中庸实质要求，充满着张弛有度的理论和实践张力，既承认人的情欲的天然合理性，又不致滑向纵欲妄为；既肯定规约情欲的必要性，又不致流于禁欲僵化，所有心理功能都处于不偏不倚、无过无不及的和谐状态，从而达致中和有节、起止有度的美的境界。

孔子在上述诸方面所追求的诸矛盾对立面和谐统一的理想境界也就是所谓"中庸之道"。孔子有言："中庸之为德也，其至矣乎！"❹中庸的本义是中和为礼所用的意思。历来的注家认为，有子关于"礼之用，和为贵，先王之道斯为美"的表述"所以发明夫子中庸之义也"。因此所谓"中立而不倚""无过无不及""执两端而用其中"只是"中庸之道"的形式、现象与手段，为"仁""礼"所用才是其实质、精髓与目的。这就使孔子的和谐美理想不

---

❶ 杨伯峻. 论语译注［M］. 北京：中华书局，2006：296.
❷ 杨伯峻. 论语译注［M］. 北京：中华书局，2006：87.
❸ 杨伯峻. 论语译注［M］. 北京：中华书局，2006：16.
❹ 杨伯峻. 论语译注［M］. 北京：中华书局，2006：92.

能不带有极强的伦理色彩和世俗功效。

二

然而,在现实的伦理生活和美的理想之间横亘着十分遥远的距离,并非每一个人都能沐浴在理想的光华中。孔子铺设了一条从现实向理想上升的路径,导引芸芸大众向美的理想层面跃迁。

镶嵌在家庭结构中的个体人格修养是孔子所铺设的美之路径的逻辑原点。他十分注重"务本",即把"孝悌之道"视为人格修养的第一要义。"君子务本,本立而道生,孝悌也者,其为仁之本欤?"❶ 尊父母为孝,爱兄长为悌。个体生命来源于父母,家族延续来源于祖宗。尽管父子有分、等级有别、秩序不混,但是"父父子子"的伦理秩序毕竟建立在血缘情感基础上,并在整个血脉传承中自然而然地"推爱",由此血缘基因和伦理要求内在结合起来。一旦这种在宗族血缘关系框架基础上所推演而成的规矩、准则,能够自觉内化为个体的道德意识、修养需求和人格涵养,他就可以成为具有崇高人格理想的"君子",其一言一行足为天下法、可为世间范,对于整个国家天下的世道人心实具充盈的道德之风的先锋作用,在融魂铸心、治理国家、平定天下的系列社会政治活动中产生正面影响和积极作用,至于他是否直接从政,那倒是无足轻重的,因此当有人问到孔子为何不从政时,他认为根本没有必要提出这样的问题,"《书》云:'孝乎惟孝,友于兄弟,施于有政。'是亦为政,奚其为为政?"❷ 孔子所力图恢复的周礼,也就在这种理想的人格中找到了它的根基。

在孔子的美学中,"孝悌之道"之所以能成为向美之理想上升的起点,有其深刻的社会原因。在家国同构的宗法社会结构中,家是缩小的国,国是放大的家。在家为孝子,父子有亲;在国则臣子对君父,臣民对君王的关系就是子女对长辈的关系的放大,尊老爱幼、入孝出悌的个体人格修养就是贵贱有等、上下有体的社会伦理政治实践的缩影,从而"孝悌之道"的内涵就超出了个人生理种姓的有限意义而具有了支撑和维系整个社会结构的普遍功能。

---

❶ 杨伯峻. 论语译注 [M]. 北京:中华书局,2006:2.
❷ 杨伯峻. 论语译注 [M]. 北京:中华书局,2006:27.

因此,"其为人也孝悌,而好犯上者鲜矣。不好犯上而作乱者,未之有也"❶。而且"孝悌之道"一旦化约为个体生命的伦理需求和自然情感,作为它的同构涟漪式的同心圆延伸和扩展,所谓"忠君""爱国"等社会伦理律令就在显性表现上笼罩着一层温情脉脉的面纱,失去了它强制的甚至是残酷的面相而统统变得极富于软性色彩了。外在的、硬性的他律要求,诸如"报君黄金台上意,提携玉龙为君死""自强不息,尽忠报国"等强制个体付出被迫牺牲的政治伦理要求便奇妙转化为人们自愿从命、乐于趋赴的自觉行为,整个社会就在这种自愿的和合而乐、其道大光的气氛中获得了赫赫安宁。

接下来的逻辑问题是怎样沿着美的路径拾阶而上,达到美的理想目的呢?孔子说:"弟子,入则孝,出则悌,谨而信,泛爱众,而亲仁"❷,"君子笃于亲,则民兴于仁"❸,"迩之事父,远之事君"❹,等等。这些都是强调个体生命的"孝悌之道"在特定政治生活和人际模式中的外推之道和实操法宝。后儒根据这一点提出了"修身、齐家、治国、平天下"的模式,把个体人格之美导向"齐其家""治其国",直至"明明德于天下"的美之理想。"物格而后知至,知至而后意诚,意诚而后心正,心正而后身修,身修而后家齐,家齐而后国治,国治而后天下平。"❺从中可以推演其逻辑顺序,这即是将"孝悌之道"从个人而宗族而家国而天下的由小到大、由内到外的伦理政治活动推广顺序,先从个体人格的自我修养达致和谐出发,其次谋求宗族关系的和谐,再次谋求家国治理的和谐,最后直至天下大同的和谐进阶序列。这一序列的黄金标准,就是孔子所向往的"吾从周"的复古论政制标准所透露出的"三代之治"乃至退而求其次的周公之治。这种"仁学"原则不断彰明、和谐理想渐次扩充的过程也就是美逐级提升的过程,四方统一、天下归心的社会理想,也就是美的最高理想。

孔子把"尽善尽美"明确认定为美的最高理想,把"修身、齐家、治国、平天下"的阶梯引向美善和谐的极境。"子谓《韶》,'尽美矣,又尽善也'。

---

❶ 杨伯峻. 论语译注 [M]. 北京:中华书局,2006:2.
❷ 杨伯峻. 论语译注 [M]. 北京:中华书局,2006:6.
❸ 杨伯峻. 论语译注 [M]. 北京:中华书局,2006:113.
❹ 杨伯峻. 论语译注 [M]. 北京:中华书局,2006:263.
❺ 戴圣. 礼记 [M]. 北京:北京联合出版公司,2015:132.

谓《武》，'尽美矣，未尽善也'。"❶ 这就是说《韶》较之《武》以及其他乐舞境界更高，不仅对于乐舞本身，而且对于伦理实践和政治实践也具有最高标准、最高理想的意义。孔子按照美的价值取向来理解音乐，但更重视善的高阶作用，更多时候把伦理道德的"善"直接作为"美"来加以认定，这既表现为他在概念上对"美""善"混用，如"里仁为美""君子成人之美""五美"等，也表现为他对一些艺术现象的概括总结。如他对《诗经·卫风》所描绘的硕人之美作了"绘事后素"❷的理解，认为美女"巧笑倩兮，美目盼兮"的纯粹艺术形式，最终仍须受到伦理道德的判定才始可称之是美的。这里美就不在形式，而是善的代名词了。正是在这个意义上，孔子认为不置于伦理道德规约和评定下的形式之美根本是抽象无意义的、不值得肯定，甚至是必须批判的："乐云乐云，钟鼓云乎哉？"❸"人而不仁，如乐何？"❹ 因此对于季氏这种不仁不义之徒来说，乐舞本身就是根本无美可言的。孔子对于《韶》《武》二者的评价就秉持了鲜明的道德评判尺度，并以此论定二者价值的高下立判。尽管《韶》《武》二者都尽美矣、具备美的形式，但是孔子的评判重心在美更在善，且善在美先、善在美上。如《韶》赞美舜受禅于尧的盛事，凸显的是舜的圣德，合乎孔子尚礼的道德理念，可谓"尽善尽美"的最高典范，甚至令孔子听后痴狂如醉，竟"三月不知肉味"❺！而《武》歌颂武王征伐天下的事迹，凸显的是外在事功，与孔子的道德理想还有一段距离，其境界也就等而下之了，所以"未尽善也"。因此只有像尧舜那样以德相禅、垂拱而天下治的盛况才是"修、齐、治、平"这一阶梯所通往的极境。

可见，孔子美学是从个体生命的道德修养出发，把人的感性体验引向伦理道德的宽广境地。实现其美之理想是以个人与群体的天然联系为纽带。孔子美学中美之阶梯的模式与宗法社会中鲜明的等级观念两相呼应。它把美与善统一到社会伦理道德上而奉为最高理想，其实是用伦理道德的善吞并了感性形式的美，从而美与善的和谐只是一种虚假的和谐。孔子美学既承认人的

---

❶ 杨伯峻. 论语译注［M］. 北京：中华书局，2006：46.
❷ 杨伯峻. 论语译注［M］. 北京：中华书局，2006：34.
❸ 杨伯峻. 论语译注［M］. 北京：中华书局，2006：263.
❹ 杨伯峻. 论语译注［M］. 北京：中华书局，2006：32.
❺ 杨伯峻. 论语译注［M］. 北京：中华书局，2006：100.

天然情感欲望有其存在的自然合理性和普遍适用性，又反对放任不羁和任性逾矩，大力主张对它加以理性规约和引导，让它循着伦理道德规范之途有序推进。因为诸心理功能的和谐有天然情感发其端，不假外求神秘的超越性力量；且有血缘组织的社会保障，不必陷入虚无缥缈的抽象冥想中，也无须以从内心分裂的内在紧张和茫然痛苦为代价，就可在世俗生活中直接实现，从而这是一种直接站在大地上的和谐。

三

孔子这种崇尚和谐的美学观的形成有其社会的、心理的和思维方式的深刻原因。

首先，孔子美学是在古代东方世界自给自足的自然经济的土壤上结出的果实。家长制是承受整个社会重力的基石。宗族血缘关系的亲和力黏结着全部社会成员，支撑着整个国家的政治生活。因此，个体作为附着在宗族血缘关系巨网上的人身依附性存在，无力突破从而只能在这张遮天蔽日的弥天巨网中生活，有限的空间框定了个体的情感模式、心理惯性和社会养成的最大自我规训限度。不断试错的社会伦理道德包括一整套的礼仪规范、典章制度，起着调节器的作用，排除任何可能导致混乱的不安定因素，把整个社会生活和精神生活维持在稳定有序的水平上，这同时也就决定了美学不可能超出和谐统一的范围。

其次，孔子美学产生于奴隶社会向封建社会过渡的时代，反映了风雨欲来的社会大变动时期的特殊心态。在孔子生活的年代，东周奴隶制已经日薄西山，日趋卑弱，一场不可避免的历史变革正在酝酿之中。社会生活和意识形态各个方面都萌发了一些新因素、新动向，而且由隐而显，由弱而强，逐渐蔚成一股不可阻挡的历史洪流。面对旧制度的衰亡和新制度的崛起，孔子视之为礼崩乐坏，天下无道。他反对各种无尊无卑的僭越行为，加以严厉谴责。为了挽狂澜于既倒，孔子惶惶然若丧家之犬，周游列国，企图补天裂弥合世道人心，以求恢复郁郁乎从周的复兴梦想。这种背离历史进步性、面向过去的历史退步论思想相当深刻地影响了孔子政治伦理标准乃至其美学思想。

最后，孔子美学基本还属于古代素朴的辩证思维，倾向于把世界作为一个混沌的总体来把握。这种思维既是观念，又是意向；既是认知，又是情感，是知、情、意相互交织相互渗透的复合体。孔子美学所关注的伦理道德其实就带有这种复合性和总体性。孔子以仁释礼,构筑起庞大的"仁学"体系。可是"仁"是什么,他从来没有给予明确、固定的解释。孔子的"仁"其实是一个混沌概念,他正是在包含知情意相互纠结的总体内容的意义上使用这一概念的。

总之,孔子美学把历史与现实、情感与理性、个人与家国、自然与社会的和谐奉为最高理想。然而,它最终达到情感的理智化、心理的伦理化、个体的群体化,是以牺牲个体人的情感、欲望、意愿为代价的。美本来是人的本质力量的确证。但是人的本质力量在孔子美学中则是以扭曲的形式出现的,受到伦理道德规范的极大钳制,失落了自己的本真性格和固有价值。所以,在孔子那里,美学也就被取消了其自身应有的地位和独立的功能,为伦理道德这一外在的既定目的服务。孔子的美学只能是其"仁学"的延伸,它的意义只在于注释"仁学"的教条。从本质上说,孔子美学是一种高度政治化的伦理型美学,而并非真正话语独立、理论完备意义上的美学,充其量只是一种准美学、前美学,是中国美学否定之否定大历史过程所经由的一段不成熟但又不可避免的美学理论发轫之结果。

第六篇　青春思悟："大思政课"之学习体验

高校思政课学生课外作业优化途径研究[*]

冷文勇 汤显 杨洋 曹帆[**]

内容提要：课外作业是高校思政课教学的重要环节。当前高校思政课学生课外作业可分为知识识记型、理论分析型和实践创作型三大类。高校思政课课外作业具有巩固学生课堂教学所学、提升学生实践运用能力、全面锻炼学生思维能力和助推教师优化教学策略等价值。当前高校思政课课外作业的设计环节存在形式单一等问题，学生完成环节存在抄袭严重等问题，教师评定环节存在指导不到位等问题。可通过合理确定作业内容、创新课外作业形式、强化作业实践特色、优化作业评定机制等途径，促进高校思政课学生课外作业功能的发挥。

关键词：高校思政课；学生；课外作业；优化途径

思想政治理论课（以下简称"思政课"）是高校落实立德树人根本任务的关键课程，党和国家始终对此高度重视。习近平总书记强调："推动思想政治理论课改革创新，要不断增强思政课的思想性、理论性、亲和力和针对

---

[*] 本文系北京石油化工学院2023年校级URT项目"大学生思政课课外学习情况现状调查及对策分析"（项目编号：2024J00219）的研究成果。

[**] 冷文勇，男，法学博士，副教授，北京石油化工学院思政课教师，主要研究方向为高校思想政治教育。汤显，男，北京石油化工学院环213班学生。杨洋，女，北京石油化工学院环221班学生。曹帆，男，北京石油化工学院人资231班学生。

性。"❶ 同课堂教学一样，课外作业是高校思政课建设的重要组成部分，是高校实现育人目标的有效抓手。鉴于课外作业在一定程度上影响和制约着高校思政课的实效，因此，我们必须从"培养什么人、怎样培养人、为谁培养人"的高度，坚持系统思维，重视发挥高校思政课课外作业的应有功能，深入分析当前我国高校思政课课外作业存在的问题与不足，探索应对措施。

一、高校思政课课外作业的基本内涵与主要形式

高校思政课课外作业是指为巩固和深化高校学生思政课课堂所学知识，培养学生运用所学知识分析解决实际问题能力，由教师布置的，由学生利用课外时间、根据规定要求、自主或合作进行的书面任务或实践任务的总称。按照形式和内容的不同，高校思政课课外作业主要可分为以下三大类。

（一）知识识记型作业

该类作业最为常见，基本以读听看写为主，侧重巩固课堂知识，主要考查学生课外学习态度、学习时间投入情况，学生对理论知识的理解和书面表达能力，大多由学生自主完成，难度较小，对学生的创造力要求不高，比如，阅读文献、线上测试、观看慕课、整理课堂笔记、制作思维导图等。

（二）理论分析型作业

该类作业是指教师结合重大时政热点，设计具有探究性质的问题或任务，引导学生深入研究思考的学习任务。其不只是对知识点的识记上，而是侧重对知识的深入理解和灵活运用，比如，撰写小论文、模拟撰写"两会"议案、大学生讲思政课、撰写关于习近平新时代中国特色社会主义思想的实践案例。

（三）实践创作型作业

该类作业强调理论知识与实践操作的紧密结合，强调学生的实践体验，引导学生在实践中增进对党的创新理论的认同，主要以团队形式开展，能培

---

❶ 习近平主持召开学校思想政治理论课教师座谈会强调 用新时代中国特色社会主义思想铸魂育人 贯彻党的教育方针落实立德树人根本任务［N］.人民日报，2019-03-19（1）.

养和考验学生的解决问题能力、团队协作能力、动手能力和创造能力，工作量和难度较大，例如，社会调查、志愿服务、小组辩论、组织模拟法庭、拍摄思政课微电影等。

二、全面认识高校思政课课外作业的重要价值

作为完整教学过程中的重要环节，高校思政课课外作业具有以下价值：

（一）巩固学生课堂教学所学

思政课课外作业是对课堂教学的延伸和补充，通过完成课外作业，学生能在脑海中"复盘"教师的课堂讲授，进一步消化教学重点和教学难点，拓展知识的广度和深度，从而在脑海中形成更加扎实稳固的知识体系，还有助于学生发现自己的学习薄弱环节，从而查漏补缺，提高学习实效。

（二）提升学生实践运用能力

思政课课外作业尤其是实践创作型课外作业是锻炼学生实践运用能力的有效途径。比如，拍摄微视频、撰写社会实践报告、制作中华优秀传统文化作品等作业，要求学生能将课堂所学知识有机应用于解决实际问题，利用理论分析社会现实问题，能借助有关材料和新媒体创作出一个新的学习成果。

（三）全面锻炼学生思维能力

思政课课外作业往往涉及较为复杂的任务问题，学生在完成作业过程中需要独立思考并解决各类困难，从而有助于全面锻炼学生的思维能力。比如，拍摄微视频能锻炼学生的创造能力，小组辩论能培养学生的团队意识，撰写调研报告能锻炼学生收集信息、整理数据和对比分析等方面能力。

（四）助推教师优化教学策略

思政课课外作业完成情况是教师评估教学效果的重要参考依据。通过学生的完成情况，教师可直观地了解学生对课堂教学内容的识记、理解和运用程度，能进一步了解学情，据此进行教学反思，找出自己的教学短板并思考

如何改进，从而优化教学策略，不断提升自己的教学能力和水平。

三、当前高校思政课课外作业存在的主要问题

党的十八大以来，以习近平同志为核心的党中央高度重视思政课建设，我国高校思政课建设取得了历史性成就，课外作业也受到思政课教师的普遍重视。但是我们必须看到，由于受新媒体迅猛发展等因素影响，当前我国高校思政课课外作业方面也存在诸多亟待完善之处。根据2024年笔者开展的"大学生思政课课外学习情况"问卷调查（以下简称"本调查"）结果，当前我国高校思政课课外作业存在以下主要问题。

（一）作业设计方面的问题

一是形式较单一，缺乏创新性。不少高校思政课课外作业形式简单、单一，仍以读书笔记、观看视频资料等知识识记型作业为主。本调查显示，29.3%的受调查者认为"作业形式单一"，8.1%的受调查者认为"作业过于简单"。作业形式简单、吸引力不强，就难以激发学生的学习积极性。

二是理论性偏强，实践性不够。不少高校思政课课外作业存在"偏理论轻实践"的倾向。本调查显示，关于"老师布置的思政课课外作业形式主要有哪些"的回答，占比最高的是"阅读文献"，高达65.6%，而选择"制作视频"的比例仅为14.6%，选择"调研实践"也仅为28.3%。

三是定位不准确，存在"重复利用"。当前不少高校思政课教师同时讲授多门思政课，但其中一些教师不能较好地根据课程特点准确定位课外作业，有的教师在布置不同思政课课外作业时，只是简单复制作业，甚至不同思政课老师布置同样的课外作业。比如，均要求学生撰写要求一致的论文，导致学生"一份作业多用"，本调查显示，24.39%的受调查者认为"不同老师布置的作业任务重复"。

（二）作业完成方面的问题

一是敷衍了事，完成质量不高。不少学生对思政课课外作业持消极态度，草率了事，不能给予最基本的时间和精力投入，导致作业质量不高，不能达

到最基本的作业内容、字数和格式等要求，不能体现高校学生的应有水平。

二是诚信缺失，抄袭问题严重。随着网络技术的普及，尤其是伴随着ChatGPT等AI技术的出现，高校学生完成课外作业诚信缺失问题严重，不少大学生倾向利用AI软件速成作业，有的学生为完成类似观看慕课学习任务而经常刷课甚至找人刷课。

三是效率低下，不能提及时提交。当前，不少高校学生在提交思政课作业时表现出严重的"拖延症"，往往直到临近截止日期才开始匆忙准备，经常错过提交截止日期，需要教师三番五次提醒督促，经常有学生向老师申请延期提交。

（三）作业评阅方面的问题

一是指导不够，沟通不顺畅。当前，极少数高校思政课教师不能做到及时指导学生完成课外作业，师生之间缺乏此方面的有效沟通机制，教师把主要精力放到发布作业和评阅作业上，不能及时帮助学生解决完成作业中遇到的问题，缺少对课外作业质量的全程跟踪。

二是分享不足，受益面较窄。及时向学生反馈作业完成情况是教学过程中的重要一环，它不仅有助于学生及时了解自己的学习状况，还能促进学生相互学习和进行自我教育。当前，在不少高校思政课教师看来，批阅完了课外作业就"万事大吉"，不注重点评或让学生分享彼此作业。

三是监管不力，评价不到位。当前，少数高校未制定有关教师评阅学生课外作业的制度文件，批阅课外作业成了教师的"良心活"，教务部门检查教师教学档案时，一般也只看教师是否布置了作业，缺少对教师批阅作业的考核评价。

导致上述高校思政课课外作业问题的原因是多方面的。从学生方面看，主要是学生态度不端正，缺乏明确学习目标，对思政课的认知出现偏差，完成课外作业动力不足。从教师方面看，一是重视程度不够，极少数教师未充分认识到课外作业的重要价值，不重视设计、指导和批改课外作业；二是工作压力大，肩负教学重任，还得搞科研、申请基金项目和参加各种活动，很难把更多时间花在学生课外作业上。

四、高校思政课课外作业问题的应对措施

习近平总书记指出,"办好思想政治理论课关键在教师,关键在发挥教师的积极性、主动性、创造性"❶。解决当前高校思政课课外作业环节存在的问题,关键依靠思政课教师,可以采取以下措施。

(一) 合理确定作业内容

一要体现学科特点。教师要统筹各门思政课,根据不同思政课的内容特征和教学目标,找准课外作业的定位,防止出现不同思政课课外作业雷同问题。比如,同样为了考核知识点"全面依法治国","习近平新时代中国特色社会主义思想概论"课的课外作业内容宜为"习近平法治思想",而"思想道德与法治"课的课外作业内容宜为公民法治意识和法治素养。

二要注意设计问题链。问题链通过将知识点转化为多个紧密连接、环环递进的问题,有助于激发学生的学习兴趣和培养学生的思维能力。将问题链思维运用在学生课外作业中能提升教学实效,比如,布置关于文化安全的作业时,可这样设计问题链:何为文化安全?——文化安全的地位是什么?——当前我国文化安全遭遇哪些挑战?——青年学生该怎样维护国家文化安全?

三是合理确定时量频率。思政课教师应适当考虑学生的学习负担,课外作业量应适量均衡,避免安排过多或过少,因为过多的课外作业会使学生感到压力重重,从而产生抵触情绪,而过少的课外作业则可能无法帮助达到教学目标,一门思政课的课外作业时量以课程总学时的一半为宜,作业频率最好为2—3周/次。

(二) 创新课外作业形式

一是重视创新性。创新性强的课外作业不但能激发学生的想象力,还可让学生在完成作业的过程中享受到创造快乐。思政课教师要注重结合学生的

---

❶ 习近平同志《论党的青年工作》主要篇目介绍 [J]. 人民日报,2022-06-22 (02).

实际情况和兴趣爱好，设计具有针对性和趣味性的作业。比如，拍摄微电影、撰写模拟"两会议案"、撰写标语口号、制作传统文化作品等形式新颖的课外作业，往往容易深受学生欢迎。

二是增强思辨性。思政课教师在设计课外作业时，要把控好作业内容的深度和广度，作业不应该过于简单，不宜设置类似"对不对""是不是"的封闭式问题，也不宜设置学生上网百度就能找到答案的作业。当然也不宜过难，要有适当难度，内涵丰富、意蕴深刻和富有思辨性，能反映学生学习态度和能力水平的差距。

三是重视营造意境。新颖的意境能使学生有身临其境之感，有助于激发学生的情感共鸣，产生寓教于乐的效果。比如，为考查学生对新民主主义革命道路内容的掌握情况，可布置作业："假如你是一位1929年湘赣边界工农兵政府的中国工农红军，有一天，党组织派给你个任务：到湘鄂赣交界的某乡村建立一小块根据地，你打算怎样开展工作？"

（三）强化作业实践特色

一要理论与实际紧密结合。思政课课外作业要注重"思政小课堂"与"社会大课堂"的紧密结合，基于社会热点问题设计作业，积极关注学生的思想困惑点、理论渴求点，引导学生紧密关注习近平新时代中国特色社会主义思想在中华大地上的生动实践，不断感悟党的创新理论的魅力，比如，组织学生参观爱国主义教育基地、高新技术企业等。

二是重视学生的现场体验。实践类课外作业不能仅仅停留在走马观花式的观看上，教师要设计互动性强的实践作业，鼓励学生积极参与、亲身体验。比如，借助VR、AR等现代信息技术促进学生的现场互动、人机互动，让思政课内容既有意义，更有意思，要注重让学生通过角色扮演、情景剧等方式，深化对思政课内容的理解和掌握。

三是注意成果的展示分享。在学生完成实践创作类作业后，教师要及时组织分享成果。例如，可考虑利用课堂进行交流，邀请学生代表上台分享实践经历和感悟；可将优秀实践作业成果编辑成册或制作成视频，以方便其他学生学习借鉴；还可通过微信群、云班课等线上平台分享学生优秀作业，组织学生互相点赞、评论和转发，以提升学生的参与度和成就感。

（四）优化作业评定机制

一是加强对学生作业指导。思政课教师应该加强对学生课外作业的全程指导，尤其要紧密关注类似社会实践选题、微电影主题等方向性问题。教师要针对学生的个性需求提供个性化的指导。此外，还要及时评定学生作业，并将结果适时反馈给学生。

二要发挥学生的主体作用。当前，高校思政课外作业的评价主体主要是教师，学生基本不参与评价过程，学生的主体地位未得到应有体现。要改变这种传统评定模式，实行教师主导与学生主体相结合，组织学生自评和互评作业，比如，组织学生进行"我最喜欢的思政课微电影"作业投票。

三是优化总评成绩的结构。思政课教师要优化思政课总评成绩结构，加强过程性考核，提高课外作业在期末总评成绩中的比例，将课外作业成绩的占比提高到30%—40%。要制定公正合理的评定标准，涵盖作业的准确性、完整性、创新性等方面，基于学生作业的完成质量实施分层加分制度。

总之，提升高校思政课的课外作业功能的发挥需要多管齐下，以确保作业设计更加科学可行、作业完成更加真实有效、作业评价更加公正合理，从而激发学生的学习积极性和主动性，不断提升高校思政课教学的针对性和实效性。

千年窑火不熄　文化源远流长
——关于对非遗陶瓷文化传承与创新的调研报告

李禹祺　李宇轩　袁　艺[*]

（指导教师：武靖茗[**]）

内容摘要：非物质文化遗产是一个国家和民族历史文化成就的重要标志，是优秀传统文化的重要组成部分，还是地域文化的重要载体。本文主要通过对非遗陶瓷文化的调研，深入思考非物质文化遗产与经济社会发展之间的关系，并提出"传承+创新"的模式是推动非物质文化遗产和地域经济社会发展双赢的"康庄大道"。

关键词：非物质文化遗产；陶瓷文化；传承；创新；经济社会发展

一、调研背景

"历史是文化的载体，文化是历史的血脉。"非物质文化遗产是一个国家和民族历史文化成就的重要标志，是优秀传统文化的重要组成部分，更是地域文化的重要载体。近年来，人们对非物质文化遗产的关注与喜爱日益高涨，同时通过发展非物质文化遗产产业实现脱贫致富的例子也不胜枚举。因此，开展对非物质文化遗产的相关调研，对非物质文化遗产的发展及推动地域经

---

[*] 李禹祺，女，北京石油化工学院安全工程学院2022级本科生。李宇轩，女，北京石油化工学院安全工程学院2022级本科生。袁艺，女，北京石油化工学院安全工程学院2022级本科生。

[**] 武靖茗，女，法学博士，北京石油化工学院讲师，主要研究方向为马克思主义中国化时代化。

济社会发展都有重要意义。

二、调研对象简介

中国是"陶瓷的故乡",陶瓷就是中国的象征。陶瓷在满足中国人民自身的日常生活和精神文化生活需要的同时,更向世界展现了中国的风采和魅力。中国陶瓷凝聚了中国人的心路历程,既是中华民族审美心理的凝聚与结晶,也是中华民族文化的精粹之一。因此本调研小组选择陶瓷文化作为非物质文化遗产的代表,并以"陶瓷文化的传承与创新"为主题进行本次调研。

三、调研过程

调研小组于2024年1月制作了以"陶瓷文化的传承与创新"为主题的调研问卷,并于1月22日通过网络社交平台发放问卷进行线上调研,总计收回有效问卷71份。

1月23日,调研小组来到什刹海烟袋斜街进行实地走访调研,通过街头采访的方式调查大众对于非物质文化遗产中陶瓷文化的传承与创新的相关看法及观点。

1月26日,调研小组前往烟袋斜街可可陶吧体验陶瓷制作过程。首先,陶瓷制作需要高超的手工技巧和精确的步骤。从捏陶、拉胎到上釉、烧制,每一个环节都需要专注和耐心。其次,陶瓷的材料选择对作品的质量和美观度也起着至关重要的作用。最后,创作灵感是陶瓷艺术的灵魂。通过实践和思考,我们逐渐认识到陶瓷工艺的精妙之处。陶瓷艺术不仅是一门技艺,更是一种对自然和文化的理解和尊重。在体验制陶工艺后,调研小组又以纸质调查问卷方式调研了陶吧经营者及顾客共33人,收回有效问卷33份。

四、调研结果及认识

(一)调查内容与数据分析

1. 调查对象与基本情况

如图6-1、图6-2所示,在调查对象中18—30岁的青年人占总调研人数的 82%。其中认为自己对于非遗陶瓷文化"比较了解"的占比为 56%,"非常了解"的占比为 3%。可见,大多数年轻人对陶瓷文化是有一定了解的。

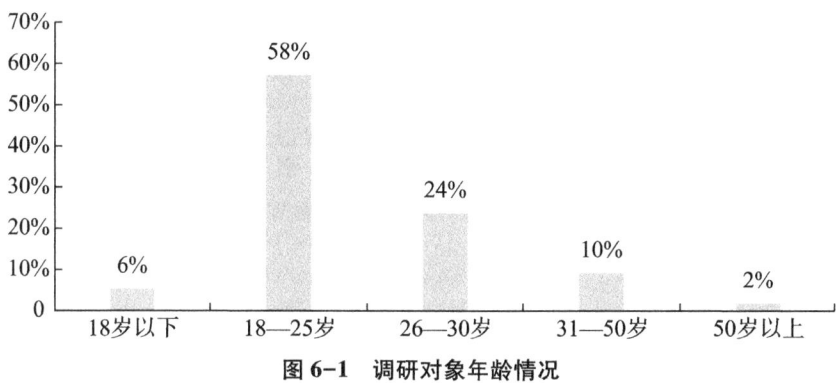

图 6-1　调研对象年龄情况

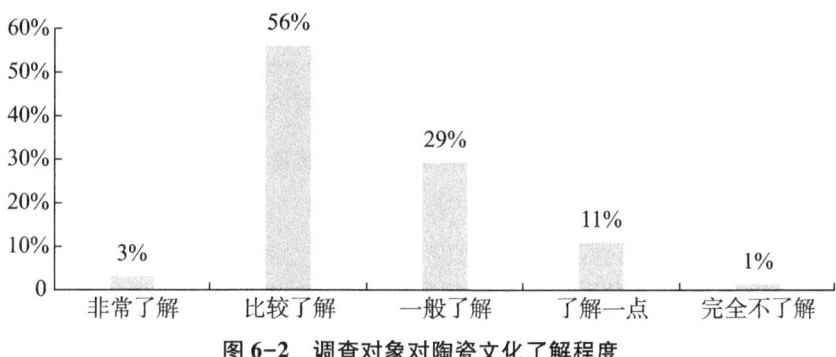

图 6-2　调查对象对陶瓷文化了解程度

2. 发展前景与传承意愿

如图 6-3 所示,对于陶瓷文化的发展前景,持"比较乐观"态度的占 50%,持"非常乐观"态度的占 14%,证明大部分人认为陶瓷文化具有较好的发展趋向。如图 6-4 所示,对于传承的意愿,表示"非常愿意"和"比较愿意"的人共占 37%,表示"勉强愿意"的人占 38%,而表示"不愿意"和"非常不愿意"的人占 25%,表明大众更倾向于体验了解即可。

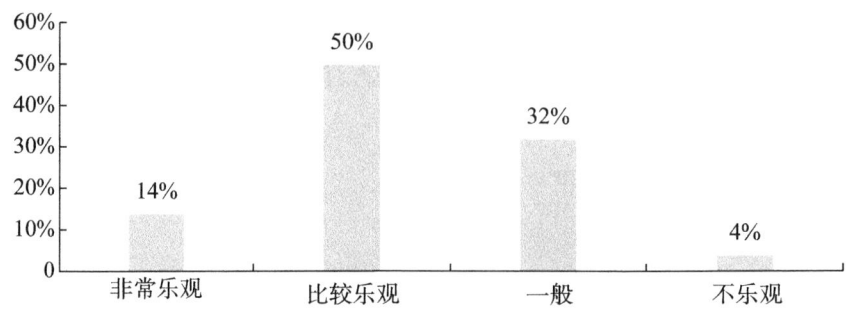

图6-3 调查对象对陶瓷文化发展前景态度

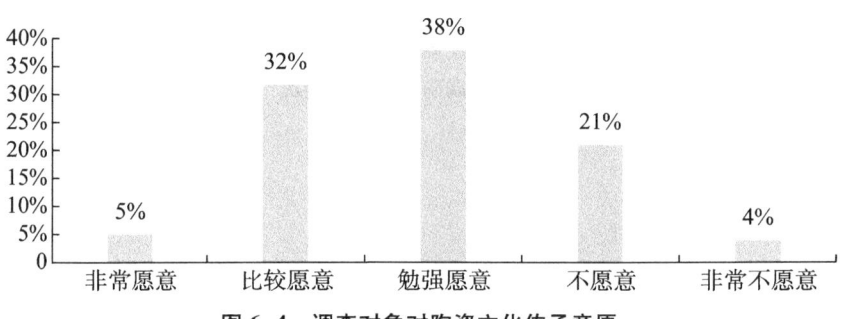

图6-4 调查对象对陶瓷文化传承意愿

3. 了解渠道

如图6-5调研数据显示,调研对象了解陶瓷文化的渠道多种多样。在被调研的104人中,有89人选择主要通过网络平台媒体了解陶瓷文化,占总调

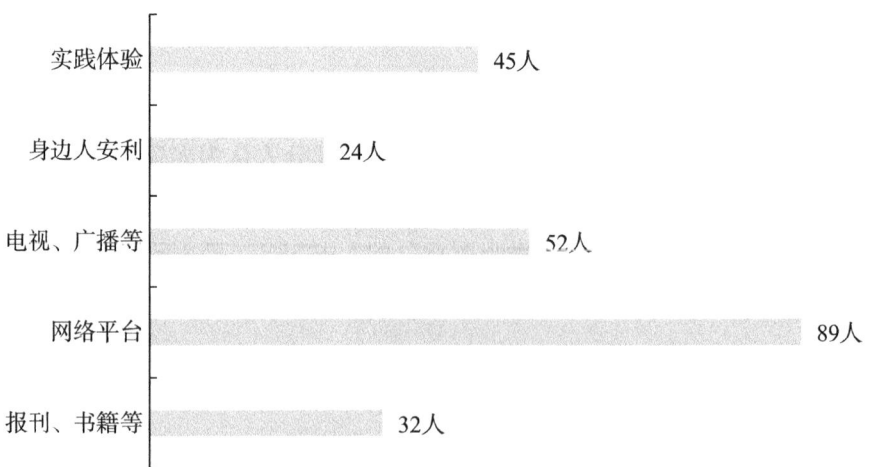

图6-5 调研对象对陶瓷文化的了解渠道

研人数的86%，占比最高。另外，选择通过电视、广播等渠道了解陶瓷文化的有52人，占比50%。可以看出，当下青年人更倾向通过数字化、智能化的渠道去了解传统文化。

4. 面临的问题与解决方式

如图6-6所示，调查发现陶瓷文化传承面临的最重要的问题在于"传承方式落后"以及"缺乏政策与经济支持"。图6-7的调研数据显示，有超过80%的被调查者认为通过对陶瓷文化进行创造性转化和创新性发展是推动陶瓷文化发展的可行措施。部分被调查者表示，综艺节目、文潮文创等现代化的形式能够让传统文化更加潜移默化地被青年群体所接受。

图6-6　调研对象认为陶瓷文化传承主要面临问题

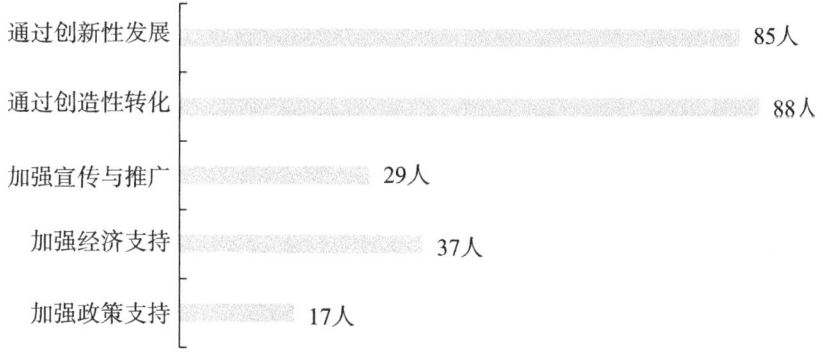

图6-7　调研对象认为推动陶瓷文化发展可行措施

(二) 思考与认识

综上，通过实地走访与问卷调研的结合，可以看出，让非物质文化遗产永驻活力的方法就是对其进行创造性转化与创新性发展，大众是文化继承和发展的主力军，青年人群体更是传承的鲜活力量。在传播方式方面要注重发挥电视等数字化媒体和网络平台的作用。在传承创新方面，建议利用现代化手段对非物质文化遗产进行创造性转化和创新新性发展，从而让非物质文化遗产走进"寻常百姓家"。此外也可以增加政策与经济方面的扶持，让更多人了解体验非遗项目，提高宣传能力，让优秀的中华传统文化大众化、世界化。同时通过调研访谈，我们还了解到，地方特色文化则是发展旅游业最独特的优势。因此，非物质文化遗产的传承和创新对于激活地域经济社会活力有着重要的作用。比如，烟袋斜街上的多家陶吧，就是以"传承经典，国风潮玩，体验民俗"为主题，吸引众多年轻人来此进行体验。总之，"传承+创新"的模式正是推动非物质文化遗产和地域经济社会发展"双赢"的"康庄大道"。

净零排放的理论内涵与法制要求*

郭志东　任欣羽**

内容提要：实现净零排放是中国应对气候变化国家战略的重要内容，是中国基于自身发展要求自主作出的战略决策。实现净零排放需要以经济社会发展全面绿色低碳转型为引领，需要经历一场广泛而深刻的经济社会变革，必须从现实国情出发，以可信的行动和完善的法律制度作为支撑。净零排放法制建设是一项探索性事业，需要在实践中去大胆探索，进而形成可复制、可推广的制度经验，为全球气候行动和绿色转型持续注入动力。

关键词：净零排放；气候变化；生态文明；法制建设

气候变化是全人类共同面临的重大挑战，为应对气候变化，中国不断自主提高行动力度，作出了力争2030年前实现碳达峰、2060年前实现碳中和的承诺。这意味着作为发展中国家的中国，将用历史上最短的时间，完成全球最高碳排放强度降幅，展现了负责任大国的担当，也凸显了实现"净零排放"的重大意义。实现净零排放需要经历一场广泛而深刻的经济社会变革，需要将经济社会发展建立在绿色低碳发展的基础之上，意味着我国生态文明建设将以降碳为重点战略方向。目前，关于尽速实现净零排放已形成基本共识，但实践起来任务艰巨，需要采取更加精准务实的举措，尤其是要建立健全法

---

　* 本文系北京石油化工学院北京市大学生科研训练项目"北京市净零排放管理地方立法研究"（项目编号：2025J00046）的阶段性成果。

　** 郭志东，北京石油化工学院马克思主义学院讲师。任欣羽，北京石油化工学院机械工程学院环234级本科生。

律制度体系。

一、净零排放的基本内涵

根据联合国的定义，净零意味着将温室气体排放量尽可能减少到接近零，任何剩余的排放量都能从大气中被重新吸收。实现净零排放要求人类彻底改变生产生活方式。自《巴黎协定》通过以来，世界上越来越多的非国家行为体作出了净零排放承诺，"奔向零碳"已成为一项全球性运动。承诺不断增多，确定净零承诺的标准也随之激增，但具体内容和健全程度各不相同。2022年3月，联合国秘书长设立了非国家实体净零排放高级别专家组，为非国家行为体制定更有力、更明确的净零排放标准。2022年11月，专家组在第27届联合国气候大会上发布《诚信至关重要：企业、金融机构、城市和地区的净零排放承诺》的报告，列明了非国家行为体在实现净零目标和应对气候危机的各阶段需要考虑的问题。报告概述了10项建议：

第一，净零承诺必须由领导层全体公开宣示，并明确责任份额。

第二，净零承诺应设有阶段性目标，以5年为期，并采取能够达到联合国政府间气候变化专门委员会（IPCC）或国际能源署（IEA）设定之净零排放标准的具体措施，且实施方案必须对承诺主体的价值链全面覆盖。

第三，承诺主体应优先考虑在全价值链中迅速且深度地减少温室气体排放。

第四，承诺主体必须公开分享其净零转型综合计划，并具体阐明如何实现各项目标。

第五，净零计划不得支持新的化石燃料供应，不应再有新的化石燃料投资空间，现有的化石燃料资产应逐步退出。

第六，承诺主体应支持而非反对积极气候行动，通过与政府合作制定严格标准。

第七，到2025年，相关承诺主体必须确保其运营和供应链不再造成森林砍伐以及其他生态系统的破坏。

第八，承诺主体应每年公开详细报告工作进度。

第九，为实现全球净零排放，并确保公正转型与可持续发展，承诺主体必须制订新的发展计划,以大力推动发展中国家清洁能源转型的投资规模。

第十,监管部门应从先高排放企业着手制定规章和标准。

二、净零排放的理论根据

实现净零排放是中国基于自身发展要求自主作出的战略决策,有着坚实的理论根据。具体而言,实现净零排放是推进中国式现代化的内在要求,是生态文明建设的关键举措,是贯彻新发展理念的客观要求,是践行创新驱动发展战略的题中之意。

首先,实现净零排放是推进中国式现代化的内在要求。中国式现代化是人与自然和谐共生的现代化,"气候变化及其负面影响是全人类共同面临的迫切问题,给人类可持续发展带来严峻挑战,需要全人类在《联合国气候变化框架公约》基础上不断加强国际合作,同心合力携手应对"❶。气候变化的核心原因是西方发达国家产生的二氧化碳累积排放。正是基于历史责任不同,《巴黎协定》规定:"发达国家缔约方应当继续带头,努力实现全经济范围绝对减排目标。"(第4.4条)然而,西方国家对历史责任全然不顾并践行"气候帝国主义",以损人利己。值得注意的是,"西方中心世界秩序开始式微,以中国为首的非西方世界全面崛起,人类历史进入后西方中心时代,世界经济重心快速向亚洲转移,新兴经济体开始全面参与国际社会规则与标准制定"❷。可以断言,中国式现代化的推进是人类应对气候变化的希望所在。

其次,实现净零排放是生态文明建设的关键举措。生态文明建设强调保护生态环境和发展社会经济的"协同增效",把人类的经济活动限制在生态环境的承受限度之内。目前,"生态文明建设面临的形势仍然严峻,正处于压力叠加、负重前行的关键期,已进入提供更多优质生态产品以满足人民日益增长的优美生态环境需要的攻坚期,也到了有条件有能力解决突出生态环境问题的窗口期"❸。同时,面对日益严峻的气候危机,生态文明建设进入了以降碳为重点战略方向的关键时期。实现净零排放,是破解资源环境约束突出问

---

❶ 《上海合作组织成员国元首理事会关于应对气候变化的声明》(2022年9月16日)。
❷ 朱云汉. 全球化的裂解与再融合[M]. 北京:中信出版社,2021:294.
❸ 《关于全面加强生态环境保护 依法推动打好污染防治攻坚战的决议》(2018年7月10日)。

题的迫切需要,也是推动经济结构转型升级的迫切需要。

再次,实现净零排放是贯彻新发展理念的客观要求。"理念是行动的先导,一定的发展实践都是由一定的发展理念来引领的。"❶ 新发展理念是我国发展思路、发展方向、发展着力点的集中体现,是对国内外发展之经验教训的总结,也是针对中国发展中的突出问题提出的解决方法。贯彻新发展理念要求处理好发展和减排、短期和中长期的关系,以经济社会发展全面绿色转型为引领,走绿色低碳的发展道路,进而实现净零排放的目标。

最后,实现净零排放是践行创新驱动发展战略的题中之意。"创新是推动一个国家和民族向前发展的重要力量,也是推动整个人类社会向前发展的重要力量。"❷ 创新驱动发展战略是针对新发展阶段问题确立的国家发展战略,是转变经济发展方式的必然选择。根据创新驱动发展战略,"创新不仅能提高传统生产要素的效率,还能够创造新的生产要素,形成新的要素组合。特别是通过技术、制度、管理、商业模式等方面创新,引导创新要素和传统要素形成新组合,实现从土地、资本等传统要素主导发展转为创新驱动发展,为经济持续发展提供源源不断的内生动力"❸。创新是系统工程,涉及经济社会的各领域,只有通过创新解决全面绿色转型的动力问题,净零排放才有可能实现。

三、净零排放的法制要求

实现净零排放依靠制度建设,"只有实行最严格的制度、最严密的法治,才能为生态文明建设提供可靠保障"❹。然而,作为生态文明制度体系的重要组成部分,净零排放法律制度滞后于经济社会发展,不适应实现净零排放的要求。"法律是治国之重器",净零排放必须从法律制度上寻找解决问题的方案,必须加快建立系统完整的净零排放法律制度。

---

❶ 习近平. 在党的十八届五中全会第二次全体会议上的讲话(节选)[J]. 求是,2016(1).
❷ 《关于深化体制机制改革加快实施创新驱动发展战略的若干意见》(2015年3月13日)。
❸ 刘延东. 深入实施创新驱动发展战略[N]. 人民日报,2015-11-11.
❹ 习近平. 习近平谈治国理政:第一卷[M]. 北京:外文出版社,2018:210.

（一）净零排放的法制理念

法制理念规定着法律制度的内容设计。净零排放的法制要求是充分发挥立法的引领和推动作用，坚持立改废释并举，构建推进净零排放的长效机制。然而，法律制度设计的着力点何在，应当从何种角度开展法律制度设计以实质推进净零排放？

第一，激励约束并重。激励约束并重是构建净零排放法律制度的现实要求，既要形成支持净零排放的利益导向机制，激发排放主体的内生动力，又要建立硬性约束机制并加大执行力度，强化有关各方的法律责任，激励和倒逼排放主体自发启动转型升级。实现净零排放需要从整体着眼，按照精准化、精细化要求，构建实现净零排放的法律制度。"制度不在多，而在于精，在于务实管用，突出针对性和指导性。"❶ 从激励约束机制出发，是增强法律制度的针对性和可操作性的基础路径。

第二，法律自主创制。"不是什么法都能治国，不是什么法都能治好国；越是强调法治，越是要提高立法质量。"❷ 法律制度设计必须准确反映经济社会发展要求，才能发挥引领作用。净零排放的法制要求是坚持问题导向，提高法律制度的针对性、及时性与可操作性。"法治建设与经济社会等其他领域的改革发展建设并不是相互独立、相互排斥的，而是相互融通、有机统一的。法治建设必须要依托特定的经济社会状况展开，确保相应举措有坚实的基础，同时也必须回应经济社会发展需要，满足经济社会发展的制度需求。"❸ "照搬照抄"的制度移植是丧失主体性的教条主义，科学的制度设计只能从实践经验出发，而不是照搬外国制度。必须彻底摆脱机械的法律移植，中国的实践经验才有可能进入法律制度，才有可能做到"科学立法"。

净零排放是外来概念，但净零排放的法制建设必须从中国实际出发自主创制。净零排放法制建设的基础路径是："从实际出发，及时制定一些新的制度，构建系统完备、科学规范、运行有效的制度体系，使各方面制度更加成

---

❶ 习近平在党的群众路线教育实践活动总结大会上的讲话[N].人民日报，2014-10-09.
❷ 中共中央文献研究室.习近平关于全面依法治国论述摘编[M].北京：中央文献出版社，2015：43.
❸ 马怀德.迈向"规划"时代的法治中国建设[J].中国法学，2021（3）.

熟更加定型。"❶ "只有不断与时俱进，中国才能充满活力。我们愿意借鉴人类一切文明成果，但不会照抄照搬任何国家的发展模式。中国的改革是中国特色社会主义制度的自我完善和发展。只有走中国人民自己选择的道路，走适合中国国情的道路，最终才能走得通、走得好。"❷

（二）净零排放的法制原则

净零排放法律制度建设需立改废释并举，增强法律的及时性、系统性、针对性、有效性，是一个需要付出长期艰苦努力的过程。然而，将净零排放纳入法制化轨道需要坚持何种原则？

第一，政策性原则。相对于法律，"政策之所以能够作为规范体系的组成，一个重要的法理根据是：一个国家和社会的治理，除了依靠法律规范体系这种重要的规范类型外，国家还通过发布大量的政策规定，实现对国家和社会的治理目标。与国家法律具有的相对稳定性不同，国家政策是一种具有相对灵活性的规范类型，它可以根据迅疾变化着的社会情势，发挥其灵活性特点，作出及时的应对和政策性调整"❸。法律与政策有着不同的适用范围："对于已经相对稳定的社会关系，要用法律的形式将它们固定下来；对于还不十分稳定的社会关系，可以发挥政策所具有的灵活性特点，用政策的形式对它们予以规范。在相对稳定时，再将它们法律化。无论是法律之中的政策条款，还是法律之外的政策，它们都只是一种规范导引和指向，具体的内容取决于法律所导引和指向的政策内容。这种政策的内容可以根据社会的变化及时地作出调整和修正。"❹

随着现代化进程的持续深入，法律与政策之间的关系越发紧密，相互协同应对现代社会的诸多新型问题。相对于法律，"政策自身所固有的易变性、模糊性及刚性之不足决定了单纯的政策引导必然难以完全适应保障权利的客

---

❶ 习近平. 习近平谈治国理政：第一卷 [M]. 北京：外文出版社，2018：10.
❷ 中共中央文献研究室. 习近平关于实现中华民族伟大复兴的中国梦论述摘编 [M]. 北京：中央文献出版社，2013：27.
❸ 刘作翔. 当代中国的规范体系：理论与制度结构 [J]. 中国社会科学，2019（7）.
❹ 刘作翔. 当代中国的规范体系：理论与制度结构 [J]. 中国社会科学，2019（7）.

观需要"，❶必须纳入法治化轨道，实践视角下的解决之道就是"政策法律化"❷。政策法律化是提升国家法制化水平的核心路径，但并非政策与法律的简单叠加，而是法律对政策的确认。净零排放法制建设过程正是法律对政策的确认过程。

第二，实践性原则。生态环境的基本国情是法律制度设计的客观基点，各地既面临普遍的结构性生态环境问题，又面临着内涵各异的特殊问题。实现净零排放需要持续推进，但不可能毕其功于一役。这决定了净零排放法制建设的有效路径是试点先行和整体协调推进相结合，将中央顶层设计与地方具体实践相结合，先易后难、分步推进，坚持共同但有区别的责任原则，在发展框架内推进议程。发达地区肩负着更大的责任，应当展现更大的雄心，率先实现净零排放。共同但有区别的责任原则是全球气候治理的基石，也是净零排放法制建设的基本原则。

有条件的地区应结合本地经济社会发展状况和资源环境禀赋条件，先行先试、大胆探索，积极探索在净零排放领域推进制度创新，继而根据成熟程度分类总结推广，树立先进典型，发挥示范引领作用，以点带面地推动制度建设，形成可在全国复制推广的制度成果。"先行先试"遵循的是唯物辩证法的基本原理："由于特殊的事物是和普遍的事物联结的，由于每一个事物内部不但包含了矛盾的特殊性，而且包含了矛盾的普遍性，普遍性即存在于特殊性之中。"❸事实上，推进净零排放的法律制度构建已成为地方先行先试的重要内容。

四、结 论

实现净零排放需要以经济社会发展全面绿色低碳转型为引领。然而，"绿色低碳发展是经济社会发展全面转型的复杂工程和长期任务，能源结构、产业结构调整不可能一蹴而就，更不能脱离实际"❹。因而，实现净零排放必须

---

❶ 刘长秋. 从政策引导到法律主导［J］. 中南大学学报（社会科学版），2018（5）.
❷ 刘志仁. 论"双碳"背景下中国碳排放管理的法治化路径［J］. 法律科学，2022（3）.
❸ 毛泽东. 毛泽东选集：第一卷［M］. 北京：人民出版社，1991：318.
❹ 习近平. 正确认识和把握我国发展重大理论和实践问题［J］. 求是，2022（10）.

从现实国情出发,选择最适合的应对策略,以可信的行动和完善的法律制度作为支撑。世界上没有完全相同的社会制度,社会制度之间也没有高低优劣之分,关键在于是否符合本国国情。正是因此,《巴黎协定》确立了应对气候变化的基本原则:"坚持公平以及共同但有区别的责任和各自能力原则,考虑不同国情。"净零排放法制建设是一项探索性事业,需要在实践中去大胆探索,进而形成可复制、可推广的制度经验,为全球气候行动和绿色转型持续注入动力。

提升大学生廉洁教育成效的几点思考[*]

陆靖怡　刘英侠[**]

内容提要：廉洁教育是全面从严治党背景下加强党风廉政建设的基础性工程，是党中央加强对大学生思想政治教育的重要举措，是培养社会主义事业合格建设者和接班人的必然要求。廉洁教育是高校思想政治教育中的重要内容之一，将有助于大学生"扣好人生第一粒扣子"。本文从新时代大学生廉洁教育的内涵及意义出发，分析了廉洁教育的现状，深入探讨提升大学生廉洁教育的有效办法，旨在增强大学生廉洁教育的实效性，为高校实现为党育人、为国育才的目标任务提供有力的支撑。

关键词：大学生；新时代；廉洁教育

"不受曰廉，不污曰洁。"廉洁，自古以来便是中华文化所推崇的高尚品质，在新时代，廉洁更是社会主义核心价值观的重要内涵之一。大学生作为新时代的主力军，承载着国家和民族的希望，是全面建设社会主义现代化国家的重要力量。加强大学生廉洁教育，帮助大学生树立廉洁意识，养成廉洁习惯，成为当前高校思想政治教育工作中亟待解决的重要问题。思政课作为高校思想政治教育的主渠道，在大学生廉洁教育中发挥着关键作用。深入探

---

[*] 本文系 2024 年北京高等教育本科教学改革创新项目"'习近平新时代中国特色社会主义思想概论'课案例教学研究"以及北京高校党建工作党建引领实践创新示范项目"'经'彩一站式，红色动力源'一站式'学生社区的功能型党支部建设创新与实践"的研究成果。

[**] 陆靖怡，女，北京石油化工学院经济管理学院电子商务 232 班。刘英侠，女，北京石油化工学院马克思主义学院副教授，主要研究方向为基层党建。

讨以学生发展为中心的高校廉洁教育发展路径，对于提升大学生廉洁意识、培养德才兼备的高素质人才具有重要意义。

一、大学生廉洁教育的内涵及意义

（一）大学生廉洁教育的内涵

廉洁教育是指教育者通过有针对性的教育方式和内容，向受教育者传播廉洁知识、观念和行为准则，使受教育者形成廉洁意识的过程或活动。大学生廉洁教育是指"教育工作者对教育对象进行的以社会主义核心价值观为指导，以廉洁文化的相关思想理论和实践活动为主要内容，有目的、有计划、有组织地引导其提升廉洁品质，增强廉洁意识，形成以崇德向善、正直节俭、诚实守信为基本特征的廉洁品质，不断提升廉洁认知、廉洁情感、廉洁意志和廉洁行为的一种教育实践活动"❶。廉洁教育是一种预防式教育，在大学生成长的"拔节孕穗"阶段提前打好"预防针"，为其未来步入社会筑牢廉洁思想防线，不仅有利于大学生增长识别不廉洁行为的本领，避免在面对利益诱惑时出现腐败行为，而且可以为党和国家事业发展培养"一支政治过硬、适应新时代要求、具备领导现代化建设能力的干部队伍"❷ 提供坚实的保障。

（二）新时代大学生廉洁教育的意义

1. 落实全面从严治党战略方针的基本要求

全面从严治党是新时代党的建设的重要战略方针，关系到党的生死存亡和国家长治久安。作为向社会输送人才的重要场所，高校通过廉洁教育培养出具有廉洁意识的毕业生，为党和国家事业输送"清流"，使其在步入社会后更有可能成为廉洁奉公的高素质人才，减少未来公职人员贪污腐败的风险，可以从源头上预防和治理腐败。

---

❶ 刘英侠. 新时代大学生廉洁教育［M］. 北京：社会科学文献出版社，2022：6.
❷ 习近平. 高举中国特色社会主义伟大旗帜为全面建设社会主义现代化国家而团结奋斗——在中国共产党第二十次全国代表大会上的报告［M］. 北京：人民出版社，2022：66.

2. 高校落实立德树人根本任务的应有之义

加强大学生廉洁教育是高校贯彻落实习近平总书记重要讲话精神、落实《关于加强新时代廉洁文化建设的意见》的需要。高校是立德树人的根本阵地，要把立德树人的成效作为检验学校一切工作的根本标准，廉洁教育成效就是检验的内容之一。2022年2月，中共中央办公厅印发的《关于加强新时代廉洁文化建设的意见》，阐明了加强新时代廉洁文化建设的重要性以及具体措施，明确提出要将廉洁教育融入高校教育体系。具体来说，就是要将廉洁教育与社会公德教育、职业道德教育、诚信教育、纪律和法治教育等内容有机结合，融入思政课教学体系，引导大学生在学习专业知识的同时接受新时代廉洁文化的教育和熏陶，系好"风纪扣"，筑牢"不想腐"的思想根基。

3. 培养担当民族复兴大任时代新人的现实需要

习近平总书记强调"青年的价值取向决定了未来整个社会的价值取向，而青年又处在价值观形成和确定的时期，抓好这一时期的价值观养成十分重要"[1]。新时代赋予了大学生新的历史使命，能够担当民族复兴大任的时代新人，不仅要具备过硬的本领，还要有坚定的理想信念、高尚的道德情操和强烈的社会责任感。当前一些消极腐败现象对大学生的思想观念产生了一定的冲击，正处于"三观"塑造期的大学生容易受到各种不良思想的影响，而廉洁教育能够帮助大学生筑牢思想防线，增强抵御各种诱惑的能力，以廉洁的作风和良好的精神风貌投身于民族复兴的伟大事业中。

二、高校开展大学生廉洁教育的现状分析

（一）以思政课为核心，融入廉洁教育内容

思政课是传播廉洁知识的主渠道，目前高校开设的思想道德与法治、马克思主义基本原理、中国近现代史纲要、习近平新时代中国特色社会主义思想概论、毛泽东思想和中国特色社会主义理论体系概论等课程中蕴含着大量

---

[1] 习近平. 青年要自觉践行社会主义核心价值观——在北京大学师生座谈会上的讲话［J］. 中国高等教育，2014（10）：6.

的廉洁教育资源。例如,在"思想道德与法治"课程中,通过讲解道德规范和法律准则,引导学生树立正确的道德观念和法治意识,明确廉洁的重要性和必要性;在"中国近现代史纲要"课程中,讲述历史上仁人志士克己奉公的事迹,以史为鉴,激发学生的廉洁情怀;在"毛泽东思想和中国特色社会主义理论体系概论"课程中,通过学习毛主席的家风、家教故事,以此展开讨论并撰写读后感,进一步加强学生对廉洁自律的理解,将这种意识内化于心、外化于行。教师则以思政课的理论教学为基础,不断扩展"大思政课"内涵,运用案例式教学、启发式教学、情境式教学等手段,发挥实践教学基地的育人效果,提升廉洁教育的实效性。

(二) 开展廉洁文化活动,提升廉洁教育效果

传统的思政课教学以教师讲授为主,教学方法较为单一,难以充分调动学生的积极性。随着高校对廉洁教育重要性认识的逐渐提升及信息技术的引入,高校开展了丰富多彩的廉洁文化活动,通过活动来达到润物无声的教育效果,如廉洁知识竞赛、廉洁校园手抄报比赛、廉洁知识微课堂、廉洁为主题的微电影设计等。高校开展的廉洁文化活动旨在将廉洁文化渗透到校园的每一个角落,让学生在耳濡目染中受到教育和熏陶。一些学校还围绕"厚植廉洁文化、共建廉洁校园"等主题开展廉洁文化作品征集活动,并将优秀作品在校内展板进行展示。这不仅是简单的艺术创作,更是师生头脑中的廉洁意识在实践中的生动表现和艺术呈现,营造了浓厚的廉洁文化氛围,使师生在参与活动的过程中受到潜移默化的影响,增强了廉洁意识。

(三) 加强师德师风建设,发挥榜样作用

教师是大学生成长道路上的引路人,教师的言行举止对大学生具有深远影响。因此,高校始终重视加强师德师风建设,对教师开展职业道德教育和廉洁自律教育,引导教师树立正确的教育观、人才观和质量观,增强教师的责任感和使命感,打造高素质的教师队伍,还建立了多种教师评价机制,进行优秀教师评比。通过这些行动发挥榜样示范作用,引导大学生树立正确的廉洁观念,形成尊重教师、学习教师的氛围,在润物无声中提升廉洁素养。

三、提升高校廉洁教育成效的几点建议

在新时代背景下高校廉洁教育还存在各种问题和挑战，在全面从严治党战略方针下，高校应深刻认识当前廉洁教育所存在的问题，立足人才培养、立足"大思政课"建设、立足信息化发展的挑战，结合时代特点和学生基本情况作出路径设计，以提升教育成效并进而提升人才培养质量。

（一）构建系统全面的廉洁教育体系

1. 优化课程设置

高校应将廉洁教育纳入人才培养方案，开设专门的廉洁教育课程，如"廉洁文化概论""廉政法规与职业道德"等选修课程，使学生有更多机会和渠道充分理解廉洁的内涵，认识到廉洁教育的重要性和必要性。同时，不仅将廉洁教育融入思政课，还要注重将廉洁教育与专业课程相结合，可以根据不同专业特点和实际需要，深入挖掘专业课程中的廉洁教育元素，将廉洁教育有机融入专业课程教学中。学生在学习专业知识的同时，潜移默化地接受廉洁教育，引导学生规范职业道德，坚守职业底线，树立诚实守信、廉洁奉公的职业操守，实现知识传授与价值引领的有机统一，使学生在步入社会后能真正做到"一身正气为官，两袖清风处世"。

2. 丰富教育内容

在廉洁教育内容的选择上，要注重系统性和完整性。既要涵盖廉洁的基本理论、法律法规、历史文化等方面的知识，又要结合当前党风廉政建设和反腐败斗争的实际，及时更新教育内容。例如，将党的反腐败政策、典型案例等引入思政课堂教学，增强教育内容的时代性和针对性，在课外带领大家观看警示教育材料，了解当前廉洁教育的迫切性等。此外，还要关注大学生的实际需求，结合他们在学习、生活和未来职业发展中可能遇到的廉洁问题，开展有针对性的教育。

（二）以 AI 技术赋能廉洁教育

数字化时代，AI 正深刻地丰富着教育的内涵、改变着教育的格局，对高

校思政教育的发展来说既是挑战，也提供了新的契机。AI 技术以其精准的算法、智能化的数据分析等技术优势赋能高校廉洁文化教育，能够有效提升高校廉洁教育的针对性、科学性，推动高校思政教育的高质量发展，所以高校要用好、用足此技术。

1. AI 技术助力思政教育，建设数字化教学平台

当前，新媒体已成为大学生获取信息和交流沟通的重要渠道，AI 技术可以通过算法和大数据分析大学生的日常学习数据和反馈，精准把握每个学生的学习状况、知识掌握程度，了解学生的思想动态和行为特点，高校有必要借助 AI 技术搭建一个数字化智慧思政平台，通过智能学习系统，及时调整教学策略，为学生量身定制专属的学习路径和教学内容，实现个性化思政教学。同时精准推送廉洁教育内容，充分利用新媒体平台，丰富思政课形式，加强思政教育，提高廉洁教育的针对性。

AI 技术具有强大的数据处理和整合能力，可以帮助高校实现廉洁教育资源的有效整合和共享。通过构建数字化智慧思政平台，高校可以汇聚优质廉洁教育资源，包括典型案例、政策法规、专家讲座等，形成丰富的教育资源库。根据学生特点进行智能推荐和匹配，同时学生也可以根据自身喜好选择所需的学习资源，增强学习的针对性和积极性、主动性。

2. AI 技术辅助思政教师，打造"人机"双教学模式

人工智能与思政教育相结合是顺应时代潮流之需，思政教师不仅要了解人工智能，更要善用人工智能这一"小助手"。通过 AI 技术，以思政教师团队为原型打造出"数字人教师"进行智能化授课。"数字人教师"不仅能够根据教材进行授课，还能结合时事热点、典型案例等，使课程内容更加丰富、生动。在课堂上，思政课教师可以利用"人机"双模式进行教学，在专题讲授的同时穿插"数字人教师"教学，为传统思政课注入新的活力，使思政课更具多样性和创新性。借助以思政教师为原型打造的"数字人教师"还可以创建思政微课堂，尤其是思政教育中廉洁文化教育微课堂，供在校师生学习。思政教师利用"数字人教师"这一小助手，将廉洁文化知识在思政微课堂中讲授，这种教学方式更加便捷和亲和，不仅有效提升师生对廉洁教育的满意度和参与度，还可以提升思政课的教学质量和效果，使"人机"双教学模式

成为学校思政教育的一大亮点。

3. AI 技术赋能思政课,推进沉浸式学习体验

高校可以借助 AI 驱动的虚拟现实(VR)和增强现实(AR)技术,创建沉浸式廉洁教育场景,使学生能够在虚拟环境中体验廉洁文化的内涵和意义。让学生"置身"于廉政教育基地、历史廉政文化场所等,增强学习的代入感。在课程中,学生可以通过 VR 眼镜产生穿越感,身临其境体验各种场景。这种沉浸式学习体验,不仅可以增强学生的情感体验和认同感,还可以提高教育的吸引力和感染力。

(三) 强化多方协同形成廉洁教育合力

加强新时代廉洁文化建设,高校应致力于打造全覆盖、多层次的廉洁教育网。首先要加强学校内部协同,高校应建立健全廉洁教育工作机制,明确学校各部门在廉洁教育中的职责和分工,加强各部门之间的沟通与协作,通过协同配合形成教育合力。其次要加强家校社联动,加强与家庭、社会的联系,建立家校社联动的廉洁教育机制。通过召开家长会等方式,向家长宣传廉洁教育的重要性,引导家长注重培养孩子的廉洁品质。同时,要积极与社会各界合作,利用社会资源开展廉洁教育活动,如参加社区的廉洁主题教育展、各种宣传推广活动等,拓宽廉洁教育渠道。

(四) 健全完善廉洁教育保障机制

1. 加强师资队伍建设

高校不仅要有一支能从事廉洁教育的教师,还要不断加强教师队伍的廉洁教育能力,定期组织教师参加廉洁教育专题培训、学术研讨会等活动,提高教师对廉洁教育的认识程度和教学水平,鼓励教师开展廉洁教育相关的学术研究,将最新研究成果融入教学中。此外,要求教师以身作则,在教学和生活中展现廉洁自律的品质,为学生树立榜样。正如习近平总书记在清华大学考察时提出,教师要成为大先生,做学生为学、为事、为人的示范,促进学生成长为全面发展的人。

2. 健全考核评价机制

建立健全科学合理的廉洁教育考核评价机制，全面、客观、准确地评价大学生的廉洁素质和教育效果。考核评价不仅要关注大学生的学习成绩，还要注重考查他们的行为表现、道德品质等方面。可以通过课堂表现、实践活动、日常行为观察、问卷调查等多种方式进行综合评价，将评价结果纳入学生综合素质评价体系，作为评优评先、推优入党等的重要依据。

四、结　语

大学生廉洁教育是一项长期而系统的工程，需要学校、学生以及社会各方的共同努力。高校要切实将廉洁教育贯穿于人才培养全过程，通过加强思政课教育中的廉洁教育，使学生树立正确价值观、遵守校规校纪、参与校园廉洁文化建设，引导青年学生"扣好人生的第一粒扣子"，筑牢信仰之基、补足精神之钙，培养出一批又一批既具备过硬本领又具有廉洁品质的高素质大学生，为国家的繁荣发展和社会的长治久安提供坚实的人才保障，让廉洁之花在校园中绽放，在社会中结出累累硕果。

基于大学生公益支教活动的"大思政课"建设思考*

高梦岩　刘英侠**

内容提要： 本文基于北京石油化工学院"红星公益支教项目"的大学生创业项目实际分析了"大思政课"建设的内涵及意义，对大学生线上支教公益项目进行了 SWOT 分析，结合推动教育资源均等化、开展社会实践的主题提出基于大学生线上支教活动开展"大思政课"建设的几点建议，包括通过支教活动开展好价值观教育、获取丰富的思政课素材、培养大学生的社会责任感、推动教育资源均衡化发展等方面。大学生支教活动不仅是思想政治教育的重要实践形式，更是一种深刻的社会回馈机制，在"大思政课"建设的背景下一定会有更好的运行机制和发展前景。

关键词： 大学生支教；线上教育；"大思政课"

习近平总书记多次强调青年在国家发展中的重要作用，指出"青年一代有理想、有本领、有担当，国家就有前途，民族就有希望"❶。在学校和老师的鼓励和指导下，通过"大思政课"多元化发展，北京石油化工学院红星公益支教项目应运而生，该项目旨在发挥大学生的资源优势，通过线上支教和

---

* 本文系 2024 年北京高等教育本科教学改革创新项目"'习近平新时代中国特色社会主义思想概论'课案例教学研究"的研究成果。

** 高梦岩，女，北京石油化工学院经济管理学院本科数管 2022 级 2 班学生。刘英侠，女，北京石油化工学院马克思主义学院副教授，主要研究方向为基层党建。

❶ 习近平. 决胜全面建成小康社会，夺取新时代中国特色社会主义伟大胜利［M］. 北京：人民出版社，2017：70.

线下活动相结合的方式，为贫困学生提供教育支持，促进教育公平和教育资源的均等化发展，传承中华优秀传统文化，为社会发展作贡献。同时，参与支教的大学生还可以通过这种方式深入了解社会，锻炼自身能力，培养创新创业精神，以公益的形式回馈社会。

一、"大思政课"的内涵与意义

（一）"大思政课"的内涵

"大思政课"是全新的思想政治课堂形态，是对传统思政教育的优化、升华和超越，其核心理念是"把思政小课堂同社会大课堂结合起来"❶，强调理论与实践相结合的价值导向。它不仅关注知识传授，更注重通过实践引导学生树立正确的价值观。与传统思政课不同，"大思政课"更注重理论和实践的结合，更加强调多元化和多样化，不仅注重通过志愿服务、实践基地、专题研学等多种形式开展教育，并且将教育场所扩展到了社会，利用社会资源开展思政教育。

"大思政课"的提出破解了传统思政课的现实困境，旨在引起思政课教育教学领域发生一场深刻的变革。它的目标是打造具有强大生命力、有虚有实、有理有据、有情有义、有滋有味的思政课堂。通过这种方式，可以更好地落实立德树人根本任务，塑造纵横联动、打造经纬成网的育人新格局。

（二）"大思政课"提出的意义

"大思政课"作为思想政治教育领域的一项重要创新，体现了新时代对思想政治教育方式的深刻思考和优化调整。其提出的意义不仅在于拓宽了思想政治课的课堂边界，更在于以全局视野和多元资源提升了思想政治教育的深度与广度，从而更好地服务于学生成长与社会发展。

1. 改变传统的思政教育模式

"大思政课"通过将课堂教学与社会实践相结合，改变了传统思想政治教

---

❶ 习近平. 思政课是落实立德树人根本任务的关键课程［M］. 北京：人民出版社，2020：20.

学单一、封闭的模式。将社会实践、校园文化、家庭教育等多种形式融入思政教育，不仅能让学生更贴近实际问题，增强其社会责任感和思考能力，更能使他们将理论知识与实践经验有机结合，实现全面发展。

2. 构建全社会共同参与的思政教育体系

"大思政课"的"大"体现了国家在新时代思想政治领域的战略眼光与责任担当，其重要特征之一便是全社会共同参与思政教育体系构建，就是说，对学生开展思想政治教育不仅是课堂内的思政教育工作者，政府、家庭、企业和社会各界都承担着塑造青少年价值观的重要责任。这种全方位联动的教育模式有助于帮助学生在复杂多变的世界中正确认识国家发展趋势和个人使命，实现家国情怀与个人理想的统一。

3. 回应当前社会对人才培养的全新期待

在全球化、信息化与社会变迁等多重挑战下，高素质人才的培养需要超越传统的学科界限。通过"大思政课"的综合性教育模式，能够更有效地帮助学生培养独立思维、实践能力和批判意识，成为全面发展、阳光向上的新时代接班人。

习近平总书记指出："改革创新是时代精神，青少年是最活跃的群体，思政课建设要向改革创新要活力。"[1] 大学生支教就是实践育人的一种形式，它不仅可以为困难家庭或教育资源匮乏地区的孩子们带来知识和希望，还可以帮助大学生在实践中树立正确的人生观、价值观。支教活动能够将思政教育与社会服务相结合，实现从思政教育到回馈社会的知行统一。

二、大学生线上支教产生的背景及市场竞争分析

（一）背景分析

随着互联网技术和移动通信技术的不断发展，线上教育已经成为教育领域的一种重要教学方式。在线教育的优势在于可以突破时间和空间限制，为学生提供更加灵活和便捷的学习方式。在中国，随着国家政策支持的不断出

---

[1] 习近平. 思政课是落实立德树人根本任务的关键课程[M]. 北京：人民出版社，2020：17.

台和市场的不断扩大,线上教育市场呈现出快速增长的趋势,线上教育平台覆盖的领域不断拓宽,教学资源日益丰富。

在线教育的发展离不开互联网技术的支持。随着移动互联网的普及和网络带宽的不断提高,越来越多的人开始通过手机、电脑等设备进行在线学习。同时,互联网技术也为在线教育提供了更多的可能性,如智能化的学习推荐、在线互动、学习跟踪等,随着 AI 技术的出现和普及,未来的在线教育市场竞争将越来越激烈。

(二)大学生线上支教的市场竞争分析

大学生线上支教是一个新型的课业辅导、公益服务项目,可以通过网络平台,将城市和农村、发达地区和欠发达地区、国内和国外等各种不同背景的学生联系起来,实现优质教育资源的共享和流动。由于其独特的服务优势,使这一市场在未来几年都会呈现持续增长的趋势,但是目前国内存在的同行竞争者所带来的竞争环境还是很激烈的,需要应对市场竞争和教育高质量发展的挑战,所以,我们首先完成针对线上支教所作的 SWOT 分析,即大学生线上支教活动的优势、不足,进一步发展所面临的机遇与挑战。

1. 大学生线上支教的优势

一是大学生的空余时间比较规律,很多大学生愿意服务于公益事业、关注社会弱势群体,这是线上支教能够得以推广的最重要动因。二是大学生有较高的社会信任度,与孩子们有共同的话题,能够通过沟通缓解孩子的压力和情绪,与孩子形成共情,便于达到教育效果。三是线上支教需要提供丰富的教育资源,包括教学视频、教材、作业等,大学生有多样化地获取教育资源的优势,还能得到教育慈善机构的无偿帮助,使线上教学有保障。四是线上支教需要依靠先进的技术支持,包括视频直播、互动教学、作业批改等,当代大学生是网络的"原住民",是最早掌握先进技术的一批人,所以能保证先进教学手段的应用。五是教学的便利性,相比传统的面对面授课模式,线上支教具有更强的灵活性和便利性,可以打破地域限制,让更多人通过网络实现同步授课学习,也为大学生志愿者参与支教活动提供了良好的渠道选择。

2. 大学生线上支教的不足

首先,大学生线上支教的不足表现在学生的教学经验不够丰富,没有一线的在职教师有说服力,很多家长对选择在线支教的方式有所顾虑。其次,大学生在对待一些"问题学生"时可能会因为缺乏社会经验导致存在心理压力,有一些意志力差一点的大学生,在遇到逆境或挫折的时候会选择退步或放弃。再次,大学生会遇到一些时间冲突的问题,高校学生课外活动多,有时候支教时间与突发性的活动会产生冲突,影响上课秩序,导致家长或学生的不满意。最后,因为大学生没有更多的教学经验和教学规范性的训练,使支教过程中缺少足够的教学文件支撑,显得教学不够规范,与在校教学或机构教学之间存在差异。

3. 线上支教面临的发展机遇

首先是家长对孩子教育的重视。现代社会经济发达,竞争越来越激烈,家长们更加重视孩子的教育问题,但由于工作生活节奏不断加快,很多父母没有时间辅导孩子功课,也没有时间送孩子去辅导班,这使线上支教的市场需求越来越大。同时由于社会的发展,人们的需求越来越多样化,对教育的需求标准也在不断提高,教育从内容到形式都需要创新,尤其是教育的便利性方面,更是学生和家长选择补习的主要考量因素。由于线上支教可以满足不同年龄段、不同学科和不同地区的学生需求,为大学生志愿者提供了更多的支教选择。

其次是国家的政策支持和引导。党的二十大报告中明确提出"引导、支持有意愿有能力的企业、社会组织和个人积极参与公益慈善事业"[1],从而使公益事业具有良好的发展前景。要实现教育资源均等化,就必须兼顾不同地区的发展情况,为了促进教育公平、提升不同学段人才的培养效果,政府和相关教育管理机构还将继续对线上支教提供积极的政策支持,这也为线上支教市场提供了更好的发展环境和机遇。近年来,越来越多的人以各种方式从事志愿活动,以自己的实际行动回报社会,社会对教育公益事业的关注度也随之逐渐提升,支教活动成为大学生回报社会、参与社会实践和志愿服务的重要途径,所以备受教育主管部门及教师、学生的关注。

最后是在科技迅速发展的当下,除了亲临贫困地区开展"传统授课"的

---

[1] 习近平. 高举中国特色社会主义伟大旗帜 为全面建设社会主义现代化国家而团结奋斗[M]. 北京:人民出版社,2022:47.

方式，还可以利用现代的信息手段通过在线网络授课，而且线上上课可以突破时间、空间等条件的限制，给远方的孩子带来远程陪伴。同时，通过网络沟通还可以向孩子们展现各个地区的人文习俗，加强地区间的文化交流与传播。所以，各相关部门积极筹划，组建队伍，对接信息，推动互联网支教事业的发展，吸引大量的有意愿的大学生加入。

4. 线上支教面临的挑战

首先是在经济高度发展的今天，一些大学生对奉献、慈善等的理解不够，社会奉献意识比较淡薄，不愿意投身于公益支教中，影响这支志愿者队伍长期发展的人员数量供给。其次是一些支教的志愿者与被教的学生产生了共情，如会出现自掏腰包为学生购买各种东西而产生的费用问题，这涉及需要进一步规范交流交往方式的问题。再次是支教大学生的道德品质及教课质量水平的评价问题，需要相关的组织者进行跟踪监督，因为这直接决定着支教的效果及被教育者的发展。最后是线上支教队伍毕竟是由大学生志愿者组成的，与专业的培训机构相比，专业性不够、规范性不足，还需要相关部门进一步思考发展的问题。

三、基于大学生线上支教活动开展"大思政课"建设的几点建议

大学生线上支教活动不仅是一种简单的志愿者服务，更重要的是学校培养的人才回馈社会的方式，是学生的理论教育付诸实践的途径，是学生对自己"三观"的实践检验，所以高校思政教育工作者应该利用好这一途径，扩展思政课范畴，以"大思政课"建设理念为指导，把社会大课堂与思政小课堂紧密结合起来，创新教育形式和方法，达到润物无声的教育目标，实现立德树人的教育目标。

（一）通过线上支教活动开展好价值观教育

大学生线上支教是一种具有挑战的活动，支教者遵循的是尊重、平等、创新、协作和责任感等价值理念，所以高校首先应对支教队员进行思政专题培训，帮助他们正确理解支教活动的思政教育意义，明确自身的社会责任，并将思政教育贯穿支教活动的全过程，指导学生通过课程设计、实践活动和

专题讲座等方式,进一步培育和践行社会主义核心价值观。例如,引导支教队员在教学过程中结合当地实际情况,开展爱国主义教育、法治教育等主题活动,让大学生亲身感受到经济欠发达地区教育现状,增强他们的社会责任感和奉献精神。通过支教,大学生更加明确自身肩负的社会责任,促使大学生对自身职业规划、人生目标进行重新思考,愿意为教育公平和社会进步贡献力量。

(二) 通过支教活动获取丰富的思政课素材

支教活动为大学生提供了宝贵的实践经验,使他们对社会问题有了更深刻的认识。支教经历让大学生学会了如何在资源有限的条件下开展工作,培养了他们的创新能力和团队协作能力,很多大学生还能在克服各种困难过程中有效地整合资源,所以,学校要形成一种"学生主体"和"教师队伍"双向奔赴的机制,一方面是为学生提供各种帮助,另一方面是可以要求参与支教的学生将自身的经历作为典型案例撰写或展示出来,带到思政课堂上进行分享,还可以为高校思政课提供其他丰富的实践素材,如落后地区的教育情况、不同学段的学情分析等,从而使思政课堂更加丰富生动。

(三) 通过支教活动培养大学生的社会责任感

支教活动与大学生创新创业相结合,为大学生提供了更广阔的发展空间。一方面,支教活动为大学生提供了宝贵的实践机会,锻炼了他们的教学能力、沟通能力、团队协作能力和独立生活能力;另一方面,支教过程中积累的资源和经验还可以为大学生创新创业提供灵感和基础。例如,一些大学生在支教结束后,通过互联网平台继续为经济欠发达地区提供教育资源,创办培训学校为支教活动提供资金支持和技术保障。在支教过程中,大学生需要面对各种挑战,学会解决问题,这些经历有助于他们成长为更加成熟、自信的人,许多大学生在支教后对教育事业产生了浓厚的兴趣,甚至选择投身教育行业。

(四) 通过支教活动推动教育资源均衡化发展

大学生支教为教育资源匮乏地区带来了新的活力和资源,新的教育理念和教学技术能够促进当地教师教育观念更新,有助于提升乡村教育水平,为乡村振兴提供智力支持。支教活动的开展，让更多人关注到教育资源不均衡的问题，激发了社会各界对教育公平的关注，可以在一定程度上缓解教育资源分配不均的问题，为经济欠发达地区的孩子提供了更多接受优质教育的机会。通过支教，孩子们能够接触到更广阔的世界，支教队员通过与学生的互动，激发了他们的学习兴趣和求知欲，为孩子们带来精神上的鼓励和支持，帮助他们树立了自信心和远大理想，为他们未来的发展奠定了基础。支教活动培养了大学生的社会责任感和奉献精神，使他们成为具有社会责任感的未来社会建设者。这些大学生在未来的社会工作中，会将支教中培养的品质和精神延续下去，为继续推动教育资源均等化发展贡献力量。

智能化公共交通对市民出行体验感的影响情况调研[*]

闵智尧　覃佳怡　陆靖怡　佘　睿[**]

（指导老师：刘英侠[***]）

内容提要：在全球城市化进程持续加速的时代背景下，城市交通体系正经历着深刻变革。智能化公共交通作为现代城市交通的核心发展方向，逐渐成为重塑城市出行格局、提升市民生活品质的关键要素。其涵盖公交智能调度、电子支付、实时信息查询及出行规划等多元智能应用，深度渗透至市民日常出行的各个环节，引发出行方式与体验的显著变化。为更好地了解智能化公共交通对市民出行体验感的影响，北京石油化工学院大兴区智能化公共交通体验调研小组于2025年寒假采用问卷、实地走访、访谈等方法在北京市大兴区展开调研，对回收的105份有效问卷进行深入分析，分析了目前市民对公共交通智能化体验的现状，并总结了存在的问题，如信息准确性欠佳、覆盖不均、老年群体适应困难等问题。为此，建议加强技术覆盖与精准调度、提升老年群体服务友好度、强化信息准确透明与反馈、推动多元服务渠道建设及加强政策引导监管等，以促进智能化公共交通可持续发展，满足市民出行需求。

关键词：智能化公共交通；出行体验；电子支付；智能调度

---

[*] 本文系2025年寒假"国情调研与实践"课程的调研作业成果。
[**] 闵智尧、覃佳怡、陆靖怡、佘睿，北京石油化工学院经济管理学院电子商务专业2023级本科生。
[***] 刘英侠，女，法学博士，北京石油化工学院马克思主义学院副教授，主要研究方向为基层党建。

在全球城市化进程持续加速的时代背景下，城市交通体系正经历着深刻变革。在此背景下，精准剖析智能化公共交通对市民出行体验的实际影响，对优化城市交通战略规划、完善交通服务体系、提升城市综合竞争力具有不可估量的价值。

目前，尽管各地积极投身智能化公共交通建设，但实际成效与市民需求的契合度仍有待提升。不同年龄、职业、地域的市民对智能化应用的接纳程度与使用体验存在显著差异，如年轻群体对电子支付和出行规划软件驾轻就熟，老年群体却可能因数字鸿沟而受阻；城市核心区与偏远郊区在智能化设施覆盖与服务质量上也参差不齐，所以有必要精确了解发展现状，系统梳理智能化公共交通的发展现状、剖析现存问题，并基于实证研究提出针对性优化策略，为推动城市智能化交通建设、增进市民福祉提供坚实的理论与实践支撑，助力城市在科技浪潮中迈向高效、便捷、包容的交通未来。

一、调研与实践背景

随着城市化进程的加速与科技的飞速发展，智能化公共交通系统逐渐成为改善城市交通、提升市民出行体验的重要一环。在此背景下，探讨智能化公共交通如何有效促进市民出行体验感的提升，不仅关乎城市交通的现代化转型，更是构建智慧城市、增强民众幸福感的关键举措。

2022年初，交通运输部发布了《关于推动城市公共交通智能化发展的通知》，明确提出要加快推进城市公共交通智能化、绿色化发展，强调利用大数据、云计算、人工智能等先进技术提升公共交通服务质量和效率，这标志着智能化公共交通建设已被纳入国家层面的战略规划，其对于提升市民出行满意度、促进城市可持续发展的重要性不言而喻。在实际生活中，各地虽然都在积极布局和推进智能化公共交通体系的构建，像公交智能调度系统、电子站牌、扫码乘车、智能地铁线路规划等应用不断涌现，但这些智能化手段究竟给市民的出行体验感带来了怎样具体的影响，是更方便了出行规划、减少了等待时间，抑或在乘车舒适度上有了提升等，还缺乏细致且全面的调研反馈。

鉴于此，本研究聚焦于智能化公共交通对市民出行体验感提升的实际影响，选取大兴区多个地区的智能化公交、地铁进行实地调查。同时，设计并实地发放问卷给不同年龄段、职业背景的市民，收集其对于智能化公共交通的使用感受、满意度变化以及改进建议。

二、调研与实践过程

2024年北京石油化工学院大兴区智能化公共交通体验调研小组活动于冬季启动，历经一个多月的精心筹备和活动开展，取得了丰富的第一手资料。

活动初期小组成员共同研读文献、设计问卷和访谈提纲，通过线上问卷形式，广泛收集了区内市民对于智能化公共交通系统的使用反馈和期望，问卷发放覆盖大兴区主要居住区与商业区，共回收有效问卷105份。根据问卷数据分析，筛选出重点关注的两个交通枢纽站点，组织实地调研，通过现场观察、网上查询资料、乘客访谈等方式，深入了解智能化设施的实际应用效果。为进一步细化研究，小组还选取了多条具有代表性的地铁线路和公交线路。这些线路涵盖不同的运营时段、不同的客流量以及服务区域。针对这些线路，小组采用了跟车体验与深度访谈相结合的个案研究方法。跟车过程中，小组成员全程记录车辆的运行情况，包括智能化调度系统对车辆运行间隔的控制、电子站牌的实时信息准确性等；同时，利用与乘客同乘的机会对其进行深度访谈，了解市民在乘坐这些智能化公交线路时，从候车、乘车到下车的整个过程中的变化体验，以及乘客对智能化改造的具体评价和期望。

三、调研与实践对象简介

本调研是通过调查问卷形式深入了解市民对智能化公共交通系统的使用情况、体验感受及改进建议而展开的。问卷内容涵盖市民日常使用的公共交通方式、智能化设施的使用情况、智能化应用对出行效率、准点率、出行规划的便捷性，以及对现有智能化功能的体验感和满意度的评价等。此外，调研还关注市民对公共交通智能化发展的改进需求及未来期待，以期全面评估智能化公共交通对市民出行体验感的提升效果，为进一步优化公共交通系统提供有价值的参考意见。通过调查问卷数据的处理和分析，可以看出北京市大兴区的公共交通还存在一些问题和挑战，为推动公共交通系统的智能化发展及更好地满足市民的需求，需要进一步优化管理，提供更加便捷、高效的出行服务。

本次调研涵盖高校学生和其他社会人员，其中以北京石油化工学院学生为主。调查结果显示，63.81%的参与者为学生，相较之下上班族和个体经营者的比例较低，分别为9.52%和7.62%。此外，退休人员占19.05%，这些群体的公交出行频率较高，对智能化公交的体验比较深。受访群体性别、年龄、职业的不同可以显现出智能化公共交通系统存在的各方面问题，使本次调研更有针对性和全面性。

四、调研与实践结果分析

（一）样本特征与交通方式偏好

本次调研回收105份有效问卷，样本呈现出一定特征。受访者性别，女性受访者占比57.14%，男性受访者占比42.86%。年龄层面，18—30岁人群达43.81%，成为主力，此年龄段活跃的生活节奏与探索精神使其更关注公交智能化。

在公共出行方式上，地铁（73.33%）和城市公交（66.67%）是选择的主要方式，凸显出这两种方式在城市通勤中的关键地位，而有轨电车及其他方式使用率低，反映出不同交通模式在城市交通生态中普及程度的差异化，为智能化公共交通发展提供数据依据，即应聚焦于地铁与常规公交的智能化升级，以满足多数市民的出行需求。

（二）智能化应用使用情况与影响

电子支付应用广泛，有77.14%的受访者表示经常使用电子支付方式，其中手机NFC支付和乘车码方式以59.05%的使用率并列最受欢迎，实体公交卡使用率为34.29%，排在其次。这表明便捷、无接触的数字支付契合现代快节奏出行，成为公交、地铁支付的首选，也正是这一需求的变化在无形中推动着公共交通支付向无现金、高效化的发展转变。

智能调度功能是公交集团为出行市民提供的公交实时运行状态，调研显示,这一功能备受青睐,有 56.19% 的受访者表示该功能非常大,能精准掌握车辆位置,减少等候时间,36.19% 的受访者表示该功能比较大,因为大致能知道车来的时间,两个比例相加和为 92.38%,可见这个智能调度功能十分受市民喜欢,显著提升了出行的便捷性与公共交通的准点率,增强了公共交通出行的可靠性,缓解了传统公共交通不准时而导致的乘客流失问题,重塑市民候车习惯,优化公共交通运营效率。

公交导航中的信息实时查询功能主要用于市民合理安排出门与换乘,方便对出行时间的管理与路线规划,助力精准出行决策,减少盲目候车与换乘困扰,提升出行效率与体验。从市民对此功能的评价来看,被访者认为合理安排出门时间、避免长时间等候是居于首位的出行体验,其次是查看是否有相关的换乘信息。近半用户认为智能公交导航可以快速规划最优路线,在复杂交通网络中为市民提供高效指引,节省了出行时间,这些都是对智能化公共交通服务的积极肯定和中肯评价。

(三)现存问题

智能化公交的发展很快,尽管成绩斐然,但问题犹存,在提供全方位、智能化服务的效果方面还要不断提升。调研中,问及市民最关注的智能化方向时,有 71.43% 的受访者聚焦信息准确性,实时公交地铁位置、进站时间等情况,49.52% 的市民关注智能化服务的覆盖范围,39.05% 的受访者关注智能化系统的稳定性。智能化覆盖不均,偏远地区与低收入社区滞后,加剧城乡、区域出行服务差距,限制了智能公共交通的普惠性。其中,老年群体的困境突出,智能手机操作障碍致其难以享受全面的智能服务,这也反映出当前设计对特殊群体需求的考量不足,与公共交通公平性与包容性等要求还有一定差距。

五、对策与建议

针对智能化公共交通在市民出行体验感提升方面的调研结果,结合习近平新时代中国特色社会主义思想中以人民为中心的理念及智能化社会治理的相关理论,我们提出以下对策与建议,以期进一步优化公共交通服务,满足市民多样化的出行需求。

（一）加强智能化技术的全面覆盖与精准调度

智能化公共交通的推广应更加注重服务的广泛性和均衡性。习近平总书记强调，"要坚持以人民为中心的发展思想"，因此，我们应着力解决偏远地区和低收入地区公交智能化服务相对不足的问题。政府应加大对公共交通智能化建设的投入，推动智能调度系统在这些区域的普及，确保市民无论身处何地都能均等地享受到便捷、高效的公交服务。同时，利用大数据、云计算等技术手段，实现公交车辆的精准调度，减少等待时间，提高准点率，进一步提升市民的出行体验。

（二）提升老年人等特殊群体的智能化服务友好度

智能化公共交通服务的设计应充分考虑老年人的使用习惯和需求。习近平总书记指出，"要关心老年人生活""关注一老一小"。针对老年人在智能手机和数字化服务使用上的困难，我们应在智能化公交服务中增加人工服务的比例，提供简单易用的操作界面和设备。此外，还可以通过社区活动、宣传培训等方式，提升老年人对智能交通工具的认知和使用能力，帮助他们更好地适应智能化公交服务。

（三）强化信息准确性与透明度，建立用户反馈机制

信息准确性和透明度是提升市民对智能化公共交通服务满意度的关键因素。我们应加强对实时信息查询和出行规划功能的优化，确保信息的及时性和准确性。同时，建立用户反馈机制，定期收集市民的意见和建议，特别是针对老年人和其他弱势群体的需求进行重点关注。通过不断优化服务，满足市民的多样化出行需求，提升整体服务质量。

（四）推动多元化服务渠道建设，实现服务便捷性

除了智能手机应用，我们还应增加电话咨询、现场服务等传统服务渠道，确保所有年龄段和技术水平的市民都能顺利使用公共交通。通过多元化服务渠道的建设，实现服务的便捷性和可及性，进一步提升市民对智能化公交服

务的满意度。

(五) 加强政策引导与监管，推动智能化公共交通可持续发展

政府应加强政策引导与监管，推动智能化公共交通的可持续发展。通过制定相关政策标准，规范智能化公交服务的市场行为，保障市民的合法权益。同时，加大对智能化公交技术的研发和创新支持力度，推动新技术、新应用不断涌现，为市民提供更加优质、高效的公共交通服务。

六、结　论

综上所述，本次对北京大兴区智能化公共交通的调研收获颇丰。一方面，清晰地了解到智能化应用在公共交通领域已取得一定成果，如电子支付广泛普及，智能调度功能深受用户喜爱，实时信息查询和出行规划功能也有效提升了市民出行效率与便捷性，整体满意度较高等。另一方面，也暴露出诸多问题，如信息准确性不足、智能化覆盖不均衡以及老年群体等特殊人群面临使用困境等。建议相关部门应采取一系列措施推动智能化公共交通发展，促进智慧城市的建设和发展进程。

人工智能在"一站式"学生党建社区建设中的应用及意义[*]

姬颖康[**]

(指导教师：石雨晨[***])

内容提要：随着信息技术的快速发展，人工智能在教育领域的应用日益广泛。"一站式"学生党建社区作为高校思想政治教育的重要平台，其建设和运营方式也在不断革新。本文探讨了人工智能在"一站式"学生党建社区建设中的内涵、应用及其意义。通过分析人工智能技术在数据采集与处理、个性化学习、智能互动和决策支持等方面的应用，发现人工智能的应用能够显著提升党建工作效率，增强学生参与度，优化教育资源配置，并促进党建工作的创新发展。可见，人工智能的应用不仅能够提高党建社区的管理效率，还能增强学生的政治素养和参与度，为高校党建工作提供了新的发展方向。

关键词：人工智能；学生党建；"一站式"社区；个性化学习；智能决策

随着信息技术的快速发展，人工智能在各个领域的应用日益广泛。在教育领域，人工智能技术为学生党建工作带来了新的机遇和挑战。"一站式"学生党建社区作为高校党建工作的重要载体，其建设质量和效率直接影响学生

---

[*] 本文系北京石油化工学院校级创新训练项目（URT）"'一站式'学生社区建设的实践与探索"（项目编号：2024J00201）的研究成果。
[**] 姬颖康，男，北京石油化工学院经济管理学院物流管理专业物221班在读本科生。
[***] 石雨晨，女，哲学博士，北京石油化工学院马克思主义学院讲师，主要研究方向为马克思主义哲学。

党员培养和思想政治教育的成效。本文旨在探讨人工智能在"一站式"学生党建社区建设中的应用及其意义,并通过研究人工智能在党建工作中的应用现状和未来趋势,为高校学生党建工作提供新的思路和方法,推动党建工作与时俱进,更好地适应新时代的要求。

一、"一站式"学生党建社区的内涵

"一站式"学生党建社区是为高校学生党员和入党积极分子提供全方位、一体化服务的党建工作平台。它以学生为中心,整合党建资源,提供便捷高效的服务,加强学生思想政治教育,做好学校"大思政"工作,从而培养高素质的学生党员队伍。"一站式"学生党建社区通常包括线上平台和线下活动空间,涵盖党员发展、组织生活、理论学习、实践活动、心理疏导等多种功能。

然而,当前"一站式"学生党建社区建设面临诸多挑战。第一,传统的党建工作方式难以满足新时代学生的需求,存在效率低下、参与度不高等问题。第二,随着学生人数的增加和党员发展规模的扩大,党建工作量大幅增加,传统管理方式难以应对。第三,学生群体的多样性和个性化需求对党建工作提出了更高要求。此外,如何有效整合线上线下资源,提高党建工作的吸引力和实效性,也是当前面临的重要问题。这些挑战亟须通过创新工作方法和技术手段来解决,而人工智能技术的应用为此提供了新的可能性。

二、人工智能在"一站式"学生党建社区中的应用

(一)在数据采集与处理方面的应用

关于数据采集与分析,人工智能技术可以高效地采集和分析学生党建社区的各类数据。通过自然语言处理技术,系统能够自动从大量的文本数据中提取关键信息,如学生的政治思想动态、活动参与情况等。机器学习算法还可以对数据进行深度分析,识别出潜在的问题和趋势,为党建工作提供数据支持。

与此同时,人工智能还能帮助实现维护学校内学生的数据安全与隐私。

在数据管理过程中，保障数据安全和学生隐私是至关重要的。人工智能技术可以结合区块链等加密技术，构建安全可靠的数据存储和传输系统。通过智能合约和访问控制机制，确保数据在传输和存储过程中的安全性，防止数据泄露和滥用。

（二）人工智能在个性化学习中的应用

其一，在学生党建社区中，人工智能能够实现对不同层次学生的理论学习的资源推荐。人工智能技术可以根据学生的学习兴趣和知识水平，智能推荐相关的学习资源。通过协同过滤算法和深度学习模型，系统能够精准匹配学生的学习需求，提供个性化的学习内容和活动建议，提高学生的学习效率和兴趣。

其二，人工智能更能够对学生党建社区中学生的学习进度进行跟踪与反馈。人工智能系统可以实时跟踪学生的学习进度，并提供及时的反馈和建议。通过数据分析和智能评估，系统能够识别学生的学习难点和薄弱环节，制订针对性的学习计划，帮助学生更好地掌握党建理论知识。

（三）人工智能在智能互动中的应用

智能问答系统的应用，可以实现学生党建社区中问题解决的精准化和迅速化。在学生党建社区中，学生经常会遇到各种问题和疑惑，甚至产生心理问题。人工智能技术可以构建智能问答系统，通过知识图谱和自然语言处理技术，提供及时准确的答案和解决方案。这不仅提高了学生的满意度和参与度，快速解决学生的相关问题，还减轻了党建工作者的负担。

虚拟助手是人工智能技术在学生党建社区中的又一重要应用。通过语音识别和人机交互技术，虚拟助手可以为学生提供全天候的服务，如活动通知、学习提醒、问题解答等，这大大提高了党建社区的互动性和便捷性。

（四）人工智能在决策支持中的应用

人工智能技术可以对党建活动的参与者、效果等进行智能统计分析。通过数据挖掘和机器学习算法，系统能够识别出活动的成功因素和改进空间，为党建工作者的决策提供科学依据。

此外，人工智能技术还可以构建预测模型，预测学生党员的思想动态和行为趋势。通过模拟分析和优化算法，系统能够帮助党建工作者制定更加科学合理的决策方案，提高党建工作的效果和影响力。

除以上几点，智能管理平台的应用极大地提高了党建工作的效率。从党员发展流程的自动化管理，到组织生活的智能安排，再到党费收缴的便捷化处理，人工智能技术正在重塑党建工作的各个环节。

三、人工智能在"一站式"学生党建社区中应用的意义

人工智能在"一站式"学生党建社区中的应用具有重要的现实意义和长远价值。

首先，它显著提升了党建工作效率。通过自动化处理和智能分析，大大减少了人工操作的时间和错误率，使党务工作者能够将更多精力投入创新性工作中。例如，智能系统可以快速处理大量的入党申请材料，自动生成分析报告，为决策提供支持。

其次，人工智能技术的应用有效增强了学生参与度。通过个性化推荐和互动式学习，激发了学生的学习兴趣。智能问答系统和虚拟现实技术的应用，使党建学习变得更加生动有趣，提高了学生的参与热情。人工智能还有助于优化教育资源配置。通过数据分析，可以精准识别学生的需求，合理分配教育资源，避免资源浪费。例如，根据学生的学习进度和兴趣，动态调整课程内容和教学方式。

最后，人工智能的应用促进了党建工作的创新发展。新技术为党建工作提供了新的思路和方法，推动了工作模式的转型升级。例如，通过大数据分析，可以及时发现党建工作中的薄弱环节，有针对性地进行改进。同时，人工智能技术的应用也为党建工作注入了新的活力，使其更加贴近学生需求，更具时代特色。

四、结　论

人工智能在"一站式"学生党建社区建设中的应用具有重要的现实意义和广阔的发展前景。通过智能问答系统、个性化学习推荐、大数据分析和智

能管理平台等应用,人工智能技术正在深刻改变着学生党建工作的面貌。它不仅提高了工作效率,增强了学生参与度,优化了资源配置,还推动了党建工作的创新发展。尽管人工智能在"一站式"学生党建社区建设中展现出巨大潜力,但其应用也面临一些挑战。首先是技术层面的挑战,包括数据安全、系统稳定性等问题。其次是人才方面的挑战,需要培养既懂党建又懂技术的复合型人才。最后是伦理和隐私问题,如何在利用数据的同时保护学生隐私是一个重要课题。机遇与挑战并存,通过采取适当的策略,这些挑战是可以克服的。未来,随着人工智能技术的不断进步,其在学生党建工作中的应用将更加广泛和深入,从而为培养高素质的学生党员队伍、提升高校党建工作水平作出更大贡献。

第六篇　青春思悟："大思政课"之学习体验

以青春之我，建设青春之中国

刘芊雯*

（指导教师：初景波）

尊敬的老师，亲爱的同学们：

大家好！今天我演讲的题目是"以青春之我，建设青春之中国"。

我叫刘芊雯，如你所见，是一名热乎的大一新生。据不完全统计，我这18年听过的课少说也有两万节课。俗话说得好，"活到老学到老"。我曾经听过教出清华、北大高才生老师的课，也听过教一名中下游学生如何逆风翻盘的课，甚至还有教我"7天学会理财，发家致富"的课。然而作为一名学生，我常常有些困惑：我为什么要学习？我是要在菜市场买菜时用地道流利的六级英语问大妈"How much is it？"，是要在和大妈砍价时冒出一句"你这句话有语病"，还是要用导函数和大妈计较计较"三根葱，怎么买更便宜"？这个学我是非上不可吗？这个问题想必大家都有过。

于是，我问了我的父亲，一个中年老教师，他说："作为一名老师，他希望他在课堂上，所传授的不仅仅是实用的知识，更有做人的大道理。"环境不一样，收获不一样。他说："我就是教育的对照，高中上的学不行，一辈子平庸，努力的结果就是摆脱了农门，而生活很艰辛，好多事是可望而不可即。所以，只希望你们，我的学生、我的孩子能积极向上，不应该平庸，要做有理想、有抱负的人，拥有能快乐、有快乐的人生。"

是啊，也许教育本来的意义，就不是教材，不是课堂，而是人点亮人。

---

* 刘芊雯，北京石油化工学院信息工程学院电241班学生。

就像德国哲学家雅思贝尔斯曾说："教育，就是一棵树摇动另一棵树，一朵云推动另一朵云，一个灵魂唤醒另一个灵魂。"

前段时间网上有一个段子，说之所以要多读书、多受教育，就是因为当我们看到一群鸟在湖面飞过的时候，我们能够吟诵出"落霞与孤鹜齐飞，秋水共长天一色"，而不是在那吵吵："全都是鸟！"当我们去戈壁旅游、骑着骏马奔腾之时，心里默念着"大漠孤烟直，长河落日圆"，而不是在那喊："哎呀妈呀，都是沙子，快回去吧！"这当然是一种调侃，但是不自觉间就道出了教育的核心含义。

教育，不仅传授知识，更能提高个人修养，增加我们对生活的感受力，从而认知自己，并不断提高自己。我认为，这是教育赋予我们的重要价值和意义，也是指引我们前行的希望的明灯。

百年征程波澜壮阔，百年初心历久弥坚。毛泽东同志"书生意气，挥斥方遒。指点江山，激扬文字"，既有"问苍茫大地，谁主沉浮"的仰天长问，又有"到中流击水，浪遏飞舟"的浩然壮气。从湖南第一师范学校毕业后，他带领中国共产党走向辉煌。未来，我们将从前辈手中接过火炬，用青春为祖国的锦绣山河添上浓墨重彩的一笔。

生存到生活的距离，只是一首诗。教育不是生意而是情怀，课程不是产品而是智慧，教学不是生产而是唤醒，师生不是利益而是亲人。

曾经，我们说"读书无用"，才学与财富不成正比，造就了我们这个社会浮躁的状态。然而什么都可以浮躁，唯独教育不可以。它是社会良心的底线，是人类灵魂的净土，是立国之本，是强国之基。教育者也好，受教育者也好，我们都要做到北宋教育家张载所说的读书的真正目的：为天地立心，为生民立命，为往圣继绝学，为万世开太平。

鹏怒而飞，其翼若垂天之云，水击三千里，碧空九万丈。青春是我们的加持，也时刻提醒我们肩上的责任。青年一代生逢盛世，应与祖国同向同行，不负盛世，以青春之力量谱写新时代华章。

谢谢大家！

小我大我共融，家国情怀昭昭

杨 橘*

（指导教师：初景波）

尊敬的老师，亲爱的同学们：

今天我们要谈论的主题是"在建设教育强国中绽放青春光彩"，我演讲的题目是"小我大我共融，家国情怀昭昭"。我一直在思考，建设教育强国首先要培养我们新一代青年什么呢？我认为是家国情怀。那我想抛出一个问题：家国情怀，在我们心中究竟占据着怎样的分量？很多人觉得这个词过于宏大。国足1∶0战胜巴林，我看了。当我喊出："国足赢了！"喊出的不仅仅是比赛结果，还有那份家国情怀。同时，我还要为大家讲述一段关于国庆节天安门升旗的故事。那天，当我站在占地44万平方米的天安门广场前排队近两小时时，我并未想到这么大的广场大家挤得一动不动。一声"国旗护卫队来了"，瞬间全场手机齐举。那一刻，我对爱国之情有了深刻的理解。当我们对家国情怀有了一定的了解和体会时，我们才会更好懂得如何在建设教育强国中绽放青春光彩。

首先，建设教育强国中，新青年应当怀有昭昭之志。现在大部分同学，包括我，很难说出周总理那样的志向：为中华之崛起而读书。因为这个志向的分量很重，现在的我们或许还承担不起。但让我们把思绪拉回到充满血与火的年代：长征开始时，每一方都不认为中国共产党会成功。当时只有中国共产党人自己坚信着理想和信念。那个年代的先辈们承担的是什么？承担着

---

* 杨橘，北京石油化工学院机械工程学院新能源242班学生。

拯救中华民族的责任啊，远比现在沉重。现在的我们又有什么理由不敢将这种志向说出口呢？在建设教育强国中绽放青春光彩恰恰需要这种昭昭之志，我们将会继前辈的辉煌，营后代之盛世！

其次，绽放青春光彩，新青年需要寻不竭动力。我们真正敢立下那种志向时，现状和志向之间似乎横跨着不可逾越的鸿沟，需要我们寻找动力不断接近我们的志向。我认为主要动力来源有两点：一是来自理想和渴望。高中时，大学在我心目中是一个神圣的、充满理想的地方，我向往着北石化的图书馆，渴望在北石化的医药健康、城市能源安全运行、智能制造与装备等领域进行学术讨论。这种动力对于像我这样高考前从未踏入大学校门的人来说是非常强大的。二是来源于恐惧。恐惧是什么呢？我来自一个小小的县级市，害怕一辈子待在那小小的地区，这种恐惧促使我想拼命离开那里。集合了这两种动力，纵使身如苔花，也能绽放自己的青春光彩。

最后，在建设教育强国中绽放青春光彩，新青年应当学会左右自我。有了家国情怀，有了志向和动力，但我们似乎还没有改变民族命运、改变世界的能力。但是，想左右天下的人，须能左右自己。或许我们可以从学好高数、学好思政课开始。左右自己看似很微小，但是涓涓细流汇成江海，点点星光聚成星河。

九州辽阔，天南地北自有花色万千，中华青年亦风采各异。我们怀家国情怀和昭昭之志，不竭动力推动做好自我，华夏大地也因此丰富多彩。

七十五年峥嵘岁，代代相传家国情

周雨乐[*]

（指导教师：初景波）

尊敬的领导、老师，亲爱的同学们：

大家好！

很荣幸在新中国成立七十五周年之际站在这里演讲，我演讲的题目是"七十五年峥嵘岁，代代相传家国情"。

七十五年在历史上也许只是短短一瞬，但对于中华民族来说，这却是一段不平凡的岁月：国家从一穷二白到繁荣稳定，民族从任人欺凌到独立自主，人民从饥寒交迫到丰衣足食。在这些举世瞩目的成就中，中国不断地深化一个认识：复兴国家必须加强教育。教育强国概念中有这么一句话：教育强国要求以立德树人为根本任务，以为国育才为根本目标。由此可见，培养家国情怀是教育强国的重中之重。若不热爱国家，那么再优秀的人才也无法成为国家发展的推动者，只有热爱国家，人才才能服务中华民族伟大复兴。

古代中国为什么强大？其中一个非常重要的原因就是那朴素的家国一体情怀形成了强大的凝聚力。"王于兴师，修我戈矛"的厉兵秣马，"身既死兮神以灵，魂魄毅兮为鬼雄"的九死未悔，"国破山河在，城春草木深"的痛心疾首……正是在这样一种情怀的激励与感召之下，无数仁人志士的勠力同心、自强不息，让中国在一次次困难中发展壮大，在一次次分裂后重新走向统一。

近代中国为什么衰败？一方面，因为异化变质的儒家礼教已经不能成为

---

[*] 周雨乐，北京石油化工学院人文社科学院人资243班学生。

国家民族的精神信仰，人心被严重禁锢；另一方面，政治统治者的专制压榨则愈演愈烈，人民被抛诸脑后。这一切让民众变得麻木，心中没了国家与民族，侵略者到来时冷眼旁观，同胞遭受欺凌时无可奈何。当一个民族没了家国情怀，那便会成为一盘散沙，衰落便成为必然。

现代中国为什么崛起？一个很重要的原因就是家国情怀又重新被唤起。中国在西方列强入侵和殖民危机中产生了"中华民族"的概念，无数先人为了中华之崛起而艰苦奋斗、勇往直前，以自己的热血拼争换来国家的独立。在今天，我们不妨看看那些风雪中的戍边战士、大漠中的科研人员、高原上的铁路工人、疫情中的医护人员、守护我们的缉毒警察……他们心怀家国天下，为这个民族的发展隐姓埋名、赴汤蹈火，让中国迈向复兴之路。

家国情怀的强弱事关民族盛衰，不只是中国，世界也是如此。看看西方历史，西方因城邦时期强调公民的家国责任而文化繁荣经济发展，中世纪因为过分强调神学而忽视国家与民族导致文明停滞不前，而文艺复兴、宗教改革、启蒙运动、工业革命，这一连串的历史事件让西方走向强大，其中也包含着民族国家意识的觉醒。

作为一个来自农村的学生，我看到农村医疗教育基础设施的不断完善，我知道这正是国家不断强大的表现，而这份强大正是无数心怀家国情怀的前辈为我们创造的。我们作为新一代青年，在大学学习专业知识的同时，也应该重视家国情怀的培养，学习前辈精神，防止自己被过度利己主义、享乐主义、拜金主义所侵蚀，明白自己作为大学生应该做的事。在这里送给大家一句名言："居庙堂之高则忧其民，处江湖之远则忧其君。"当自己能力足够，就像书本里、故事中的伟人做出惊天动地的大事；当自己能力普通，应在平凡的岗位做好自己的工作。但无论能力是大是小，都应该心怀家国天下，我心永远是中国心，我们定当为社会主义强国建设奉献一生。

以青春之力,筑教育强国之梦

徐子琪*

(指导教师:张祥**)

尊敬的各位老师,亲爱的同学们:

大家好!今天,我们相聚在这里,共同探讨"建设教育强国"这一意义深远的主题。这一主题,不仅关系到国家的未来,更与我们每一个人的成长息息相关。

我是一名土生土长的北京学生,从小学到初中,我在北京市育英学校度过了充实而美好的时光。还记得初入校园时,教学工具较为单一。后来,学校开始逐步配备多媒体教学设备,那些曾经只能依靠老师口头描述和书本呈现的知识,瞬间变得生动形象起来。课堂上,老师们借助视频、图片等资料,带我们领略世界各地的风土人情,探索科学的奥秘。这看似微小的变化,实则是国家教育信息化战略推进的生动体现。《中国教育现代化2035》明确提出要加快信息化时代教育变革,推进教育新型基础设施建设。在这一战略指引下,教育资源的数字化、多元化发展成为必然趋势。多媒体教学设备的普及,打破了传统教学的时空限制,为我们提供了更广阔的知识视野,使普通中小学也能紧跟时代步伐。

后来,我考入了中央民族大学附属中学。在那里,我感受到了多元文化的交融与碰撞。不同民族的同学会聚在一起,我们相互学习、相互交流,拓

---

* 徐子琪,女,北京石油化工学院安全工程学院安监241班学生。
** 张祥,男,北京石油化工学院马克思主义学院讲师。

宽了视野,更加深刻地理解了教育的包容与广阔。在这里,我接触到了来自不同民族背景的优秀教师,他们各自独特的教学风格与文化视角,丰富了我的学习体验。少数民族老师将本民族的传统文化与学科知识相结合进行授课,既符合多元文化教育理念,又增进了我们对民族文化多样性的尊重与理解,同时也体现了教育强国战略下对师资队伍多元化建设的重视。

如今,我成为北京石油化工学院的一名大一新生。踏入校园的那一刻,我被这里浓厚的学术氛围和积极向上的校园文化所感染。这里有先进的教学设施,有学识渊博的教授,还有丰富多彩的实践活动。实验室里配备了各种高端仪器设备,让我们能够深入开展专业领域的研究与探索。教授们不仅在学术上有着深厚的造诣,还积极引导我们参与科研项目,让我们提前了解科研过程,培养我们的科研思维与实践能力。学校精心搭建的实习平台,使我们能将理论知识与实际操作紧密结合,在真实的工作场景中检验所学、积累经验;充分体现了现代建构主义学习理论的内涵,强调学生通过主动参与和实践来构建知识体系。同时,学校举办的各类活动、竞赛和大讲堂蓬勃开展,让我们有机会将课堂所学灵活运用,极大地锻炼了我们的能力。这正契合教育强国对创新型人才培养的追求,突破传统应试教育的局限,以多元化教育激发学生潜能。

尤为重要的是,学校高度重视品德教育,构建完善的思想道德课程体系,开展形式多样的道法讲堂与志愿活动。在这些活动中,我们深入学习党的先进理论,感受国家发展的伟大成就,从而坚定爱国爱党信念,增强社会责任感,努力成长为有道德、有素质、有担当的新时代青年。品德教育是全面发展教育的灵魂,它决定着学生的发展方向。教育强国不仅应注重知识与技能的传授,更应将品德教育视为人才培养的重中之重,致力于培育全面发展、德才兼备的社会主义建设者和接班人。

回顾小初高再到北京石油化工学院的历程,我亲身经历了不同教育阶段、不同教育环境的洗礼。我看到了教育资源的不断丰富,教育理念的不断更新,教育公平的逐步推进。在我就读的这些学校中,都设有各种奖学金、助学金项目,确保家庭经济困难的学生也能安心学习,追求梦想。而且,学校之间的交流合作日益增加,无论是师资共享还是学生交换活动,都为教育公平的实现提供了更多的途径。这些个人经历让我坚信,建设教育强国不仅是一个口号,它正在我们身边实实在在地发生着。我们作为新时代的青年,更应该珍惜这来之不易的教育机会,努力学习,提升自我,将来为教育强国的建设添砖加瓦,让更多的人能够享受到优质教育的恩泽,让教育的光芒照亮祖国的每一个角落!

谢谢大家!

庆祝新中国成立 75 周年
——在建设教育强国中绽放青春光彩

郭 彤[*]

（指导教师：张祥[**]）

尊敬的评委老师，亲爱的同学们：

大家好！

今天我演讲的主题是"庆祝新中国成立75周年——在建设教育强国中绽放青春光彩"。"建国君民，教育为先。"教育作为全国建设、民族复兴之基，自古以来便是推动国家发展的关键力量。正如习近平总书记所说："我们建设教育强国的目的，就是培养一代又一代德智体美劳全面发展的社会主义建设者和接班人，培养一代又一代在社会主义现代化建设中可堪大用、能担重任的栋梁之才。"

作为国家的青春力量，同时也是教育强国的受益者，我们应传承先辈教学育人之志，在新时代绽放青春风采。抗战时期，便有西南联大师生在极端困难的条件下坚持学术研究，成为国家在艰难抗战中留存的一颗学术火种；亦有鲁迅以笔为刃，唤醒国人救国之心，推动抗战胜利。在如今的新时代，像任纪兰这样回归故土坚守乡村教育的人更是数不胜数。他们是教育的践行者，用行动诠释教育的意义。

读《西南联大行思录》，能深刻感受到西南联大在战火纷飞中弦歌不辍的

---

[*] 郭彤，女，北京石油化工学院经济管理学院数管242班学生。
[**] 张祥，男，北京石油化工学院马克思主义学院讲师。

坚韧。书中讲述了众多大师在艰苦条件下传道授业，培养出大批优秀人才的故事。这些大师和学子心怀家国，为保存民族文化血脉、为国家未来努力，这种精神激励着我们在建设教育强国道路上勇往直前。他们在简陋校舍里，在空袭警报声中，坚持学术探索，对知识的执着追求和对国家的无私奉献，成为中国教育史上的光辉篇章，也为我们树立了榜样。

回顾我国教育事业取得的这些辉煌成就，我们深感自豪。从新中国成立之初80%人口是文盲，到如今建成世界最大规模且有质量的教育体系，这巨大跨越不仅彰显了国家实力，也为我们提供了广阔的成长舞台。

我来自北京丰台的一个普通家庭，是教育让我有机会成为家里的第一个大学生，接触到更广阔的世界。我也曾是一名高考复读生，在这看似失序的一年里，我看到了许多同我一般的人，看到了大家对于接受高等教育，"虽千万人吾往矣"的态度与决心。这一年的特殊经历，让我更加深刻地认识到教育对于国家及个人发展的重要性。例如，我们现在所处的北京石油化工学院，就为我们提供了一个充满机遇和挑战的平台。作为一所具有鲜明特色和优势的高等学府，在这里，我不仅学到了专业知识，还参与到各种实践活动中锻炼自己的能力，并结识了来自全国各地的朋友，拓宽了视野，增长了见识，也带给了我今天站在这里面向大家演讲的机会与勇气。因此，我更加坚定了为建设教育强国贡献自己力量的决心。

另外，作为大数据管理与应用专业的学生，我深感在建设教育强国中，我们同样可以绽放青春光彩。首先，大数据在教育领域的应用日益广泛，为教育创新提供了强大的技术支持。《大数据时代的教育变革》一书中提到，大数据能精准分析学生学习情况，实现个性化教学。我们要推动教育数字化转型，这是时代赋予我们的使命。随着信息技术的不断发展，教育领域正经历着前所未有的变革。作为新时代的青年学子，我们应当积极拥抱这些变革，努力成为教育数字化转型的推动者和实践者。

教育不仅仅是知识的传授，更是价值观的塑造和精神的培育。通过教育，我们可以让青年一代深刻认识到国家强大和民族复兴意义，激发他们的爱国热情和民族自豪感。成为一簇焰火，点燃祖国富强之路，为祖国的繁荣富强贡献自己的力量！做到功成不必在你我，功成必定有你我。

我的演讲到此结束，谢谢大家！